Kein Angsthasenbuch

Viel Freude
durch Risiko
wünscht Ihnen

Irene Becker ist seit über einem Jahrzehnt selbstständig als Managementtrainerin für Großunternehmen tätig. Sie führt außerdem regelmäßig Seminare und Coachings durch. Bei Campus erschienen von ihr bisher *Lieber schlampig glücklich als ordentlich gestresst*, *Everybody's Darling, everybody's Depp* und *Endlich Rose statt Mimose*.

www. irenebecker.de

Irene Becker

Kein Angsthasenbuch

Warum sich Risikofreude für Frauen lohnt

Illustrationen von Wolfgang Buechs

Campus Verlag
Frankfurt/New York

Für all die mutigen Frauen und Männer, echte und erfundene, durch die ich selbst in den schwarzen Momenten der Mutlosigkeit immer wieder neue Kraft schöpfen kann – danke!

Bibliografische Information der Deutschen Nationalbibliothek:
Die Deutsche Nationalbibliothek verzeichnet diese Publikation in der Deutschen Nationalbibliografie. Detaillierte bibliografische Daten sind im Internet über http://dnb.d-nb.de abrufbar.
ISBN 978-3-593-38706-2

Umschlaggestaltung: R.M.E, Roland Eschlbeck und Ruth Botzenhardt
Umschlagmotiv: © Wolfgang Buechs, www.wbworks.de
Satz: Fotosatz L. Huhn, Linsengericht
Druck und Bindung: CPI – Ebner & Spiegel, Ulm
Gedruckt auf säurefreiem und chlorfrei gebleichtem Papier.
Printed in Germany

Besuchen Sie uns im Internet: www.campus.de

Inhalt

1.

Einleitung: Mit angezogener Handbremse durchs Leben

Pudding. Um genau zu sein, Wackelpudding. So und nicht anders fühlten sich ihre Knie an. Sarah schluckte und wankte weiter. Wie war sie nur auf diese wahnwitzige Idee gekommen? Welcher Teufel hatte sie geritten? Nun war es zu spät, umkehren war ausgeschlossen, ein Rückzieher unmöglich. Sie saß in der Falle. Der gesamte Vorstand befand sich schon im Konferenzraum und wartete nur darauf, dass sie endlich mit ihrer Präsentation für ihren Verbesserungsvorschlag zur Kundenbetreuung begann. Nur eine theatralische Ohnmacht hätte sie noch retten können, aber sie wusste beim besten Willen nicht, wie sie die auf Kommando erzeugen sollte.

Vorsichtig streckte Sarah eine Hand von sich. Gott sei Dank, wenigstens zitterte die nicht auch noch – aber Wackelpuddingknie waren ja auch schon Plage genug. Und wenn ihr womöglich gleich die Stimme versagen würde? Welche Blamage! Bis an ihr Lebensende würde sie sich davon nicht erholen; die Karriere war ruiniert, morgen wahrscheinlich schon würde sie auf der Straße stehen und nie wieder einen Job finden … und nie wieder würde sie sich so weit aus dem Fenster lehnen.

Sie ist ja schließlich nicht so ein furchtloser, in ihren Augen

fast tollkühner Draufgänger wie ihr Kollege Frank. Der hatte vor ein paar Monaten vehement darauf gepocht, das Resultat seines Projekts höchstpersönlich vor der Geschäftsleitung vorzustellen, damit klar wurde, was er da Tolles geleistet hatte. Und bei ihm hat es ja auch super geklappt – er ist vor zwei Wochen zum Teamleiter befördert worden. Aber sie! Gleich so ein umfassender, nassforscher Vorschlag! Wie hatte sie es nur wagen können, dem Marketingleiter von ihrer Idee zu erzählen! Galoppierenden Größenwahn nennt man so etwas wohl in Fachkreisen. Eine ernsthafte Störung. Behandlungswürdig. Und nun hatte ihr Chef sie beim Wort genommen, und sie stand mit weichen Knien vor dem Konferenzraum mit der gesammelten Geschäftsführung … Sie atmete tief durch, murmelte innerlich ein paar aufmunternde Worte zu sich, reckte die Schultern und öffnete die Tür.

Typisch Frau? Angst vor der eigenen Courage? Stimmt der Mythos vom schwachen Geschlecht, das sich nicht gerade durch Mut und Risikofreude auszeichnet? Das zögernd und zagend furchtsam durchs Leben huscht und dauernd mit weit aufgerissenen Augen ängstlich über die zarte, bebende Schulter blickt? Wenn man ein Geschichtsbuch aufschlägt oder nach einer spannenden Biografie außergewöhnlicher, mutiger Menschen sucht, so werden in der Regel die Lebensgeschichten mehr oder weniger draufgängerischer, risikofreudiger Männer geschildert. Sind Frauen einfach nicht so mutig wie Männer oder fallen sie nur einer perfiden männlichen Zensur zum Opfer?

In der Tat scheint es so zu sein, dass im Durchschnitt Frauen wirklich nicht so risikofreudig sind wie Männer. Im Berufsleben tendieren sie dazu, lieber eine weniger gut bezahlte Stelle mit einem Fixgehalt anzunehmen, statt eine mit einer leistungsabhängigen variablen Komponente. Und ein möglicher Sprung in die berufliche Selbstständigkeit erscheint vielen gegenüber der Sicherheit einer festen Anstellung geradezu aberwitzig verrückt.

Sie halten sich mit eigenen Vorschlägen und Ideen eher zurück und überlassen die Position im Rampenlicht des Chefs gerne ihren Kollegen. Sie agieren bei Finanzgeschäften meist vorsichtig und konservativ. Auch beim Autofahren riskieren sie deutlich weniger als Männer, und sie sind in extremen Risikosportarten nicht so stark vertreten wie das draufgängerische männliche Geschlecht.

Die geringere Risikofreude zeigt sich nicht nur in den klassischen Situationen, mit denen man Mut assoziiert wie großartige Heldentaten in extremen Gefahrensituationen, souveränes Meistern von fürchterlichen Bedrohungen aus dem All oder sonst woher, lächelnd und lässig mit einer Hand in der Hosentasche getroffene existenzielle Entscheidungen; nein, auch im ganz normalen Alltag sind Frauen oft zögerlicher, risikoscheuer und zurückhaltender: lieber sitzen sie einsam zu Haus und lassen sich die Decke auf den Kopf fallen, als allein in eine Gaststätte zu gehen. Jahrelang schlucken sie Neid oder Wut auf die bessere Bezahlung des Kollegen herunter, weil sie sich nicht trauen, den Chef um eine – gerechtfertigte! – Gehaltserhöhung zu bitten.

Sie wählen lieber den Urlaubsort, den sie schon kennen, damit sie ja nicht mit unbekannten Situationen und Örtlichkeiten in Berührung kommen. Sie gehen doch im kleinen Schwarzen wie alle anderen auf die Vernissage, weil sie sich nicht getraut haben, das enge freche Rote mit dem großen Ausschnitt anzuziehen. Aus Angst vor einer unangenehmen Situation schauen sie lieber weg und sagen nichts, wenn eine überforderte Mutter ihr kleines Kind in der Öffentlichkeit heftig schlägt und anschreit. Genauso lassen sie sich jahrelang die Sticheleien und den Tratsch der gehässigen Nachbarin gefallen, weil sie es nicht wagen, sich diesen bösartigen Klatsch zu verbitten.

Risikoscheu – na und?

Also ja, Frauen scheinen das schwächere, risikoscheuere Geschlecht zu sein. Aber – warum denn auch nicht? Hat ja auch viele Vorteile.

Wer das Risiko scheut, lebt länger (denken Sie an die jungen männlichen Autofahrer – die Gruppe mit der höchsten Unfallrate, oft mit Todesfolge), man bricht sich nicht so oft die Knochen oder zerreißt sich die Sehnen bei irgendeiner überkandidelten Sportart, die kleine Altersversorgung mit der soliden Lebensversicherung ist auf der sicheren Seite, sodass man gut und beruhigt schlafen kann.

Der Job ist vielleicht kein Spitzenjob, jedoch solide und stabil ohne die Gefahr eines vorzeitigen Herzinfarkts durch Burnout, die sozialen Beziehungen laufen glatter und harmonischer, wenn man nicht dauernd eine dicke Lippe riskiert. Ein bewährtes Urlaubsland in Europa, in dem nicht regelmäßig arglose Touristen überfallen oder entführt werden, ist doch ebenfalls ein vernünftiger Garant für einen unbeschwerten Urlaub ohne unsinnige Gefahren für Leib und Leben. Wer sich für bewährt Bekanntes entscheidet, entgeht sicher vielen unangenehmen Überraschungen bei Experimenten mit unerprobtem, riskantem Neuem.

Denn Risikoscheu beziehungsweise Ängstlichkeit ist wirklich ein sehr sinnvoller Mechanismus der Evolution. Unbekanntes war und ist in der Tat oft gefährlich – es ist sehr viel klüger, erst einmal den netten Hund mit diesen putzigen Zähnen aus der Distanz zu beobachten und ihn nicht sofort zu streicheln, ehe man nicht weiß, ob er nicht doch das Temperament eines hochaggressiven Kampfhundes hat und Sie ruck, zuck ein paar Finger weniger haben. Unser ungutes Gefühl der Angst warnt uns und fordert uns auf, erst einmal wachsam abzu-

warten und zu beobachten, anstatt sofort mit unkalkulierbaren Folgen loszustürmen.

Das ängstliche Gefühl macht auch darauf aufmerksam, was für uns schützenswert und wichtig ist – die Sicherheit, die Gesundheit, die Zuneigung und Anerkennung anderer, mit Vernunft getroffene sinnvolle Entscheidungen in wichtigen Bereichen. In manchen Städten dieser Welt sollte man eben nicht furchtlos tief in der Nacht schmuckbehängt und unbegleitet zu Fuß herumstreunen – das ist nicht mutig, sondern schlicht und ergreifend dumm. Auch ist es der Gesundheit sehr zuträglich, nicht gleich jeden hübschen, harmlos aussehenden Pilz, der Ihnen auf der Wiese unterkommt, tollkühn mit in die Pfanne zu hauen – scheuen Sie ruhig das Risiko und lassen Sie Ihre Fundstücke erst von einem Fachmann begutachten, das schützt – mindestens – vor heftigen Bauchschmerzen.

Ebenso wenig ist es sozial intelligent oder ein Zeichen von großer Tapferkeit, Ihrem Chef mutig ins Gesicht zu sagen, dass Sie ihn für den größten Versager der Abteilung halten; es sei denn, Sie wollten ohnehin Ihren Kontakt mit der Agentur für Arbeit dauerhaft intensivieren. Und bei dem Zusammenfall der Dotcom-Blase haben sich wohl sehr viele Anleger nachträglich gewünscht, sie hätten mit etwas mehr Risikoscheu agiert und die moderne Börse nicht mit dem guten alten Monopolyspiel verwechselt – leider ging es um echtes, hart verdientes Geld, das da den Bach runterging …

Auch die kollektive Furcht vor etwas Bedrohlichem regt zu sehr sinnvollen Veränderungen an – wir würden heute noch munter mit gefährlichen Pestiziden um uns spritzen und unseren Müll einfach so unbekümmert in die Landschaft werfen, wenn nicht viele Menschen Angst vor den Folgen der Umweltschäden für ihre Gesundheit und die ihrer Kinder hätten und entsprechende Maßnahmen forderten. Nur gut also, dass wir öfter erst einmal ängstlich innehalten und die Situation und ihre möglichen Konsequenzen mit Überlegung abschätzen.

Ein völlig angstfreies Leben wäre also weder möglich, sinnvoll noch wünschenswert. Die Dosis ist wie bei allem der entscheidende Schlüsselfaktor – etwas ist gut, viel hingegen kontraproduktiv. Denn wenn die Dosis stimmt, steigert das Gefühl der Angst die Aufmerksamkeit, Energie und Leistungsfähigkeit. Alle erfolgreichen Künstler oder Sportler bestätigen, dass sie auch nach jahrelanger Erfahrung immer noch ein gewisses Lampenfieber (auch eine Variante der Ängstlichkeit) haben und es auch gar nicht missen möchten, da es sie wach, aufmerksam, konzentriert und flexibel bleiben lässt. Es darf nur nicht so groß sein, dass es lähmt und handlungsunfähig macht – die richtige Dosis hingegen lässt uns zu Höchstform auflaufen.

Fazit: Die weibliche Risikoscheu bewahrt uns Frauen davor, unser Leben, das Wohl unserer Lieben, unseren Besitz, unsere Beziehungen und unsere Gesundheit übermäßig risikofreudig aufs Spiel zu setzen. Sie hält uns zuverlässig von törichten, da zu riskanten Entscheidungen ab und lässt uns erst einmal besonnen abwägen, welche Reaktion in einer bestimmten Situation denn tatsächlich angemessen ist. Die Ersparnisse für das Leben als Rentnerin werden nicht wild verspekuliert, weil ein (sowieso unrealistischer) phantastisch hoher Gewinn winkt. Die Rücksichtnahme auf nahestehende oder von uns abhängigen Personen bremst die Lust am Risiko und lässt uns verantwortungsbewusst handeln. Wir blamieren uns nicht so oft als tönernes Großmaul, das den Mund zu voll genommen hat und in der Öffentlichkeit vorhersehbar und folgerichtig jämmerlich vom Sockel stürzt.

Wir fahren auf der Autobahn vernünftig und eher defensiv – und kommen deshalb zwar (nur eventuell) langsamer, aber dafür auch heil und unversehrt an unserem Ziel an und verbrauchen dabei auch noch weniger Benzin. Wir fordern nicht gleich aus verletztem Stolz jemanden heraus, dessen Aggressions- und Gewaltpotenzial wir gar nicht einschätzen können. Lieber halten wir auch einmal den Mund, um nicht unnötig eine gefährliche Reaktion zu provozieren. Wir behalten unsere Freunde, weil wir nicht aus falsch verstandenem Mut zur Ehrlichkeit verletzende Wahrheiten von uns geben und damit verbrannte Erde hinterlassen.

Risikoscheu – oh weh!

Doch es gibt natürlich auch die Kehrseite solch rücksichtsvollen und risikoscheuen Verhaltens. Und zwar dann, wenn man es übertreibt mit der Vorsicht, der Ängstlichkeit und der Risikoscheu. Denn dann wiederum entgeht Ihnen sehr viel im Leben. Nie ein eigentlich verlockendes neues Gericht probieren, welches garantiert nicht giftig ist, wäre doch ziemlich überzogen – das Schlimmste, was passieren kann, ist ja nur eine kleine Enttäuschung wegen eines sonderbaren Geschmacks. Immer nur Urlaub am Wörthersee lässt Sie den Duft von südlichen Lavendelfeldern verpassen. Zu viel Angst vor Aufmerksamkeit und Erfolg im Beruf lässt Ihre Karriere leblos vor sich hin dümpeln und Sie auf Dauer frustriert in einem Routinejob für Blöde versauern. Aus Angst vor Aids Ihr Leben dem Zölibat zu weihen, anstatt zum kleinen Hilfsmittel aus Gummi oder Silikon zu greifen, würde Ihre Lebensfreude wahrscheinlich doch sehr beeinträchtigen.

Ohne das gewisse Quäntchen Mut werden Sie sich nicht groß weiterentwickeln und Ihr Potenzial kaum ausschöpfen – persönliche Fortschritte erfordern nun einmal das Verlassen der heimeligen, sicheren Komfortzone. (Unter der persönlichen Komfortzone versteht man den Handlungsbereich, den wir ohne Schwierigkeiten, Ängste und mit wenig Anstrengung abdecken können und dabei mit hoher Wahrscheinlichkeit, ja fast mit Sicherheit erfolgreich sein werden.) Ja, Sie werden bleiben, wie Sie sind – und damit auf Dauer zu einer Karikatur Ihrer selbst, genau wie die ewig gestrigen Hippies, die Jahrzehnte nach Woodstock immer noch mit Blumen im Haar und Jesuslatschen an den Füßen durchs Leben schlurfen.

Erfolg ohne jegliches Risiko ist leider die Ausnahme und nicht die Regel. Ein wenig Angst gehört nun mal dazu, wenn man sich einer neuen Herausforderung stellt, die einen weiterbringen wird. Vielfalt der Begegnungen, Bereicherung des Lebens, Anregung des Geistes, Erweiterung des Horizonts, lebenslanges Lernen, Dynamik in der persönlichen Entwicklung, überbordende Lebensfreude – auf all das verzichten Sie, wenn Sie zu risikoscheu und ängstlich durchs Leben navigieren. Damit verurteilen Sie sich selbst zu einem vorhersehbaren Leben: 20 Jahre lang überbackener Schafskäse bei immer demselben Griechen; die Sandkastenfreundschaft mit Heike und Uli, deren Dialoge Sie schon auswendig mitsprechen können; in der Firma werden

Sie schon zur Einrichtung gerechnet und bei der Jahresinventur mitgezählt; das »Du hast dich aber gar nicht verändert!« bekommt eine deutlich mitleidige Note; wenn Sie Ihren Kindern eine interessante Geschichte aus Ihrem Leben erzählen sollen, müssen Sie verlegen verstummen. Und es gibt wohl kaum etwas Unangenehmeres und Traurigeres, als irgendwann einmal seine Lebensbilanz zu ziehen und erkennen zu müssen, dass sie aus unzähligen bedauernden »Ach, hätt' ich doch ...« besteht – lauter aus Angst verpasste Chancen, die nun unwiederbringlich dahin sind.

Auch die persönliche Integrität und das Selbstwertgefühl können unter zu großer Risikoscheu Schaden nehmen. Wegschauen aus Angst mag im Moment beruhigend und die sicherere Wahl sein, aber langfristig ist es leider mit zunehmendem Verlust Ihrer Selbstachtung verbunden. Drohend taucht die Scham am Horizont auf, wenn Sie zu oft kneifen, sich mutlos unterbuttern lassen, nie aufbegehren gegen Dinge, die Sie nicht richtig finden. Und Scham ist auf Dauer ein sehr belastendes und zerstörerisches Gefühl, das die eigene Wertschätzung vernichtet. Die berühmte (und heutzutage allerdings bei beiden Geschlechtern oft vermisste) Zivilcourage bedeutet ja nichts anderes, als dass Sie mutig für das einstehen, was Sie für richtig halten, und Sie somit in Einklang und integer mit Ihren moralischen Überzeugungen und Werten leben, sich Ihrer feigen Reaktion nicht schämen müssen. Natürlich sollen Sie jetzt nicht wie ein weiblicher Rambo oder Catwoman als selbstgerechte Kämpferin für die Unterdrückten mit der Pumpgun durch die Welt toben, aber es schadet auch nicht, in einer Alltagssituation ab und zu mal den Mund aufzumachen, wenn etwas wirklich nicht tolerierbar ist.

Als Angsthäschen geboren?

Es wäre also durchaus erstrebenswert, wenn auch die Frauen öfter einmal etwas mehr wagen würden. Die interessante Frage ist nur, welche Ursachen die höhere weibliche Risikoscheu und Ängstlichkeit haben. Zwar haben die Herren der Schöpfung schon seit Jahrhunderten versucht, Gründe für die Unterschiede zwischen Mann und Frau überwiegend in der genetischen Ausstattung zu finden – hätten sie wirklich gute Beweise gefunden, wäre es mit der Gleichberechtigung nicht weit her, weil wir Frauen ja sozusagen genetisch beschränkt wären. Noch Anfang des letzten Jahrhunderts hat der damals renommierte Wissenschaftler Paul Julius Möbius ein Werk namens *Über den physiologischen Schwachsinn des Weibes* verfasst, um eines endgültig klarzustellen: Den Frauen sind eine geringere Intelligenz und Leistungsfähigkeit leider angeboren, und daher können sie selbstverständlich auch keine wagemutigen Unternehmungen erfolgreich bewältigen. Das ist nun hoffentlich endgültig widerlegt, denn es ist bis heute auch den modernen Genforschern nicht gelungen, ein Gen für Mut und Risikofreude zu finden, welches nur die Männer besitzen ...

Wie bei fast allen Charaktereigenschaften des Menschen geht man heute davon aus, dass wir mit einer Grundausstattung geboren werden, dass aber die Ausprägung und der Grad des Persönlichkeitsaspekts durch Prägung, Erfahrungen und Lernen bestimmt werden. So wird jeder Mensch – Männlein wie Weiblein – mit einem gewissen Sicherheitsbedürfnis geboren, aber wie stark es dominieren wird, ist eine Frage der individuellen Lebensgeschichte.

Neben dieser persönlichen Biografie spielen noch ein paar weitere Faktoren eine Rolle, die die Risikoscheu beeinflussen. Zum einen zeigt sich ein Zusammenhang mit dem Alter: Je älter die Menschen werden, desto weniger risikofreudig sind sie. Man hat ja schon viel erreicht, also hat man auch viel zu verlieren. Lieber mehr auf Nummer sicher gehen! Und zudem sind etliche Bedürfnisse schon gestillt, für deren Erfüllung man eventuell einiges riskiert hätte: Familie, Haus, Karriere, das teure Hobby genießt man schon seit langem, der Reiz von noch etwas Neuem hat stark nachgelassen.

Ein weiterer Faktor ist die aktuelle finanzielle Situation: Wer sich Sorgen machen muss, ob er im nächsten Winter wegen Geldmangels immer nur abwechselnd einen Tag heizen, einen Tag essen kann, geht mit diesem wenigen, existenziell wichtigen Geld viel vorsichtiger um als jemand, der schon die ein oder andere Million abgezweigt hat und sich an ihrem stetigen Wachstum in Luxemburg erfreut. Sie studieren vielleicht vor dem Kauf eines neuen Laptops alle erhältlichen Berichte von Stiftung Warentest, um nur ja den besten zu finden, da Sie mit ihm leben müssen, falls es ein Fehlkauf war – der gut situierte Wohlstandsbürger kann sich ein paar Experimente mit verschiedenen Modellen locker leisten.

Und nicht zuletzt ist auch das kulturelle Umfeld ein Einflussfaktor: In Deutschland ist traditionell die Vorsicht die höchste Tugend, in Amerika zum Beispiel ist es hingegen der Wagemut. Mal eben Branche, Job, Frau und Wohnort wechseln geht ihnen so leicht von der Hand wie uns der tägliche Wechsel unserer Unterwäsche. Hierzulande versichert man sich gegen alles und jedes, man braucht selbst für die unwichtigste Tätigkeit einen behördlichen Freifahrtschein; dort ist man dem Risiko einer ernsthaften Erkrankung gegenüber so unbekümmert, dass eine Krankenversicherung wie herausgeworfenes Geld erscheint – und wenn Sie in Amerika glauben, dass Sie irgendetwas können und damit Geld verdienen möchten, na, dann mal los!

Aber den größten Einfluss hat wohl die erwähnte individuelle Lebensgeschichte. Und die ist in der Tat nicht nur individuell, sondern hier lassen sich immer noch recht gravierende Unterschiede in der Erziehung (und nicht in der geistigen Physiologie, geschätzter Herr Möbius!) der lieben Buben und Mädchen ausmachen. Ein echter Junge weint und flieht nicht. Wenn er sich fürchtet, ist er ein jämmerlicher Feigling und sollte bitte schön zumindest so tun, als ob er mutig wäre. Unerschrocken soll er sich durchsetzen und nicht sofort klein beigeben; er wird ermuntert, die Welt forsch zu erkunden und auf Bäume zu klettern – wird schon hoffentlich nicht so viel passieren. Die forschen Buben dürfen früher mit gefährlichen Werkzeugen hantieren als die bei so etwas so ungeschickten Mädchen; den kleinen Rabauken schraubt man die Stützräder am Fahrrad eher ab; sie werden einfach ohne Schwimmflügel ins Becken geschubst – man wird sie schon rechtzeitig wieder herausfischen, wenn es noch nicht so klappt.

Der Bruder soll die Schwester beschützen, wenn ihr jemand das Schäufelchen wegnehmen will – selbst wenn er jünger ist. Echte Jungs drücken sich nicht vor Herausforderungen und Gefahren, sie suchen sie sogar und blicken ihnen mutig, tapfer und unerschrocken ins Auge. Und zur Not dürfen sie sich sogar auch mal mit den Fäusten wehren, denn weglaufen oder nachgeben wäre feige und ziemt sich daher nicht. Lange Zeit war die Verweigerung des Kriegsdienstes ein Verbrechen, auf das lange Haftstrafen standen und das den Übeltäter bis an sein Lebensende gebrandmarkt hat. Und diesen Mut fürs Vaterland muss man früh üben. Memme, Drückeberger, Weichei, Feigling, Mädchen (sic!) – das sind die Schimpfwörter, mit denen daher der kleine Angsthase in Hosen rechnen muss.

Bei den Angsthasen im Rüschenkleidchen ist das anders. Die ältere Schwester soll eher auf ihren jüngeren Bruder aufpassen und ihn bei Gefahr aus der Gefahrenzone bringen – dass sie ihn aktiv mit ihren Fäusten beschützt, wird meist gar nicht erwartet. Ein boxendes, schimpfendes und tretendes Mädchen – welch absurde und abschreckende Vorstellung! Ja, so ein unerschrockenes kleines Mädchen, das keine Angst zu haben scheint, wirkt immer noch ziemlich befremdlich. Man erwartet doch eher, dass der süße Lockenkopf losheult und wegrennt, wenn eine Situation oder Aktion ansatzweise in den Augen der Kleinen gefährlich erscheint.

Die lieben kleinen Sonnenscheine werden oft von zu wildem Toben abgehalten und eher dazu ermuntert, harmlose, nette Spiele mit niedlichen Puppen zu bevorzugen. Harmonisch, ruhig und ungefährlich soll es bei den Mädchen zugehen – keine kühnen Abenteuer erwünscht. So hält man sie erfolgreich davon ab zu lernen, wie man mit riskanten Situationen umgeht, ihre Grenzen zu erkennen, ihre Fähigkeiten realistisch einzuschätzen und sich mutig zu verhalten:

ohne Gelegenheit keine Übung und somit auch keine Meisterinnen … Man kann eben beides lernen: angemessenen Mut oder aber überzogene Risikoscheu.

Zudem mangelt es auch an Vorbildern, seien es verstorbene, lebende oder erfundene. Außer Pippi Langstrumpf gibt es nicht viele mutige kleine Mädchen, die durch die Literatur toben, die meisten leben sanftmütig und brav in irgendwelchen Internaten mit gescheckten Ponys und spielen allenfalls mal der doofen Lehrerin einen harmlosen Streich. Die mutigen und wehrhaften Amazonen waren den Menschen so unheimlich, dass sie sich durch das Abschneiden einer Brust zumindest so männlich gestalten mussten, dass sie in das Denkschema über Tapferkeit und Mut gerade eben so als halber Mann hineingepresst werden konnten.

Und das ändert sich auch wenig in der wirklichen Welt – wie viele für ihren Mut berühmte und gelobte Frauen kennt man schon? Nie hört man spannende Geschichten von mutigen Feuerwehrfrauen, tapferen Ehefrauen, die ihren hilflosen bedrohten Gatten bei einem gefährlichen Überfall verteidigt und gerettet haben, selten wird eine Politikerin für ihre Zivilcourage gelobt, sondern viel eher muss sie mit Kritik wegen Äußerlichkeiten rechnen: Wie darf sie sich fotografieren lassen, was hat sie bloß für eine Vergangenheit, welches Outfit darf sie privat tragen – ist der Ausschnitt nicht doch zu gewagt? Wie kann sie sich das nur trauen!

Die wenigen, über die berichtet wird, werden denn auch als die berühmte Ausnahme von der Regel dargestellt: Wie erstaunlich, dass eine Frau solchen Mut beweisen kann! Wer hätte das gedacht! Und außerdem – wirkt sie nicht ohnehin sehr unweiblich? Ohne alternative Rollenvorbilder ist es aber sehr schwer, Verhaltensweisen zu entwickeln, die der traditionellen Rolle eher nicht entsprechen und somit gegen die gesellschaftlichen Normen verstoßen. Kein Wunder also, dass wir Frauen gelernt haben, dass es von uns gar nicht erwartet wird, viel Mut zu zeigen – im Gegenteil, eine Frau soll sozusagen lieber eine typisch weibliche Ängstlichkeit demonstrieren, sonst wirkt sie irgendwie aus der Art geschlagen, unweiblich und bedrohlich.

Und so wandelt sich eine gesellschaftliche Erwartung »Frauen sollten nicht ...« schleichend in die sichere innere Überzeugung »Ich (als Frau) kann gar nicht ...«

Und all das haben viele Frauen gründlich gelernt. Sehr, sehr gründlich. Das Resultat sind etliche innere Hand(lungs)bremsen, die sie davon abhalten, sich realistisch abwägend und mit Selbstvertrauen auch mal auf ein moderates Risiko einzulassen (geschweige denn auf ein wirklich großes) und sich ihm mutig zu stellen. So mäandern sie als kleine – gut angelernte – Angsthasen mit angezogener Bremse auf sicheren Schleichwegen durchs Leben, um nur ja jedem Risiko auszuweichen.

Aber wenn man nicht als Angsthase geboren wurde, sondern es erst mühselig lernen musste, dann kann man selbstverständlich auch beschließen, etwas Neues zu lernen: angemessener Mut und realistische Risikofreude sind auch für Frauen im Angebot des Lebens. Lassen Sie also nicht Ihre Ohren hängen, sondern machen Sie sich auf in neue, auf- und anregende Gefilde des mutigeren Lebens! Nach einem staunenden Blick in die Welt der Risiken und einer kurzen Diagnose, wo genau bei Ihnen der Angsthase im Pfeffer sitzt, finden Sie in den folgenden Kapiteln Anregungen, wie aus ihm ein tapferer kleiner Löwe werden kann, der auch mal brüllt oder sogar beißt, wenn es notwendig ist.

2.

Riskieren Sie mal einen näheren Blick

Das Leben ist verflixt riskant, es führt sogar bei jedem Menschen irgendwann einmal zum Tod! Jeder Tag ist geprägt von einer unglaublichen Fülle an Risiken. Sie können morgens in der Dusche ausgleiten und sich eine Gehirnerschütterung zuziehen, Sie können sich an Ihrem Croissant verschlucken und sich wegen akuten Luftmangels leider vorzeitig auf den Weg ins Jenseits machen, auf der Autobahn können Sie in eine Massenkarambolage verwickelt werden, Ihre Firma kann überraschend Insolvenz anmelden, das Vogelgrippevirus ausgerechnet Sie finden, Ihr geliebter Göttergatte sich in seine neue Sekretärin verlieben und Sie schmählich im Stich lassen, der Mieter unter Ihnen kann mit seiner Zigarette im Bett einschlafen und Ihr Haus in Brand setzen – jede Sekunde Ihres Lebens ist hochgradig riskant.

Trotzdem schlafen die meisten Menschen bestens und verbringen fröhlich ihr Leben in seliger Ignoranz all dieser Risiken. Warum sich das Hirn zermartern, wenn das unberechenbare Schicksal jeden Moment seine Laune an einem auslassen kann? Dann doch besser die Augen zukneifen und sich blind stellen. Das ist auch gut so, denn ansonsten bliebe nur die Alternative, sich vor lauter Verzweiflung und

Angst von diesem so riskanten Unternehmen namens Leben sicherheitshalber schnellstmöglich aktiv zu verabschieden. Und das ist ja wohl nicht im Sinne des Erfinders.

Andererseits ist es natürlich auch nicht gut, alle Risiken zu ignorieren – das könnte ebenfalls zu einem verfrühten Abschied von dieser Welt führen, wie uns die Verkehrsstatistiken jedes Jahr wieder aufzeigen. Es ist daher sinnvoll, diese verschiedenen Risiken ein wenig zu sortieren und sich klarzumachen, mit welchen man sich wirklich mutig auseinandersetzen und gar anfreunden sollte und welche man meiden oder getrost links liegen lassen sollte.

Riskante Vielfalt

Hier also eine Ansammlung von gefährlichen und weniger gefährlichen, von ernst zu nehmenden und zu vernachlässigenden Risiken:

Alltagsrisiken

Zum einen sind da die vielfältigen Risiken des Alltags. Diese müssen Sie eingehen, ob es Ihnen gefällt oder nicht. Sie müssen atmen, essen, schlafen, arbeiten, sich aus dem Haus begeben, in Bahn oder Auto steigen, auf Stöckelschuhen eine Straße mit Kopfsteinpflaster überqueren, kurz ein ganz normales Leben führen. Und dabei sind diese vielen Risiken mehr oder weniger unvermeidbar. Aus Angst vor nächtlichem Atemstillstand nie wieder zu schlafen oder nur noch breiige Speisen zu essen, damit sich bloß kein kratziger Krümel in Ihrer Luftröhre festsetzt und einen Krampf auslöst, mag diese Gefahren vielleicht in der Tat eine Zeit lang vermeiden, aber es scheint kein angemessener Umgang mit diesen Alltagsrisiken zu sein. Im Gegenteil, solange sie die normale Schwelle nicht überschreiten, sollten Sie sie getrost ignorieren, was Sie wahrscheinlich auch tun. Sie können

schon mal ganz schön stolz auf sich sein, dass Sie nebenbei täglich so viele Risiken souverän und mutig meistern, so ein großer Angsthase sind Sie gar nicht!

Was all diese Alltagsrisiken vereint, ist ihre ziemlich geringe Eintrittswahrscheinlichkeit. Bei der Betrachtung von Risiken sind ja zwei Faktoren wichtig: zum einen die Höhe des Schadens, den sie bei negativem Eintritt anrichten, und zum anderen die Wahrscheinlichkeit, mit der sie eintreten werden. So ist der potenzielle Schaden des verschluckten Krümels natürlich sogar existenziell – in der Tat sind daran schon Menschen erstickt.

Auf der anderen Seite ist die Wahrscheinlichkeit, wirklich daran zu sterben, sehr gering – meistens hustet man den Krümel wieder aus, trinkt ein Glas Wasser und isst munter weiter. So ist es mit den meisten Risiken des Alltags: natürlich kann es passieren und ist wohl auch schon passiert, dass dieser blöde rauchende Mieter im Schlaf das Haus in Brand setzt, aber es passiert eben sehr, sehr selten (auch Raucher sind offensichtlich durchaus mit einem gewissen trotzigen Überlebenswillen ausgestattet).

Für den Umgang mit etlichen dieser unausweichlichen Alltagsrisiken ist es also absolut ausreichend, normale Vorsicht walten zu lassen und es ansonsten ein bisschen lässig zu sehen: bei Nebel langsamer zu fahren, behutsam in die Dusche ein- und auszusteigen, den Urlaub nicht unbedingt in einem Vogelgrippeland zu verbringen, exzellent zu arbeiten, damit Ihre Firma zumindest nicht Ihretwegen Insolvenz anmelden muss. Das ist üblicherweise ausreichend, um diese Risiken in Schach zu halten. Mehr Vorsicht und Risikoscheu würde Ihre Lebensqualität empfindlich senken. Wenn Sie Ihrem Gatten nicht mehr trauen und das Risiko mit der Sekretärin dadurch ausschalten wollen, indem Sie ihn rund um die Uhr durch einen schmierigen Detektiv überwachen lassen, werden Sie an Ihrer Ehe wohl nicht mehr sonderlich viel Freude haben …

Ein paar tückische Alltagsrisiken gibt es allerdings doch, die leider meistens unterschätzt werden, weil sich ihre Folgen nicht sofort, sondern erst auf lange Sicht zeigen. Ein Hamburger von McDonald's ist nicht lebensgefährlich, wenn Sie sich aber auf Dauer überwiegend davon ernähren, werden Sie höchstwahrscheinlich sehr wohl gesundheitliche Probleme bekommen. Supersize me! Eine Ecstasypille macht Sie, so glauben die Experten, nicht zum Junkie, regelmäßiger Konsum erhöht die Wahrscheinlichkeit jedoch enorm. Einige Wochen lang 70 Stunden zu arbeiten bringt Sie nicht um, aber dies dauerhaft zu tun wird sich mit Sicherheit in Form des Burnouts rächen. Bei dieser Art Alltagsrisiko sollten Sie sich also immer auch nach den langfristigen Folgen fragen, um sinnvoll mit ihnen umzugehen.

Ausnahmerisiken

Neben den Alltagsrisiken gibt es die Ausnahmerisiken, denen wir ausgesetzt sind, oft mit leider verheerenden Folgen, die ebenfalls vom Einzelnen nicht beeinflussbar und quasi unvermeidbar sind. Der Unfall im Atomkraftwerk, ein Meteoriteneinschlag, die Kollision eines Schiffs mit einem Eisberg, die riskante Notoperation bei einem durchgebrochenen Blinddarm, ein Vulkanausbruch oder ein Seebeben sind alles Risiken, denen wir nicht ausweichen können, die aber Gott sei Dank sehr selten sind. Viel tun dagegen können wir leider nicht (das Ablenken gefährlicher Meteoriten ist nach wie vor nur im Film erfolgreich), wir können sie nur tapfer ertragen. Und, da wir die meisten davon nicht beeinflussen können, sollten wir uns deswegen auch keine allzu großen Ängste und Sorgen machen. Angst haben und sich sorgen haben noch nie verhindert, dass etwas Befürchtetes eintritt, kosten aber viel Nerven und Energie, die man besser für etwas Sinnvolleres einsetzen sollte. Da ist sicher ein gewisser Fatalismus angebracht: Was passiert, passiert nun eben, wie es das unberechenbare Schicksal will.

Selbst gewählte Risiken

Die dritte Risikoart ist sicher die interessanteste und spannendste: das freiwillige, selbst gewählte Risiko. Hier bestimmen Sie selbst, ob Sie es eingehen wollen oder nicht. Die gesammelten Pilze ohne das Urteil eines Fachmanns verzehren? Ihre wagemutige Entscheidung, guten Appetit! Motorradfahren, Drachenfliegen, wilde Spekulationen an der Börse, den K2 oder Mount Everest besteigen, sich als philosophischer Dienstleister in einem kleinen abgelegenen Dorf in Niedersachsen selbstständig machen – all diese waghalsigen Unternehmungen haben Sie selbst in der Hand.

Bei diesen freiwillig eingegangenen Risiken gelten wieder die zwei Kriterien Schadenshöhe bei Eintritt und Wahrscheinlichkeit beziehungsweise Häufigkeit des Eintretens, die Ihnen sagen, ob Sie sie eingehen sollten oder nicht. Ist der Schaden so klein, dass ich ihn verkraften könnte? Und ist die Wahrscheinlichkeit des Schadens sehr gering? Über so ein kleines Risiko, das Sie sich leisten könnten, können Sie gerne nachdenken. Wenn Sie etliche Tausend Euro auf Ihrem Konto haben, können Sie sich gut einen Hunderter für eine vielversprechende, etwas dubiose Aktie leisten, selbst wenn das schöne Geld eine Woche danach futsch sein sollte. Auf Ihr Haus eine Hypothek aufzunehmen und dieses Geld samt Ihrer gesammelten Ersparnisse und der Ihrer vom Glauben an Sie beseelten Mutter für hochriskante Spekulationspapiere zu verwenden, können Sie sich allerdings nicht leisten, wenn Sie weiterhin eine schöne, bürgerliche Existenz und eine gute Beziehung zu Ihrer geliebten Mutter führen wollen.

Jedes Risiko, das Sie in irgendeiner Art – finanziell, beruflich, privat, gesundheitlich – bei Eintritt ruinieren würde, sollten Sie sich daher sehr gut überlegen, egal, wie verführerisch hoch der Gewinn sein könnte, und auch egal, wie unwahrscheinlich der Eintritt sein mag. Selbst wenn die Wahrscheinlichkeit nur zwei Prozent beträgt, bei existenzbedrohenden Risiken ist das immer noch zu hoch. Ob Sie dann so ein Risiko trotz der möglichen verheerenden Folgen eingehen, hängt natürlich mit Ihrer Risikofreude zusammen. Schon viele tollkühne Bergsteiger haben den Mount Everest erklommen, und etliche von ihnen befinden sich zu Eis gefroren seit Jahrzehnten immer noch dort. Sie haben das hohe Risiko des Todes nun mal freiwillig auf sich genommen und müssen nun mit den Folgen leben … sozusagen. Aber als eher vorsichtiger Mensch werden Sie so etwas Tollkühnes wahrscheinlich sowieso meiden wie die Pest.

Was für ein Typ sind Sie denn?

Aber ein wie großes Angsthäschen sind Sie denn eigentlich? Ein niedliches, kleines oder ein ausgewachsenes, riesiges? Wie ausgeprägt ist Ihre Risikoscheu, Ihr Mangel an Mut? Die Skala reicht von richtiger Sucht nach Gefahr und Risiken über eine gewisse Freude daran bis hin zu lähmender Ängstlichkeit und einengender Übervorsicht. Finden Sie heraus, wo Sie sich auf dieser Skala tummeln. Es folgen einige kleine Beispiele, bei denen Sie ankreuzen können, wie Sie entscheiden würden, und die Ihnen ein wenig Aufschluss über den Grad Ihrer Risikofreude bzw. -scheu geben können.

Test: Wie ängstlich sind Sie eigentlich?

Fall 1 Ricarda hat ein sehr weibliches Problem. Sie hat einen kleinen Busen. Sogar einen sehr, sehr, sehr winzig kleinen Busen. Fast nicht vorhanden. Bügelbrett mit Erbse hat sie ein Verflossener einmal genannt. Das hat ihr natürlich sehr wehgetan. Ihr jetziger Freund findet sie wunderbar und sexy, so wie sie ist. Aber sie lässt die Angst nicht los, dass ihr eines Tages doch eine vollbusige Schönheit den Liebsten abspenstig machen wird, trotz all seiner gegenteiligen Beteuerungen. Man weiß ja, wie Männer so sind. Also steht sie vor der Frage: Brustvergrößerung ja oder nein? Sie hat sich schon umfassend informiert, und es kann offensichtlich verflixt viel schiefgehen …

a) Wenn sogar ihr Freund es in Ordnung findet, gibt es doch gar keinen Grund, so ein Risiko auf sich zu nehmen! Und überhaupt – ein Mann, der seine Liebe von der Größe des Busens abhängig macht, wäre sowieso nicht der Richtige, also kann sie so bleiben, wie sie ist.
b) Heutzutage gibt es doch eine Menge moderner Verfahren, die ziemlich komplikationslos sein sollen. Und warum soll sie lebenslang unter ihrem winzigen Busen leiden, wenn es relativ einfach ist, das zu ändern? Pfeif auf das Restrisiko!
c) So ein Eingriff will wirklich gut überlegt sein. Sie sollte sich zum einen noch einmal fragen, ob ein größerer Busen für sie wirklich so viel bringen würde, und wenn ja, sollte sie den Chirurgen sorgfältig auswählen.

Fall 2 Barbara ist in einem echten Dilemma. Sie hat über das Internet einen wirklich tollen Mann kennengelernt. Seit einigen Monaten treffen sie sich regelmäßig, und sie ist sehr glücklich mit ihm. Sie kann sich mittlerweile sehr gut vorstellen, dauerhaft mit ihm zusammenzubleiben. Es gibt nur einen Haken: Er wohnt 500 Kilometer entfernt, sie können sich nur an einigen Wochenenden sehen. Jetzt hat er sie gefragt, ob sie nicht zu ihm ziehen wollte. Er kann dort nicht weg, weil er ein Geschäft hat. Bei ihr ist es eigentlich egal. Arbeitstechnisch für sie kein Problem, sie arbeitet im Hotelgeschäft und wüsste schon, wo sie sofort wieder einen Job in der Stadt ihres Liebsten bekäme. Aber was ist, wenn es doch nicht funktionieren sollte? Dann sitzt sie allein mit Liebeskummer in einer fremden Stadt ...

a) Ich finde, sie sollte versuchen, unbezahlten Urlaub zu bekommen, ihre alte Wohnung und Stelle noch behalten und eine Art Probezeit bei und mit ihm verbringen. Wenn das ein, zwei Monate gut geht, dann ist es wohl in Ordnung, ganz zu ihm zu ziehen.
b) Nach ein paar Monaten so einen einschneidenden Schritt zu tun finde ich viel zu gewagt. Sie sollten erst einmal so weitermachen und ein oder zwei Urlaube miteinander machen, dann sieht man klarer. Bloß nichts überstürzen!

c) Amor vincit omnia! Die Liebe besiegt alles – jeder weitere getrennt verbrachte Tag ist ein verlorener Tag. Also los, flugs den Umzugswagen bestellt. Und eine Garantie, dass es klappt, hat man doch sowieso nie.

Fall 3 Sabine ist ganz aufgeregt. Gestern hat sie ihren alten Kommilitonen Tim wieder getroffen, der sehr erfolgreich selbstständig eine Personalvermittlungsagentur betreibt und ihr ein tolles Angebot gemacht hat: Sie kann bei ihm Lizenznehmerin werden und sich damit ebenfalls selbstständig machen. Sie nehmen nur ausgewählte Leute, sagte Tim, aber sie würde perfekt in diesen kleinen, feinen Kreis passen. Die Umsätze könnte sie mit ihrem Know-how der Branche locker schaffen, meinte er. Und die Einstiegszahlung wären nur 20 000 Euro, die hätte sie bald wieder drin. Allerdings müsse sie ihm in den nächsten Tagen Bescheid geben, er könne nicht länger warten. Sabine ist in ihrem Job schon lange unzufrieden, sie arbeitet in der Personalabteilung eines großen Konzerns, in der sie wohl nicht mehr groß weiterkommen wird. Zudem ist ihr Arbeitgeber in der letzten Zeit immer öfter in den Schlagzeilen – auch kein gutes Zeichen, wie sie findet. Trotzdem, eine feste Stelle ist eine feste Stelle. Andererseits – das notwendige Geld für die Lizenz hätte sie, auch noch ein kleines Polster für die Anfangszeit. Was soll sie bloß tun?

a) Sie sollte zuschlagen! Ihr alter Job ist womöglich ohnehin bald weg, also vorwärts, auf zu neuen Ufern! Und wenn sie das Geld hat ...
b) Sie sollte in den nächsten Tagen oder Wochen so viele weitere Informationen beschaffen wie möglich, und wenn die halbwegs bestätigen, was ihr Tim erzählt hat, ihre Kündigung schreiben.
c) Eine Stelle in einem großen Konzern gibt man doch nicht auf! Selbst wenn es in ihrer Abteilung nicht so gut passt, kann sie sich doch innerhalb ihrer Firma bestimmt nach etwas anderem umsehen. Ein großer Arbeitgeber ist immer noch sicherer als die hochriskante Selbstständigkeit.

Fall 4 Emma hat auch ein typisch weibliches Problem. Und es ist eigentlich völlig trivial, das weiß sie selbst sehr gut. Viele Männer würden sagen: absolut überflüssig, winzig, unbedeutend, nebensächlich, irrelevant, albern, trivial. Und trotzdem macht es ihr doch ziemlich zu schaffen. Emma hat nämlich wundervolle, sehr lange Haare – bis zum Po, wenn sie sie offen herunterhängen lässt. Seit ihrer Kindheit trägt sie sie so üppig und lang, geflochten, offen, hochgesteckt, als Pferdeschwanz, im Knoten. Sie kennt gar kein anderes Gefühl am Kopf als diese füllige, schwere Haarpracht. Kaiserin Sissi hätte sie um ihren Schopf beneidet, wie es sicherlich viele Frauen tun.

Aber jetzt hadert sie damit. Sie ist es leid, absolut leid! Es ist umständlich, jeden Tag diese Haarpracht zu bändigen. Waschen und trocknen sind absolute Großprojekte. Im Sommer sind sie schwer, heiß und lästig, außerdem erscheint es ihr auch recht altmodisch. Ein pfiffiger, ultramodischer Kurzhaarschnitt reizt sie sehr. Aber – und für sie ist es ein großes Aber – so schnell wächst eine solche Mähne auch nicht nach. Wenn sie sie wirklich abschneiden ließe, würde es Jahre dauern, bis sie wieder so lang wären, wenn überhaupt jemals wieder. Und vielleicht steht ihr so ein moderner Kurzhaarschnitt auch gar nicht, dann würde sie monatelang wie Hein Doof durch die Gegend laufen und ewig den Verlust ihrer Mähne bedauern. Eine fürchterliche Vorstellung! Aber sie möchte auch nicht mehr wie die sprichwörtliche brave Pfarrerstochter herumlaufen ...

a) In vielen Friseursalons kann man doch heutzutage mit virtuellen Looks herumspielen – da kann sie doch erst einmal ausprobieren, wie sie aussehen würde. Außerdem kann sie es doch stufenweise angehen, jedes Mal ein bisschen kürzer.
b) Ab damit! Was sind schon Haare ... und der Mensch braucht manchmal eine einschneidende Veränderung, das wird ihr sicher guttun.
c) Wenn man schon so ein tolles Geschenk der Natur hat, sollte man es natürlich auch behalten. Wie viele Frauen sie wohl darum beneiden! Nein, nein, auf keinen Fall abschneiden.

Fall 5 Petra hat gewonnen. Eine Kreuzfahrt für eine Person. Zwei Wochen, Mittelmeer. Eine tolle Route mit vielen interessanten Ausflugszielen, auf einem modernen Luxusschiff. Ungefähr so wie das Traumschiff, versprechen die Gewinnunterlagen. Eigentlich sollte sie sich ja freuen, aber das gelingt ihr nicht so richtig. Der Haken für sie ist, dass es eben nur für eine Person ist. Petra ist noch nie allein in Urlaub gefahren, und bei dem Gedanken daran ist ihr überhaupt nicht wohl. Sie wird mit fremden Menschen nicht so schnell warm, sie ist ziemlich schüchtern. Sich zwei Wochen lang ohne eine vertraute Person auf einem ungewohnten Schiff aufzuhalten, die Landausflüge womöglich mutterseelenallein machen zu müssen oder aber in der Zwangsgesellschaft irgendwelcher peinlicher Spaßvögel, dann ist ihr Englisch auch nicht so gut – das verängstigt sie, und sie hat doch starke Zweifel, ob ihr so ein Urlaub Spaß machen würde. Auf der anderen Seite hat sie schon immer von einer Kreuzfahrt geträumt ...

a) Am besten versucht sie, ihren Gewinn jemand anderem zu verkaufen. Allein kann man mit Sicherheit nicht viel Spaß an so einer Reise haben, und zwei Wochen Einsamkeit auf einem Schiff sind wirklich kein Vergnügen.
b) Auf dem Schiff gibt es doch bestimmt Ansprechpartner, die sich um Einzelreisende kümmern. Da kann sie vorab ja schon mal fragen, was die so alles anzubieten haben. Und mit genügend Büchern im Gepäck kann sie sich zwischendurch auch allein gut amüsieren.
c) Da gibt es doch nichts zu überlegen – so eine Chance kommt nie wieder. Los, Koffer packen!

Auswertung

Die Antworten 1a), 2b), 3c), 4c) und 5a) deuten auf eine hohe Risikoscheu.

1c), 2a), 3b), 4a) und 5b) weisen auf ein ausgewogenes Verhältnis von Risikofreude und angemessener Vorsicht hin.

1b), 2c), 3a), 4b) und 5c) zeigen an, dass hier die Risikofreude sehr hoch ist.

Schauen Sie bitte, wo Sie die meisten Antworten haben, und lesen Sie unter dem entsprechenden Abschnitt weiter.

Hohe Risikoscheu

Sie sind ein ganz schön großes Angsthäschen. Sie meiden Risiken wie die Pest, wo immer es geht. Ihr Sicherheitsbedürfnis ist so groß, dass Sie Veränderungen sehr skeptisch gegenüberstehen – man weiß ja nie, was sie bringen werden. Bei Ihnen ist Vorsicht die größte Tugend, hinter der auch die Neugier und die Lust auf Abwechslung zurückstehen müssen. Verluste vermeiden, das Bewährte festhalten, Bedauern minimieren, das sind Ihre Ziele. Allerdings zahlen Sie dafür den hohen Preis, viele spannende und förderliche Erfahrungen von vornherein auszuschließen. Lernen Sie doch im weiteren Verlauf des Buches, sich öfter mal einen Ruck zu geben und etwas mehr zu wagen!

Ausgewogenheit von Risikofreude und Vorsicht

Ihr inneres Angsthäschen ist eher klein. Sie haben Ihren Blick sowohl für die Chancen als auch für die Risiken entwickelt und können sie beide gegeneinander abwägen. Das kann in manchen Bereichen unterschiedlich sein – vielleicht sind Sie besonders wagemutig im Sport, jedoch eher zurückhaltender im Beruf. Im Allgemeinen kommen Sie aber mit dem Umgang mit Risiken ganz gut zurecht. Erhöhen Sie Ihre Fertigkeiten beim Einschätzen der Gefahren und Abwägen der Chancen noch ein wenig durch ein paar nützliche Werkzeuge.

Hohe Risikofreude

Haben Sie überhaupt ein Angsthäschen in sich? Wie sind Sie dann bloß an dieses Buch geraten? Sie stürzen sich optimistisch, furchtlos und überaus risikofreudig in jedes Abenteuer, das des Weges kommt. Nicht groß grübeln und nachdenken – da ist eine Chance, und Sie packen sie ruck, zuck am Schopf. Leider ist Ihr Optimismus nicht immer gerechtfertigt, sodass Sie natürlich öfter mal auf die Nase fallen. Lernen Sie, wie Sie Ihren Optimismus durch etwas mehr Realismus anreichern können und zu einem ausgewogeneren Umgang mit Risiken kommen können.

Je stärker Ihre Risikoscheu ausgeprägt ist, desto mehr Handlungsbremsen hindern Sie, sich dem Leben etwas mutiger in die geöffneten Arme zu werfen. Deshalb sollten Sie im nächsten Schritt Ihre Diagnose noch verfeinern, um herauszufinden, welche Bremsen genau bei Ihnen angezogen sind und wo Sie ganz gezielt den Hebel ansetzen und am schnellsten Ihre übermäßige Ängstlichkeit reduzieren können.

3.

Überprüfen Sie doch einmal Ihre Hand(lungs)bremsen

Die tapfere Sarah mit den Wackelpuddingknien hat ihre Bremsen offensichtlich überprüft und lösen können. Denn Mut bedeutet ja nicht, gar keine Angst zu haben (das wäre sogar krankhaft, weil ein schützender Mechanismus fehlen würde), sondern etwas trotz einer gewissen Angst zu tun, also die inneren Blockaden zu überwinden und auch mit einem mulmigen Gefühl zu handeln und nicht Haken schlagend wegzuhoppeln.

Der Bremstest

Wie bei einem Fahrzeug auch gibt es mehrere Arten von Bremsen, die Frau nicht durchstarten lassen. Und es wäre ja ziemlich blödsinnig, am Bremspedal rumzufummeln, wenn es eigentlich die Handbremse ist, die die freie Fahrt drosselt … Überprüfen Sie doch einmal anhand des folgenden Fragebogens, welche Ihrer Handlungsbremsen vielleicht gelöst werden müsste, damit auch Sie trotz weicher Knie etwas wagen können.

Worum es bei den Bremsen im Einzelnen geht, erfahren Sie allerdings erst im Anschluss – ein Trick, um Ihnen größtmögliche Offenheit beim Beantworten zu ermöglichen. Sie kennen das ja sicher schon von anderen Tests: Wenn man weiß, worum genau es geht, neigt man leider dazu (bewusst oder unbewusst), eher so zu antworten, wie man gerne wäre, und nicht so, wie man sich derzeit ehrlich einschätzt. Daher ist temporäre Unwissenheit manchmal sehr nützlich. Kreuzen Sie bei jeder Aussage spontan an, ob Sie eher zustimmen oder ablehnen. Dabei geht es natürlich nicht um den genauen Wortlaut oder um die hundertprozentige Wahrheit, sondern nur darum, ob Sie sich tendenziell darin wiedererkennen. Viel Spaß!

Test: Welche Bremsen blockieren mich besonders?

	Aussage	Ja	Nein
A	Mir ist der Spatz in der Hand lieber als die Taube auf dem Dach; lieber würde ich mich in einer mittelmäßigen Beziehung arrangieren, als wieder allein zu sein.		
B	Bisher bin ich immer auf die Nase gefallen, wenn ich mal ein bisschen was riskiert habe – nie wieder!		
C	Bei wichtigen Entscheidungen wie der Annahme einer Beförderung, die mit einer Versetzung verbunden wäre, bin ich schnell überfordert und hadere ewig damit herum.		
D	Meine Freunde trauen mir auch nicht zu, etwas Riskantes zu tun. Wahrscheinlich haben sie Recht!		
A	Ich könnte nie auf einer Hochzeitsfeier die Festrede halten – allein bei dem Gedanken wird mir schon schlecht!		
B	Ich glaube an Murphy: Was schiefgehen kann, geht auch schief.		
C	Ich finde es sehr schwierig, die Alternativen bei einer Entscheidung, wie zum Beispiel eine Wohnung kaufen oder mieten, mit ihren Konsequenzen richtig einzuschätzen.		

D	Wenn andere mir von einer herausfordernden Aufgabe abraten, bin ich schnell verunsichert und lasse es lieber bleiben.		
A	Ich würde nie allein in Urlaub fahren. Wenn einem dann was passiert, so ganz allein!		
B	Bei ehrgeizigen Projekten sind schon ganz andere gescheitert – wieso sollte es ausgerechnet bei mir klappen?		
C	Ich konnte mich noch nie gut entscheiden. Und auf viele meiner Entscheidungen kann ich wahrlich nicht stolz sein, so blöd, wie sie im Nachhinein waren.		
D	Ich würde mich ja manchmal schon was trauen, aber nicht allein.		
A	Dinge, die ich noch nie gemacht habe, finde ich sehr suspekt und unheimlich.		
B	Da strengt man sich an und wagt etwas und erreicht nur 70 Prozent – das fände ich schrecklich.		
C	Meine Tipps, was wahrscheinlich eintreten wird, sind oft falsch. Da kann ich gleich in eine Kristallkugel starren oder würfeln.		
D	Auch die meisten Mitglieder meiner Familie und meiner Freunde würden sich nie auf riskante Dinge einlassen.		
A	Aber was ist denn, wenn es nicht klappt mit meinen mutigen Plänen? Dann blamiere ich mich doch bis auf die Knochen!		
B	Ich bin nun mal ein sehr vorsichtiger Mensch. Ich probiere noch nicht mal ein neues Rezept aus, wenn ich Gäste erwarte – könnte ja grandios schiefgehen. Lieber vorher testen!		
C	Ich habe schon öfter das Risiko einer Aktion unter- oder überschätzt.		
D	Ich kenne viele Menschen, die sehr sicherheitsbewusst und dabei gut gefahren sind.		

A	Wer viel wagt, verliert doch meistens – und hinterher ist dann alles futsch!		
B	»Schuster, bleib bei deinen Leisten« könnte meine Devise sein.		
C	Ach, riskante Aktionen sind mir ehrlich gesagt einfach zu anstrengend, ich kriege so schnell einen Durchhänger.		
D	Man kann doch nichts riskieren, wenn andere die Suppe dann mit auslöffeln müssten.		
A	Ich würde eine tolle Position durchaus ablehnen, wenn sie mit einem Ortswechsel verbunden wäre.		
B	Mir ist die Garantie des Bewährten lieber als irgendwelche nebulösen Chancen.		
C	Wenn ich mich mal an etwas Riskantes rangetraut habe, habe ich beim ersten Rückschlag entnervt das Handtuch geworfen.		
D	Ich habe schon ab und zu eine mutige Idee, aber meistens fehlt dann irgendetwas: Geld, Informationen, Unterstützung ...		
A	Keine zehn Pferde brächten mich dazu, in der U-Bahn meinen Sitznachbarn zu bitten, die dröhnende Musik leiser zu stellen.		
B	Ich hasse Veränderungen – ich bin halt ein Gewohnheitstier.		
C	Manche Leute haben wohl ein Händchen, Entwicklungen von Risiken gut einzuschätzen – ich bestimmt nicht.		
D	Meine Freunde sind auch nicht scharf drauf, dauernd etwas Neues auszuprobieren.		
A	Allein in eine Kneipe zu gehen ist für mich eine Horrorvorstellung.		
B	Ich glaube fest daran, dass es töricht ist, wegen eines ungewissen möglichen Gewinns die Sicherheit aufzugeben.		

C	Ich sage mir oft, dass ich es bestimmt nicht schaffen werde, und dann verlässt mich mein letztes bisschen Mut.		
D	Letzten Endes steht man doch immer allein da – viele Menschen unterstützen einen leider nur theoretisch. Aber wenn es dann ernst wird, hat keiner mehr Zeit.		
A	Ich vermeide es meistens, irgendwie durch Kleidung oder Verhalten aufzufallen; das ist mir immer sehr unangenehm.		
B	Das Schicksal belohnt mutige Menschen oft nicht, was bringt's also ...		
C	Manchmal möchte ich ja schon etwas wagen, aber dann krieg ich die Kurve nicht, mich auch dazu aufzuraffen.		
D	Viele sagen doch, dass Frauen einfach nicht dazu taugen, wagemutige Projekte durchzuführen.		

Auswertung

Nun geben Sie sich bitte für jedes »Ja« einen Punkt und zählen Sie diese nach Buchstaben (A, B, C, D) sortiert zusammen.

Verschiedene Angstbremsen

A: 0–5 Punkte Sie können mit Ihren unterschiedlichen Ängsten schon ziemlich gut umgehen, Sie sind nicht die Hauptursache Ihrer Risikoscheu. Sie halten Sie nicht davon ab, auch mal etwas Wagemut zu zeigen und sich außerhalb Ihrer Komfortzone zu bewegen. Vielleicht haben Sie ab und an weiche Knie, aber trotzdem trauen Sie sich. Lesen Sie dennoch ruhig das Kapitel über den Umgang mit Ängsten – mit gezielten Strategien kann man es sicher immer noch besser machen.

A: 6–10 Punkte Sie packt des Öfteren ein wenig die Angst: vor deutlichem Erfolg, vor Versagen, vor der Blamage, der Ablehnung durch andere, vor unbekanntem Neuem ... und leider lassen Sie sich dadurch öfter davon abhalten, etwas zu riskieren. Eine Strategie der größtmöglichen Sicherheit und Angstfreiheit, allerdings um den hohen Preis, auch vieles zu versäumen. Atmen Sie tief durch und beschäftigen Sie sich mit Ihren Ängsten – sie sind viel weniger bedrohlich, begründet und ernst, als Sie denken!

Noch eine Bemerkung zum Ausmaß der Angst: Sollten Sie dauerhaft unter starker (undifferenzierter und unbegründeter) Angst leiden oder gar ab und an echte Panikattacken bekommen, ist es sehr angeraten, dieser Angst mithilfe professioneller Unterstützung zu Leibe zu rücken. Bei einem entzündeten Blinddarm hilft das Kühlen mit Eis nicht mehr viel – da muss dann doch der Internist oder Chirurg ran. Und bei ausgewachsener Angst ist es mit der Selbsthilfe allein leider auch nicht mehr getan, auch da ist der professionelle Coach oder Therapeut gefragt.

Innere Denk- und Überzeugungsbremsen

B: 0–5 Punkte Sie verfügen über genügend Selbstvertrauen, sich auch die schwierigeren Dinge zuzutrauen. Natürlich zweifeln Sie wie jeder ab und zu an sich, aber mit Ihrem gesunden Menschenverstand können Sie diese negativen Perspektiven wieder zurechtrücken. Fahnden Sie noch nach den letzten einschränkenden Überzeugungen, die Sie vielleicht doch noch ein wenig ausbremsen.

B: 6–10 Punkte Einige Ihrer Überzeugungsbremsen scheinen noch angezogen zu sein. Generalisierte schlechte Erfahrungen (einmal schiefgegangen – immer läuft es schief), vielleicht zu wenig Vertrauen in Ihre Urteilskraft und Ihre Fähigkeiten oder aber überzogene perfektionistische Erwartungen hemmen Sie in der Entfaltung Ihres Potenzials. Rücken Sie diesen inneren Saboteuren gezielt zu Leibe!

Know-how-Bremsen

C: 0–5 Punkte Sie haben funktionierende Strategien für schwierige Entscheidungen, für die man etwas Mut braucht. Ihre Einschätzung der verschiedenen Konsequenzen und deren Wahrscheinlichkeiten trifft recht zuverlässig, Sie können Kopf und Bauch zufriedenstellend koordinieren und den angemessenen realistischen Blick behalten. Stöbern Sie doch ein wenig, um Ihr Know-how noch etwas zu vervollkommnen.

C: 6–10 Punkte Schwierige, risikobehaftete Entscheidungen sind nicht so Ihr Ding. Es fällt Ihnen nicht so leicht, in einer komplexen Situation den Überblick zu behalten und die Konsequenzen und Wahrscheinlichkeiten einzuschätzen. Ihr Kopf und Ihr Bauch sind sich auch nicht immer einig, was denn nun das Richtige wäre ... Eignen Sie sich ein paar Werkzeuge an, die Ihnen helfen werden, zukünftig entspannter und systematischer mit Risiken und komplexen Entscheidungen umzugehen.

Umfeldbremsen

D: 0–5 Punkte Auch wenn Ihr Umfeld sich als nicht so unterstützend erweist, trauen Sie sich, Ihre beschlossenen Aktionen umzusetzen. Sie kann man nicht so leicht entmutigen, die Unkenrufe Ihres Umfelds können Sie auch einmal ignorieren und ohne Hilfe Ihr Ding durchziehen. Schauen Sie ruhig noch ein wenig mehr hinter die Kulissen der Erwartungen und Normen der anderen, um ihnen noch souveräner begegnen zu können.

D: 6–10 Punkte Sie lassen sich ab und an schon einmal ins Bockshorn jagen. Wenn andere Ihnen etwas nicht zutrauen, beginnen Sie selbst, an sich zu zweifeln, und werfen womöglich das Handtuch. Was man – frau – angeblich zu tun und zu lassen hat, beeinflusst Sie

manchmal mehr, als Sie wollen, und bremst Sie aus. Wappnen Sie sich gegen Gegenwind und überprüfen Sie, welchen Erwartungen Sie entsprechen wollen – und welchen auch nicht.

In den folgenden Kapiteln finden Sie zu jedem Hemmschuh Anregungen und Möglichkeiten, ihn auszuziehen und mit frischem Mut beschwingt und erleichtert voranzuschreiten. Eines steht allerdings fest: Sie müssen sich darauf gefasst machen, dass einmal kurz Durchlesen oder Überfliegen noch nicht ganz reicht, auch mit einmal Üben ist es nicht getan. Persönliche Veränderungen und Entwicklungen brauchen – wie alles andere auch – ein wenig Energie und Anschubkraft, um in Gang zu kommen und dauerhaft wirksam zu werden.

Geduld und Ausdauer

Das bedeutet natürlich, dass Sie auch wirklich aktiv werden müssen, eine Übung nicht gleich nach dem ersten kleinen Rückschlag abbrechen, sondern unverdrossen mit Geduld und Hartnäckigkeit den nächsten Anlauf machen. Wenn Sie eine Fremdsprache erlernen, erwarten Sie ja auch nicht, sie nach der ersten Lektion gleich so perfekt wie ein Muttersprachler zu sprechen – und so braucht auch die Sprache des Mutes geduldiges Vokabellernen und anfänglich möglicherweise holpernde Konversationsübungen.

Investieren Sie diese Geduld und Energie, und Sie werden sehr bald erste Erfolge verspüren und Ihr Leben um viele Facetten bereichern. Ausschlaggebend ist Ihre Motivation: Wollen Sie wirklich Ihr Leben mit mehr Mut intensiver und lebensfroher gestalten, dann liefert Ihnen dieser Entschluss auch die nötige Energie, ihn umzusetzen. Auf Dauer bestimmt. Aber seien wir realistisch: Nicht permanent in jeder Minute werden Sie hoch motiviert weitermachen. Durchhänger und kleine Rückschläge sind nämlich sehr wahrscheinlich zu erwarten.

Durchhänger und Rückschläge

»O je! Ekelhaft! Schon wieder nicht geschafft, ich Versagerin! Gott, ist das frustrierend – ich glaube, ich werde es nie hinkriegen ...« Das ist eine ziemlich häufige Reaktion auf Durchhänger, Rückschläge und Frustration. Genau das sollten Sie aber jetzt nicht tun: Schon einmal die verbale Geißel auspacken, damit Sie sich auch gleich schön fertigmachen können, wenn Sie einmal einen Ihrer Vorsätze nicht umgesetzt haben oder sich schon seit Tagen vor einer bestimmten, etwas beängstigenden Aktion drücken. (Mehr zum Aushebeln und zur Umwandlung der inneren zerstörerischen Stimme im Abschnitt »Keine Angst vor Misserfolg« im vierten Kapitel.)

Durchhänger hat wohl jeder Mensch, sie sind ganz normal und bewahren uns übrigens auch davor, zum absolut unsympathischen Übermenschen zu werden – wer mag schon Leute, die immer alles mit perfekter Leichtigkeit schaffen und nie von Zweifeln, Demotivation oder Faulheit geplagt werden! Das ist nicht nur unheimlich, das ist doch geradezu unmenschlich und ätzend unsympathisch.

Die Strategie der kleinen Schritte

Was viel mehr hilft als die wortreiche Geißel der Selbstzerfleischung und Selbstanklage, ist die Strategie der kleinen – zur Not auch winzig kleinen – Schritte. Denn das Ausschlaggebende fürs Durchhalten und Weiterkommen ist, selber aktiv zu bleiben, in welcher (manchmal fast unsichtbaren) Form auch immer.

Wenn es mal wieder nicht dazu reicht, Ihrem Chef von dieser tollen Idee zu erzählen, die Sie da hatten, weil Sie den Mut nicht aufbringen: Na gut, dann sind Sie eben noch nicht so weit, kein Problem. Aber Sie könnten schon einmal das Memorandum oder die Präsentation vorbereiten, mit der Sie ihn dann zur rechten Zeit überzeugen werden. Das verlangt noch keinen Mut, nur etwas Fleiß, ist aber trotzdem ein Schritt in die Richtung, in die Sie gehen wollen.

Und wenn Sie sich selbst zu dieser kleinen Mühe nicht aufraffen können? Dann tun Sie eben, außer ab und an daran zu denken und sich in verlockenden Erfolgsträumen zu verlieren, gar nichts – aber das ganz entschlossen und bewusst! Denn selbst wenn Sie sich dazu entscheiden, einen bestimmten Schritt noch nicht zu tun, so haben Sie zumindest diese aktive Entscheidung getroffen und sich nicht mit fadenscheinigen Entschuldigungen selbst belogen und fälschlich das Etikett der jämmerlichen Versagerin angeheftet.

Sagen Sie also nicht »Ich konnte doch gar nicht ...«, »Es ging nicht, weil ...«, »An diesem Tag fehlte dies und das ...«, sondern sagen Sie stattdessen: »Heute will ich nicht, punktum!« Eine bewusste Entscheidung des Nicht-Handelns ist immer noch mehr wert, als den Kopf in den Sand zu stecken, seine Kraft zur Erfindung phantasiereicher Entschuldigungen zu vergeuden oder sich als Verliererin und hilfloses, gebeuteltes Opfer eines dämonischen Schicksals zu sehen. Denn solange Sie etwas entscheiden, auch wenn es die Entscheidung zum Nichtstun ist, sitzen Sie am Steuer und bestimmen den Kurs. Und nach einer gewissen Zeit werden Sie spüren, dass die Zeit des Nicht-handeln-Wollens abgelaufen ist und Sie wieder bereit sind, den nächsten Schritt zu tun. Also einfach Geduld beweisen und lieber hartnäckig am Ball bleiben, als sich seine Motivation und sein Selbstvertrauen durch innere Anklagen und Beschuldigungen gänzlich zu vermiesen.

Viel Spaß beim Lösen Ihrer Bremsen!

4.

Lösen Sie die Angstbremsen und geben Sie Gas!

Die menschliche Phantasie ist wahrlich ein Wunderwerk, wenn man bedenkt, vor welchen absonderlichen Dingen wir uns mit ihrer Hilfe alles Angst machen können. Angst vor Maden und Motten, Angst vor Knöpfen (gibt es wirklich!), Angst vor unbekannten Bedrohungen aus dem All in der Form kleiner grüner oder großer roter Männchen, Angst davor, dass uns der Himmel auf den Kopf fällt. Aber auch Angst davor, bei einer Party zu spät zu kommen, sodass einen alle anstarren und man deshalb lieber gar nicht mehr hingeht. Angst davor, zu erfolgreich zu sein und den Neid der Götter und weniger erfolgreicher Mitmenschen zu provozieren und daher auf Dauer von allen verlassen zu werden. Oder aber die Angst, den durch den Erfolg gestiegenen Ansprüchen nicht gerecht werden zu können. Angst vor neuen Städten, vor BSE, der Vogelgrippe oder einem Atomunfall, einer öffentlichen Rede, einer Laufmasche oder davor, allein in ein Restaurant zu gehen … Ängste sind so vielfältig wie die Menschen, in deren Köpfen sie entstehen.

Bei vielen dieser Ängste fällt es einem jedoch recht schwer, den schon vorher beschriebenen evolutionären Sinn der Angst als Sicherheitsmechanismus zu erkennen. Maden und Motten sind bisher

noch nicht zur hochgefährlichen Killervariante mutiert, die gemeinsam mit den roten und grünen Männchen aus dem All das Ziel hat, gerade Sie gnadenlos zu unterwerfen oder gar auszurotten. Viele erfolgreiche Menschen erfreuen sich eines glücklichen und langen Lebens im Kreise ihrer Lieben, und am Angestarrt-Werden ist auch noch keiner gestorben. Im Gegenteil, viele Menschen genießen es sogar, im Mittelpunkt der Aufmerksamkeit zu stehen. Davon künden viele zum Teil sogar sehr peinliche Auftritte von Prominenten und solchen, die es gerne wären.

Blicken Sie Ihrer Angst tapfer ins Auge

Es gilt also, diese Ängste ein wenig näher unter die Lupe zu nehmen und zu differenzieren, wovor genau man sich eigentlich fürchtet, welche Angst in welchem Umfang durchaus begründet ist (eine Zeit lang war es wirklich nicht sehr ratsam, englisches Rindfleisch zu essen) und welche nicht, und wie man mit diesen kleinen Kopfbewohnern sinnvoll umgehen kann.

Denn dort entstehen sie – im Kopf. Und zudem sehr maßgeschneidert und individuell. Was dem einen mächtig Angst einjagt, lässt den anderen aufblühen und losstürmen, weil er den Kick daran liebt. Was die eine vor Angst lähmt und fast zusammenbrechen lässt, spornt die andere zu Höchstleistungen an. Vor nichts und gar nichts muss man Angst haben, und vor allem und jedem kann man Angst haben – es ist immer eine Frage des Individuums, ob man sich fürchtet oder nicht.

Ja, selbst vor Dingen, die lebensbedrohlich sind und vor denen doch eigentlich jeder Angst haben sollte und müsste, schrecken manche Menschen nicht zurück und tauchen freiwillig mit einem blutigen Stück

Thunfisch in der Hand ohne Schutzanzug oder Käfig in Haigewässern, weil sie sich dann angeblich so schön ganzheitlich lebendig fühlen …

Wohingegen wir uns, wenn eine unserer Ängste mal wieder die Herrschaft übernimmt, ganz und gar nicht schön lebendig, sondern im Gegenteil ganz schön schlecht und gelähmt fühlen. Denn leider belassen es die kleinen Quälgeister nicht bei negativen Gedanken, schlimmen Einflüsterungen und bunten Horrorfilmen, sondern erzeugen sehr wirksam verflucht schlechte Gefühle und diverse körperliche Reaktionen der unangenehmen Art. Emotionale Stürme der Beklemmung, Hilflosigkeit, gar Panik und völlige Kopflosigkeit gehen einträchtig Hand in Hand mit heftigem Herzklopfen, weichen Knien, zitternden Händen, einem Kloß im Hals, kaltem Schweiß auf der Stirn und einem flatternden Magen – die Liste ließe sich auf eine stattliche Länge ausdehnen. Blitzschnell werden wir auf ein kleines Häufchen Elend reduziert und wollen nur noch weg von dieser gefährlichen Killermotte …

Diffuse Ängste

Der Zauberstab, mit dem all diese Ängste solche vielfältigen Wirkungen in so rasantem Tempo erzeugen, könnte den etwas sperrigen Namen »diffuser geistiger Nebel« tragen. Da wir uns auch vor unserer Angst fürchten, vermeiden wir es üblicherweise, systematisch und gezielt darüber nachzudenken und genauer hinzuschauen, sondern fliehen auch im Kopf beim ersten Anzeichen vor der aufsteigenden Befürchtung. Und das ist es, was der kleinen Despotin so viel Macht verleiht. Je vager, nebulöser und verschwommener unsere Angstvorstellungen sind, desto mächtiger ist ihre Wirkung, da dem Schrecklichen der Phantasie in unserem Kopf keine Grenze durch harte, nüchterne Tatsachen gesetzt wird.

Angenommen, Sie spazieren in einer fremden Stadt gerade bei Dämmerung in einer einsamen Ecke herum und bemerken plötzlich einen unheimlichen großen Schatten, der Ihnen zu folgen scheint.

Sie haben diesen Schatten nur sehr flüchtig wahrgenommen – eine Chance für die Angst, daraus ein riesengroßes Monster mit fürchterlichen Absichten zu machen, das Sie bestimmt auf schreckliche Weise traktieren wird ... voller dunkler Vorahnungen und grässlicher Befürchtungen beginnen Sie, davonzulaufen. Riskieren Sie aber einen genaueren Blick und schauen noch einmal hin, dann sehen Sie, dass es sich wahrlich nicht um ein Monster, sondern um eine auf einem Autodach montierte Reklamefigur aus Pappe handelt, die diesen großen Schatten wirft. Eindeutig harmlos, wenn auch nicht unbedingt schön oder ästhetisch. Erleichtert und etwas verlegen wegen Ihrer überängstlichen Reaktion lachen Sie auf und schlendern weiter.

Sie sehen: Oft entpuppen sich nebulöse Befürchtungen bei näherem Hinsehen sogar als völlig unbegründet und auf jeden Fall meist als harmloser als gedacht. Daher ist die erste Grundsatzstrategie zur Reduzierung jeglicher Art von Angst eine bestechend einfache: Augen auf und scharf hinsehen. Weg mit dem dräuenden, unheimlichen Nebel der Angst und her mit den nackten Tatsachen! Schauen wir einmal, wie Sarah mit den Wackelpuddingknien ihre Angst so weit gezähmt hat, dass sie imstande ist, ihre wichtige Präsentation zwar immer noch nervös, aber trotzdem wirkungsvoll zu halten.

Sarahs emotionale Kopfwäsche

1. Konkretisieren Sie Ihre Angst.

- **Was genau befürchten Sie?**
  Na ja, ich habe natürlich ziemliche Angst davor, mich vor der versammelten Geschäftsführung bodenlos zu blamieren und wie ein kompletter Volltrottel dazustehen!
- **Welche Reaktionen Ihrerseits wären schlimm für Sie?**
  Grauenvolle Vorstellung, dass ich anfange zu stottern, den Faden ver-

liere, nicht auf Fragen antworten kann, mit hochrotem Kopf herumstammele und keinen klaren Gedanken mehr fassen kann. Vielleicht stoße ich zur Krönung auch noch den Laptop vom Tisch!

- **Was wäre daran so schlimm?**
  Was für eine Frage! Wer sieht sich selbst denn schon gerne als totale Niete! Ich würde mir diesen grandiosen Flop wahrscheinlich ewig nicht verzeihen können.
- **Wie wahrscheinlich sind diese Reaktionen?**
  So, wie ich mich fühle, hochwahrscheinlich! Bitte schalten Sie Ihren Kopf wieder ein, meine Liebe. *Ja, ja, in Ordnung, versuche ich. Zugegeben, zwar habe ich in meiner Abschlussprüfung auch keine tolle Vorstellung hingelegt, aber so schlimm war es natürlich nicht. Im Normalfall kriege ich schon immer noch eine passable Präsentation hin, mit ein paar kleinen Hängern vielleicht, aber keinem völligen Blackout. Also ist dieser Totalausfall so wohl eher unwahrscheinlich.*
- **Wie könnten andere reagieren?**
  Ich sehe sie schon vor mir, wie sie entweder über mich lachen, sich bodenlos langweilen oder mich total zur Schnecke machen wegen meiner Anmaßung ... Und was später dann mein Chef sagen wird – bestimmt ist er sauer auf mich. Und auch von den Kollegen werde ich wohl die ein oder andere spitze Bemerkung zu hören kriegen. Na toll!
- **Was daran ist schlimm?**
  Dass sie von mir eine schlechte Meinung haben! Schließlich will ich ja auch mal weiterkommen, aber einen solchen Versager sucht man sich für eine interessante Position ja wohl nicht aus.
- **Wie wahrscheinlich sind diese Reaktionen?**
  Gut, gut, ich habe es noch nie erlebt oder davon gehört, dass die Chefs jemanden vor Publikum fertiggemacht oder ausgelacht haben. Und als neulich ein Kollege eine ziemlich schlechte Präsentation gehalten hat, war mein Chef nicht sauer oder hat ihn für einen Versager gehalten, sondern hat ihm gesagt, was ihm nicht gefallen hat, und ihm dann ein paar Tipps zur Verbesserung gegeben. Einige blöde Bemerkungen werden schon kommen, aber eher witzelnd und nicht richtig bösartig – so sind die Kollegen hier nicht.

- **Welche konkreten negativen Folgen könnten eintreten?**
  Oh, jetzt muss ich doch nachdenken. Bei Licht besehen – eigentlich kaum welche! Sie können meinen Verbesserungsvorschlag natürlich ablehnen, na gut. Und vielleicht verdonnert mich mein Chef zu so einem Präsentationstraining ... aber das wäre so schlimm ja nun auch nicht. Vielleicht würden einige kurz über mich lachen, aber die meisten hätten wohl eher Mitgefühl mit mir. Und ich würde mich so schnell nicht mehr trauen, mit einer Idee daherzukommen.
- **Wie würden diese Folgen sich mittel- und kurzfristig auswirken?**
  Ich muss feststellen, wenn ich ein bisschen was dagegen tue, werden sie sich doch tatsächlich kaum auswirken! Ich könnte den Vorschlag noch einmal überarbeiten, ich könnte meinen Chef dabei um Hilfe bitten, ich könnte bei der nächsten Idee erst einmal ein paar Kollegen nach ihrer Meinung fragen, und ich könnte freiwillig viele Präsentationen halten, damit ich mich sicherer fühle. Also kaum Nachwehen!
- **Wie werden Sie in fünf Jahren wohl darüber denken?**
  Das ist gut! Ich werde wahrscheinlich schon in zwei Wochen selber lachend von meiner Katastrophenpräsentation vor der Geschäftsleitung berichten und dabei schön übertreiben! Von meiner Abschlussprüfung erzähle ich ja auch witzig und übertrieben dramatisch, als sei es ein toller Spaß gewesen ... es wird also weder mein Leben noch meine Karriere ruinieren, wenn ich diese Präsentation tatsächlich in den Sand setze. Und in fünf Jahren – ob ich mich dann überhaupt noch daran erinnern werde?

2. *Akzeptieren Sie, dass Sie (immer noch) Angst haben, und leisten Sie keinen Widerstand.*

   Ich bin wirklich immer noch ziemlich aufgeregt, obwohl es schon viel weniger schlimm ist, seit mir klar ist, dass nichts wirklich Schreckliches passieren kann. Okay, dann ist es eben so – andere Menschen sind bei so was bestimmt auch aufgeregt. Und ich soll nicht dagegen angehen? Soll man das denn nicht immer tun? Dachte ich bisher. Nein, das intensiviert die Angst nur noch, weil Sie ihr zu viel Aufmerksamkeit schenken. Akzeptieren und ignorieren sind viel wirksamer. *Hmm, fühlt sich zwar komisch an, dazustehen und sich zu sagen, na gut, dann hast du eben Angst, ist aber irgendwie auch befreiend. Und sie scheint dadurch sogar etwas abzunehmen! Es stimmt wohl wirklich, dass Widerstand und Kampf dagegen sie nur verstärken.*

3. *Machen Sie sich klar, dass man Angst aushalten kann wie jedes andere unangenehme Gefühl.*

   Ein wahres Wort – unangenehm fühlt es sich an. Ziemlich sogar. Aber es stimmt, wenn ich so drüber nachdenke, hab ich schon öfter Angst gehabt und es natürlich bisher immer völlig unbeschadet überstanden. Es ist wohl wie mit einer Erkältung: Wenn man sie hat, ist es schrecklich, aber sobald sie vorbei ist, bleibt nichts zurück und es ist alles schnell vergessen.

4. *Lenken Sie sich ab und konzentrieren Sie sich auf Ihre Umgebung oder auf hilfreiche Gedanken.*

   Das muss ich noch ein bisschen üben. Wenn es mir gelingt, mich eher auf meine Umgebung als auf mich selbst und meine Angstsymptome zu konzentrieren, geht es mir wirklich viel besser, aber zwischendurch kommen diese Horrorgedanken immer wieder. Ich schätze, da muss ich ein wenig mehr am Ball bleiben und mich immer wieder daran erinnern, lieber an einen guten Verlauf und nicht an die Katastrophe zu denken. Sagen Sie innerlich energisch Stopp!, sobald diese destruktiven Gedanken und die Konzentration auf Ihre Symptome wiederkommen. Zur Not sagen Sie es hundert Mal ... aber es wirkt. *Gut, stopp, stopp, stopp, stopp – jetzt muss ich aber lachen!*

5. *Konfrontieren Sie sich möglichst oft mit der angsterregenden Situation.*

   Das habe ich mir schon vorgenommen. Bisher habe ich mich immer davor gedrückt, Präsentationen und so etwas zu halten, aber in Zukunft werde ich mich öfter mal dazu melden. Ich glaube, dass es dann zunehmend leichter wird, Übungs- und Gewöhnungseffekt, nicht wahr? Und auch eigene Ideen werde ich meinem Chef wieder vorschlagen, wenn auch erst mal nur unter vier Augen ...

Tapfere, mutige Sarah! Sie hat ihre Präsentation übrigens ziemlich gut hingekriegt (nicht nur der Laptop blieb heil, sie hat eine beeindruckende Vorstellung geliefert, richtig souverän!), und die Geschäftsleitung überlegt tatsächlich, ob sie ihre Idee aufgreifen soll. Bald muss sie noch eine halten ... Glückwunsch!

So, die erste Hilfestellung zur Reduzierung und Relativierung von Ängsten haben Sie jetzt in Ihrem Werkzeugkasten. Das Hinsehen und Konkretisieren diffuser Ängste rückt ihnen schon mächtig zu Leibe und stutzt sie auf ein erträgliches Maß zurück. Für Ihre eigene mentale Aufräumaktion hier noch einmal alle Punkte im Überblick.

Die emotionale Kopfwäsche: Ängste konkretisieren und aushalten lernen

1. **Konkretisieren Sie Ihre Angst.**
   - Was genau befürchten Sie?
   - Welche Reaktionen Ihrerseits wären schlimm für Sie? Was wäre daran so schlimm? Wie wahrscheinlich sind diese Reaktionen?
   - Wie könnten andere reagieren? Was daran ist schlimm? Wie wahrscheinlich sind diese Reaktionen?
   - Welche konkreten negativen Folgen könnten eintreten?
   - Wie würden diese Folgen sich mittel- und kurzfristig auswirken?
   - Wie werden Sie in fünf Jahren wohl darüber denken?
2. **Akzeptieren Sie, dass Sie (immer noch) Angst haben, und leisten Sie keinen Widerstand.**
3. **Machen Sie sich klar, dass man Angst aushalten kann wie jedes andere unangenehme Gefühl.**

4. Lenken Sie sich ab und konzentrieren Sie sich auf Ihre Umgebung oder auf hilfreiche Gedanken.

5. Konfrontieren Sie sich möglichst oft mit der angsterregenden Situation.

Manchmal reicht das schon aus, manchmal hätte man gerne noch ein paar mehr Pfeile im Köcher.

Schauen wir uns daher im Folgenden die für die weibliche Risikoscheu besonders wirksamen Ängste noch genauer an und beginnen wir, sie durch hinterfragen und passende Gegenmaßnahmen weiter zu entmachten und zu integrieren. Wahrscheinlich wird Ihnen die eine oder andere Angstvariante schon einmal begegnet sein, andere wiederum kennen Sie nur vom Hörensagen. Stöbern Sie herum und machen Sie sich die verschiedenen Störenfriede ab jetzt zur Freundin!

Legen Sie die Messlatte ruhig hoch – keine Angst vor dem Erfolg!

Anna ist gerade – sozusagen gegen ihren Willen, auf jeden Fall ohne ihre Initiative! – befördert worden. Seitdem schläft sie zunehmend schlecht. Immer häufiger wird sie nachts von Albträumen heimgesucht, in denen sie schwitzend und mit klammen Händen unter einem riesigen grellen Scheinwerfer steht, unzählige feindselige Augen starren sie aus dem Dunkeln an und warten nur darauf, dass sie einen Fehler macht. Manchmal wacht sie noch in der Nacht auf, unruhig und mit trockenem Mund und fliegendem Atem. Morgens ist sie wie gerädert, fühlt sich zerschlagen, und der erste Gedanke ans Büro lässt den Kloß in ihrer Kehle anschwellen.

Dabei hat ihr ihre Arbeit bisher eigentlich sehr viel Spaß gemacht.

Als Mitglied eines Teams hat sie sich sehr wohlgefühlt, kam mit den Kollegen und Kolleginnen bestens aus und fand das Klima in ihrer Abteilung angenehm unterstützend. Sie hatte einen interessanten Aufgabenbereich, den sie erfolgreich und selbstverantwortlich betreut hat, wobei es sie nie gestört hat, dass sie dabei eher selten im Rampenlicht der Vorgesetzten stand. Ihr Chef hat sie wenig kontrolliert oder gegängelt; solange ihre Ergebnisse stimmten, ließ er sie im firmenüblichen Rahmen nach Gutdünken selbstständig schalten und walten.

Jetzt nach ihrer Beförderung ist das natürlich alles ganz anders. Sie muss jetzt wöchentlich die Ergebnisberichte ihres Teams ihrem Vorgesetzten präsentieren – und diese Ergebnisse sollten selbstverständlich möglichst glänzend sein. Die alte Vertrautheit ist auch dahin, die ehemaligen Kollegen und Kolleginnen scheinen sie ständig kritisch zu beäugen, ob sie sich nun, da sie etwas »Besseres« geworden ist, ihnen gegenüber anders benimmt. Auf ein Mal steht sie mit einer tragenden Rolle auf der Bühne und wird von allen Seiten genauestens beobachtet, ob sie auch ja keinen Fehler macht.

Das macht sie sehr unsicher und ängstlich. Was wäre denn, wenn sie wirklich erfolgreich wäre? Gut, ihr Chef würde sich natürlich freuen, dass er sein Vertrauen zu Recht in sie gesetzt hat und mit ihrer Beförderung die richtige Wahl getroffen hat, denn auch sein Renommee hängt von guten Personalentscheidungen ab. Aber was dann? Er hat in ihrem letzten Gespräch schon angedeutet, dass sie, wenn sie sich bewährt, damit rechnen kann, dass er sie weiter fördern wird. Die Messlatte würde ewig immer höher und höher gehängt ... und sollte sie irgendwann das Ende der Fahnenstange erreichen und kläglich scheitern, wäre der Fall umso tiefer.

Und dann sind da ja noch die werten KollegInnen. Sie hat große Befürchtungen, dass sie, wenn sie tatsächlich zum Shootingstar der Abteilung wird, den guten Kontakt zu ihnen endgültig verlieren wird. Sie weiß, dass sich ein Kollege aus ihrem Team, Mark, ebenfalls Hoffnungen auf die Stelle gemacht hatte und nun sehr verschnupft wirkt. Insgeheim und hinter ihrem Rücken macht er, so hat sie mitbekommen, Front gegen sie und kritisiert deutlich und hemmungslos an ihr herum.

Noch scheinen die anderen ihr wohlgesinnt zu sein, aber wer weiß ... Genau so etwas hatte sie schon immer befürchtet und sich deshalb nie selbst um eine Beförderung gekümmert. Was bringt denn all der berufliche Erfolg, wenn man dafür den Preis eines schlechten Arbeitsklimas und der Unbeliebtheit zahlen muss? Es tut nie gut, glaubt Anna, sich durch Erfolg über die anderen zu erheben und damit ihren Neid zu provozieren. Wenn das so weitergeht, steht sie wahrscheinlich bald ganz allein auf weiter Flur.

Leider ist auch ihr Freund Ingo kein völliger Trost für sie. Denn teuflischerweise hat er in seiner Karriere den Schritt in die erste Führungsposition noch nicht geschafft. Klar gönnt er ihr auf der einen Seite ihren Erfolg, schließlich liebt er sie ja. Aber auf der anderen Seite scheint es für ihn auch nicht so einfach zu sein, dass sie derzeit beruflich (und auch noch finanziell!) deutlich erfolgreicher ist als er. Als einige Freunde sie auf der letzten Party zu ihrer Beförderung beglückwünscht haben, hat er ziemlich einsilbig seinen verkniffenen Zitronenmund gemacht und schnell das Thema gewechselt. Er wirkt auch immer uninteressierter, wenn sie mit ihm über ihre Probleme im Zusammenhang mit ihrer neuen Führungsaufgabe reden möchte. Also eine weitere Baustelle, die ihr dieser unselige Aufstieg beschert hat. Kein Wunder, dass sie vor lauter Angst und Sorgen nicht gut schlafen kann ...

Ab ins Rampenlicht!

So erstaunlich es klingen mag: In der Tat haben gerade Frauen fast mehr Angst vor Erfolg als vor Misserfolg, weil sie damit etliche negative Folgen assoziieren. Da viele Mädchen nach wie vor eher zu traditioneller Bescheidenheit erzogen werden, fällt es ihnen später natürlich schwer, bei etwaigen Erfolgen mit angeheftetem Orden im Rampenlicht zu stehen und sich von anderen abzuheben. Mit den Fäusten auf die Brust zu trommeln und ihren Erfolg laut herauszuposaunen liegt ihnen gleichfalls nicht, sondern wäre ihnen im Gegenteil sehr unangenehm. Man stellt sich doch nicht derart schamlos in den Mittelpunkt! Wie peinlich und zudem rücksichtslos den anderen gegenüber!

Außerdem hatten sie doch sowieso bestimmt mehr Glück als Verstand bei ihrem Erfolg, und damit kann man wirklich nicht prahlen. Fast fühlen sie sich dann wie windige Betrügerinnen, die jeden Moment entlarvt werden können, denn es fällt ihnen schwer, ihren Erfolg als eigene Leistung zu würdigen. Es waren Zufall und ein gnädiges Schicksal, die ihnen dazu verholfen haben, nicht ihre eigenen, womöglich hart erworbenen und brillant eingesetzten Fähigkeiten. Und zudem – es muss ja nicht jedes Mal klappen; manchmal kann das Schicksal auch ganz schön tückisch sein. Der Erfolg ist also gar nicht richtig verdient, daher kann man ihn auch nicht genießen oder würdigen, geschweige denn als zustehend annehmen. Also Finger weg und lieber gar nicht erst probieren, ob man Erfolg haben könnte – viel zu riskant. Lieber die Messlatte gleich nur kurz über dem Boden aufhängen, den Hüpfer schafft man auch in Pumps, und dann kann ja nicht viel passieren.

In der Erfolgsfalle

Die steigende Höhe der Messlatte ist eine weitere furchterregende Konsequenz des Erfolgs. Klar, wenn man etwas gut gemacht hat und erfolgreich war, dann wird beim nächsten Mal natürlich mehr erwartet. Und beim Mal darauf noch mehr und noch mehr und noch mehr ... eine endlose Erwartungsspirale nach oben, schreckenerregend! Wenn man einmal damit angefangen hat, erfolgreich zu sein, so wird es kein Ende mehr geben, befürchten die Frauen. Und dann sitzen sie in einer sehr stressigen Erfolgsfalle, aus der es scheinbar kein Entkommen mehr gibt.

Unangenehm im Mittelpunkt stehen zu müssen, sich wie ein betrügerischer Scharlatan zu fühlen und einem zunehmenden Erfolgsdruck ausgesetzt zu sein sind nicht die einzigen Aspekte, die Frauen am Erfolg fürchten und sie daher ängstlicher und risikoscheuer agieren lassen. Sie könnten weniger erfolgreichen Mitmenschen damit ja auf die Zehen treten oder sie neidisch machen – und das würde die Beziehungen zu ihnen doch empfindlich stören. Und sie sind nicht gerne der Grund für belastete Beziehungen, dieses Tabu hat man ihnen in ihrer Kindheit schon gründlich eingetrichtert.

Ist Erfolg männlich?

Männer denken da übrigens ganz anders: da sie von Kind an eher auf Wettbewerb gepolt sind, ihr Ehrgeiz gut entwickelt ist und sie auch ihr Selbstbild stark an ihren beruflichen, finanziellen, sportlichen etc. Erfolgen festmachen, ist es ihnen nicht bewusst oder aber egal, ob andere ihnen ihren Erfolg neiden. Hausmann oder Kindergärtner ist sicherlich auch deshalb immer noch kein männlicher Traumberuf, weil die Erfolge darin in der Männerwelt wenig spektakulär und beeindruckend erscheinen. Bitten Sie doch einmal Ihren Partner oder einen Freund, sich auf einer Party bei Menschen, die er neu trifft, als Kindergärtner auszugeben – das Feuerwerk verständnisloser, mitleidiger oder verächtlicher Blicke wird für ihn beeindruckend und wahrscheinlich ziemlich unangenehm sein!

Bei diesem Recht auf Erfolg, das die Männer für sich beanspruchen, denken sie gar nicht so verkehrt. Jedem steht es zu, das Beste aus sich und seinen Gaben zu machen. Und wenn das jemandem nicht gefällt – na und? Uns Frauen ist leider oft nicht bewusst, dass diese kleinen Neider ziemlich missgünstige, kleinkarierte und oft auch faule Zeitgenossen sind, die sich lieber selbst einmal für ihren eigenen Erfolg anstrengen sollten, anstatt ihn nur anderen zu missgönnen.

Diese Rücksichtnahme auf die zarten Gefühle anderer wird noch einmal mehr gesteigert, wenn es um wichtige und nahestehende Personen geht. Erfolgreicher zu sein als die Freundin oder ein Kollege mag frau ja noch so gerade verkraften, aber erfolgreicher zu sein als die Eltern oder der Partner ist dann doch ein ganz anderes Kaliber … Die

Angst, durch ihren Erfolg diese Menschen zu kränken, in den Schatten zu stellen oder in deren Augen zu demütigen, kann bei vielen Angsthasen dazu führen, die Bremse anzuziehen, und sie wirkungsvoll davon abhalten, sich etwas zu trauen und einer Herausforderung zu stellen. Sie ist schon Abteilungsleiterin mit einem Bombengehalt, und der nicht so erfolgreiche Göttergatte dümpelt immer noch auf Sachbearbeiterniveau herum und kommt nicht vorwärts – nein, dann verzichtet die hingebungsvolle Ehefrau aus Angst vor Komplikationen doch lieber auf den Erfolg …

Ziemlich blockierend und einschränkend, diese weibliche Angst vor Erfolg! Das muss aber Gott sei Dank nicht so bleiben. Bei Angst – einem durch negative Gedanken erzeugten starken Gefühl – dominiert im Ergebnis naturgemäß der Bauch, daher ist es zur Zähmung der Angst sehr hilfreich, den Kopf als Verbündeten dazuzunehmen, um der kleinen Bestie zu Leibe zu rücken.

Die Einstellung zum Erfolg ändern

Die Strategie besteht darin, dass der Kopf sich – und dem Bauch – einmal ganz klar die Einschränkungen und Folgen aufzeigt, die die Angst vor Erfolg nach sich zieht, und den Gewinn darlegt, den eine positive Einstellung zum Erfolg mit sich bringen würde. Ähnlich wie schon bei der Grundstrategie, der Kopfwäsche gegen die Angst, gilt es, sich die konkreten Konsequenzen bewusst zu machen, mit denen man rechnen muss, wenn man die Angst unbehelligt so stehen und wirken lässt oder aber sie zähmt.

Denn der Mensch ist durchaus nicht völlig resistent gegen gute Einsichten und daher in der Lage, diese zu verinnerlichen und auch danach zu handeln. Stellen Sie also einmal systematisch eine blockierende Überzeugung – »Erfolg macht Angst!« – einer förderlichen – »Erfolg tut gut!« – gegenüber und erforschen Sie, welchen Preis Sie für Ihre Angst zahlen müssen, wenn Sie ihr weiterhin tatenlos zu viel Raum lassen.

Konsequenzen bewusst machen am Beispiel Anna

Erfolg macht Angst!		Erfolg tut gut!	
Frage	**Annas Antwort**	**Frage**	**Annas Antwort**
Was hat Sie diese Überzeugung bisher gekostet?	Nun ja, manchmal ist mir schon klar, dass ich weit hinter meinen Fähigkeiten zurückbleibe – und das ist natürlich auch irgendwie beschämend und frustrierend. Ich habe schon etliche Chancen verpasst, weil ich mich nicht getraut habe. Angst haben ist auch nicht schön, immer dieses unangenehme Gefühl …	Was würde Sie diese Überzeugung kosten?	Ich müsste mich dann natürlich auch anstrengen, aktiv werden, und das kostet sicher Energie und Zeit. Na, und dann die gestörten Beziehungen, weil die Leute mit meinem Erfolg nicht klarkommen – das wäre nicht einfach für mich.
Was hat Ihnen diese Einstellung bisher gebracht?	Weniger, als sie gekostet hat! Gut, eine ruhige Kugel schieben hat ja auch was für sich, aber doch nicht nur. Zumindest hat mich niemand wegen übertriebenen Ehrgeizes angegriffen oder war neidisch auf mich, auch sind die Erwartungen an mich meist nicht so hoch. Ist ganz bequem.	Was würde Ihnen diese Einstellung bringen?	Wenn ich wirklich ohne Angst loslegen könnte? Mann, das wäre schon reizvoll! Ich würde endlich viele Dinge anpacken, die mich schon immer angezogen haben, bei denen ich mich aber nicht getraut habe.
Auf wie viele Arten haben Sie sich durch diese Einstellung selbst blockiert?	Diese dauernde Angst hat mich richtig mürbe gemacht. Wenn ich mich ausnahmsweise doch mal fast getraut habe, habe ich es mir nicht mehr zugetraut, da ich das risikoscheue Zurückstecken schon richtig in Fleisch und Blut habe. Für mein Selbstbild und mein Selbstbewusstsein nicht sehr hilfreich!	Auf welche Art und Weise wird Sie diese Einstellung unterstützen?	Sie wird mich sicher unterstützen, mit angemessenem Ehrgeiz nicht bei dem kleinsten Stolperstein schon entmutigt aufzugeben. Und wenn man erst mal den ersten Erfolg gefeiert hat, traut man sich den nächsten Schritt viel eher zu, glaube ich. Wahrscheinlich eine Spirale nach oben fürs Selbstbewusstsein!
Was haben Sie wegen dieser Überzeugung nicht getan?	Ich habe mich in meinem Job immer zurückgehalten, zwar meine Arbeit gut gemacht, aber bloß nicht auffallen! Das war meine Devise. Auch in anderen Bereichen, zum Beispiel beim Tanzsport, habe ich mich nie um die Aufnahme in die Turniermannschaft bemüht, weil ich die anderen nicht vor den Kopf stoßen wollte. Und ich habe damals dieses Stipendium ausgeschlagen, weil meine Freundin keines bekommen hatte – das tut mir heute leid.	Was könnten Sie mit dieser Überzeugung tun?	Ich würde mich in meinem neuen Führungsjob anstrengen, um danach noch weiter zu kommen. Beruflicher Erfolg ist schon toll, aber ich würde auch endlich der Tanzmannschaft beitreten, Italienisch lernen und und und …

Erfolg macht Angst!		**Erfolg tut gut!**	
Frage	**Annas Antwort**	**Frage**	**Annas Antwort**
Wie wirkt sich diese Einstellung auf Ihre Zufriedenheit aus?	Schlecht! Ich bin schon ärgerlich auf mich und frustriert, dass ich so ein Angsthase war. Wer kann schon zufrieden mit sich sein, wenn er sich nie Grund gibt, auf sich selber stolz zu sein. Diese Art Verschwendung macht nicht glücklich.	Wie wirkt sich diese Einstellung auf Ihre Zufriedenheit aus?	Selbst wenn ich bei etlichen Dingen scheitern werde (was ja wohl wahrscheinlich ist), wäre ich trotzdem zufrieden, es zumindest versucht zu haben und nicht feige weggerannt zu sein. Und wenn es klappt und ich Erfolg habe, könnte ich stolz auf mich sein!
Welche Auswirkungen hat diese Überzeugung auf Ihre Beziehungen?	Manchmal habe ich leider schon den Eindruck, dass andere mich ein bisschen belächeln und bevormunden, weil ich so ängstlich war. Ich selber bin natürlich auch nicht zufrieden damit, dass ich durch meine übergroße Rücksicht auf mögliche Empfindlichkeiten immer nur mit angezogener Handbremse durchs Leben kurve.	Welche Auswirkungen hat diese Überzeugung auf Ihre Beziehungen?	Hmm, einerseits kann ich mir vorstellen, dass man mit erfolgreichen, mutigen Menschen gerne zusammen ist. Bin ich selber ja auch. Ist natürlich nicht alles, aber wenn sich einer etwas traut, bewundere ich das schon. Andererseits ist da eben dieser Neidfaktor, ich sehe es ja bei meinem Ingo. Seit ich beruflich erfolgreicher bin als er, ist sein Selbstbewusstsein als Mann ganz schön angeknackst, was ich natürlich sehr traurig finde. Aber wenn er mich liebt, müsste er sich doch damit arrangieren können, oder? Und Kollege Mark muss sich halt damit abfinden.
Wie wirkt sich diese Überzeugung auf Ihre Energie aus?	Oft bin ich nicht nur mutlos, sondern auch ganz energielos. Dann kann ich mich zu gar nichts aufraffen, noch nicht mal zum Sport oder so, was es irgendwie noch schlimmer macht.	Wie wirkt sich diese Überzeugung auf Ihre Energie aus?	Na ja, natürlich braucht man Energie, um herausfordernde Dinge anzugehen. Aber der Erfolg tut insofern wirklich gut, als er dann auch wieder neue Energie gibt, weiterzumachen, nicht?
Wie wird sich diese Einstellung in den nächsten zehn Jahren auf Ihre Lebensqualität auswirken?	Schlecht, sehr schlecht! Wenn ich mir vorstelle, dass das immer so weitergeht ... irgendwann habe ich dann gar kein Selbstbewusstsein mehr und traue mich noch nicht mal mehr an Kleinigkeiten wie einen neuen Haarschnitt ran! Und ich merke ja jetzt schon, dass diese Angst vor Erfolg nicht nur mein Berufsleben, sondern auch mein Privatleben stark beeinflusst – ich fühle mich ja schon ständig irgendwie mies.	Wie wird sich diese Einstellung in den nächsten zehn Jahren auf Ihre Lebensqualität auswirken?	Es wäre bestimmt sehr bereichernd, wenn man stolz auf sich sein kann, weil man nicht immer aus Angst wegrennt oder einen Rückzieher macht. Und wenn man mit sich zufrieden ist, kann man natürlich das Leben viel mehr genießen. Und ich würde sicher auch viele neue, spannende Dinge erleben und lernen, mich weiterentwickeln, was die Lebensqualität ebenfalls enorm steigern würde.

Erfolg macht Angst!		Erfolg tut gut!	
Frage	**Annas Antwort**	**Frage**	**Annas Antwort**
Wie sähe Ihre Lebensbilanz aus, wenn Sie in hohem Alter zurückblicken würden?	Ich fürchte, dass das Bedauern verpasster Chancen leider den Schwerpunkt bilden würde. Und das würde mich in der Rückschau bestimmt sehr traurig machen. So viel verpasst, so viel vergeudet!	Wie sähe Ihre Lebensbilanz aus, wenn Sie in hohem Alter zurückblicken würden?	Ich hätte bestimmt etliche Fehler gemacht und auch Misserfolge gehabt, aber ich wäre froh und stolz, es zumindest immer wieder versucht zu haben, davon bin ich fest überzeugt. Und vieles wäre mir auch sicher gelungen, auf das ich dann zufrieden zurückblicken könnte.
Sind Sie mit dieser Überzeugung ein unterstützendes Modell für andere?	Nee, wohl nicht. Drückeberger und Angsthasen geben kein erstrebenswertes Beispiel ab ...	Sind Sie mit dieser Überzeugung ein unterstützendes Modell für andere?	Das denke ich, ja. Es wird ja Zeit, dass auch junge Mädchen weibliche Vorbilder finden, die Mut zeigen! Mir haben sie irgendwie gefehlt, aber das muss ja nicht so bleiben.

Fazit
Jetzt, da ich mir auch die langfristigen Folgen meiner Erfolgsangst so richtig bewusst gemacht habe, ist es schon erschreckend, wie ich da bisher durchs Leben gedümpelt bin. Der ein oder andere Denkfehler hatte sich wohl auch eingeschlichen, der mir nun klar geworden ist. Okay, meine Angst vor dem Erfolg war wohl erstens unbegründet und zweitens auch noch ziemlich übertrieben. Damit ist ab heute Schluss! Klar werde ich mich am Anfang noch ganz schön komisch fühlen und immer noch einen kleinen Kloß im Hals haben, aber das soll mich nicht mehr davon abhalten, endlich diese Bremse zu lösen! Der Preis ist zu hoch!

Anna wird sich sicher im Anschluss einige Maßnahmen überlegen, was sie ganz konkret tun kann, um die neue Überzeugung zu stärken und eventuelle negative Konsequenzen abzufangen. Als Allererstes wird sie wohl ein offenes Gespräch mit Ingo führen, um ihn dabei unterstützen zu können, sich über ihren Erfolg genauso freuen zu können, wie sie es allmählich tut. Und auch mit ihrem Chef will sie sprechen, damit sie beide Maßnahmen finden können, wie sie in ihre neue Rolle hereinwachsen kann, ohne dass der Druck für sie zu groß wird.

Nun können Sie sich die Zeit nehmen, Ihre Antworten auf den kleinen Fragenkatalog genauso ehrlich wie Anna zusammenzutragen. Viel Spaß dabei!

Konsequenzen bewusst machen

Einschränkende Angstvorstellung		Mutige Überzeugung	
Frage	**Ihre Antwort**	**Frage**	**Ihre Antwort**
Was hat Sie diese Überzeugung bisher gekostet?		Was würde Sie diese Überzeugung kosten?	
Was hat Ihnen diese Einstellung bisher gebracht?		Was würde Ihnen diese Einstellung bringen?	
Auf wie viele Arten haben Sie sich durch diese Einstellung selbst blockiert?		Auf welche Art und Weise wird Sie diese Einstellung unterstützen?	
Was haben Sie wegen dieser Überzeugung nicht getan?		Was könnten Sie mit dieser Überzeugung tun?	
Wie wirkt sich diese Einstellung auf Ihre Zufriedenheit aus?		Wie wirkt sich diese Einstellung auf Ihre Zufriedenheit aus?	
Welche Auswirkungen hat diese Überzeugung auf Ihre Beziehungen?		Welche Auswirkungen hat diese Überzeugung auf Ihre Beziehungen?	

Einschränkende Angstvorstellung		Mutige Überzeugung	
Frage	**Ihre Antwort**	**Frage**	**Ihre Antwort**
Wie wirkt sich diese Überzeugung auf Ihre Energie aus?		Wie wirkt sich diese Überzeugung auf Ihre Energie aus?	
Wie wird sich diese Einstellung in den nächsten zehn Jahren auf Ihre Lebensqualität auswirken?		Wie wird sich diese Einstellung in den nächsten zehn Jahren auf Ihre Lebensqualität auswirken?	
Wie sähe Ihre Lebensbilanz aus, wenn Sie in hohem Alter zurückblicken würden?		Wie sähe Ihre Lebensbilanz aus, wenn Sie in hohem Alter zurückblicken würden?	
Sind Sie mit dieser Überzeugung ein unterstützendes Modell für andere?		Sind Sie mit dieser Überzeugung ein unterstützendes Modell für andere?	
Fazit			

Vielleicht sind Sie bei der Beantwortung ähnlich wie Anna noch auf ein oder zwei Punkte mit einem Fragezeichen gestoßen. Der eine Punkt könnten diese leidigen Neidhammel sein, die Ihnen Ihren zukünftigen Erfolg madig machen oder wegen derer Sie sich womöglich mit einem schlechten Gewissen herumplagen werden. Der andere Punkt könnte Ihr Bauch sein, der zwar dem Kopf zugehört hat, aber ein wenig langsam ist und immer noch mit grummelndem Gefühl protestiert. Er möchte ja glauben, aber er schafft's noch nicht. Nun, da braucht er wohl noch etwas Hilfestellung! Aber wenden wir uns zuerst unseren lieben Mitmenschen zu …

Vom Umgang mit Neidern

Wir setzen ja voraus, dass Sie nunmehr schon ein wenig Mut zum Erfolg haben und sich dieser bestimmt auch einstellen wird. Glückwunsch! Natürlich müssen Sie in unserer unvollkommenen Welt allerdings damit rechnen, dass beileibe nicht alle Mitmenschen »Hurra, endlich hat sie's geschafft!« rufen werden, selbst wenn Sie sich weiterhin sehr bescheiden geben und wahrlich nicht herumprotzen oder großspurig angeben. Nein, den neidischen Kollegen oder die missgünstige Freundin wird es sicherlich geben. Aber mal ganz ehrlich – was hat das eigentlich mit Ihnen und Ihrem Erfolg zu tun? Außer, dass Sie so falsche Freunde und miese Motive erkennen und aussortieren können?

Neid ist eine Medaille mit den üblichen zwei Seiten: Die eine Seite der unzufriedenen Zaungäste ist neidisch auf das, was ein anderer Mensch besitzt oder geschafft hat, und sieht dies allerdings als Ansporn, sich ebenfalls anzustrengen, diese Dinge zu bekommen. Man könnte sie die »amerikanische« Variante des Neides nennen. Die Amerikanerin sieht, dass ihre Nachbarin die angesagtesten Nobelklamotten trägt, und sagt: »Hey, that's great! Wenn die das schafft, kann ich das bestimmt auch. Was also muss ich tun, um mir ebenfalls so tolle Klamotten leisten zu können? Auf geht's!«

Die andere Seite ist die bei uns weitverbreitete Seite des »deutschen« Neides: Ich missgönne es dir, wenn du etwas hast, was ich nicht haben kann! Die Deutsche sieht auch ihre Nachbarin in einem tollen Outfit vorbeispazieren und denkt: »Was, diese hirnamputierte Kuh trägt so tolle Schuhe und eine Edelstrumpfhose und ich nur Billigklamotten von X & Y? Womit hat die das verdient? Mit nichts! Das Schicksal ist verdammt ungerecht! Hoffentlich bricht ihr gleich der Absatz ab. Und vielleicht schaffe ich es, ihr unauffällig mit meinem Einkaufskorb eine hübsche Laufmasche in ihren edlen Markenstrümpfen zu verpassen ...!«

In beiden Fällen ist es aber absolut unnötig, dass Sie sich darüber ernsthaft den Kopf zerbrechen. Für die »amerikanische« Neiderin sind Sie ein inspirierendes Vorbild, ebenfalls Gas zu geben und erfolgreich zu werden. Sie zeigen ihr, was möglich ist; das spornt sie an, sich ebenfalls anzustrengen. Und für die bemitleidenswerte »deutsche« Neiderin können Sie von außen gar nichts tun, sie könnte nur selbst an ihrer destruktiven Einstellung arbeiten. Selbst wenn Sie ihr zuliebe großherzig das tolle Auto weggäben und auch eine Schrottkiste führen, ginge es ihr keinen Deut besser. Im Gegenteil, sie wäre noch wütender auf Sie, dass Sie so eine großzügige Geste machen können, während sie nur immer gelber und gelber in ihrer alten Gurke wird, um die sie wahrlich keiner beneidet ...

Ein schlechtes Gewissen Ihrerseits würde niemandem helfen, ist auch nicht automatisch tugendhaft oder macht Sie zu einem besseren Menschen. Zu einem besseren Menschen machen Sie Ihre Taten, nicht Ihre Gedanken oder Schuldgefühle. Die Welt ist nun einmal unterschiedlich und bestimmt auch ungerecht, ja! Sicher haben viele Menschen nicht den Erfolg, den sie haben sollten. Vielen geht es trotz aller Anstrengungen schlecht, viele verlieren durch die Launen des Schicksals oder böse Menschen wieder alles. Aber da Sie diese Ungerechtigkeit nicht veranlasst haben (davon gehe ich einfach mal aus), ist es auch nicht Ihre Verantwortung!

Es ist daher absolut unsinnig, dass Sie sich auch noch schlecht fühlen oder den Erfolg entrüstet von sich weisen, damit es Ihnen zumindest nicht besser, sondern genauso mies geht wie vielen anderen … Viele Menschen hungern, also hungern Sie aus falsch verstandener Solidarität auch. Das spricht für Ihr Mitgefühl, bringt aber absolut nichts. Wenden Sie diese Energie lieber dafür auf, sich zu überlegen, ob und wem Sie hilfreich zur Seite stehen könnten, wo Sie sinnvolle Unterstützung geben können. Damit bewirken Sie wenigstens etwas – durch ein schlechtes Gewissen, heroischen Verzicht auf Erfolg und unangenehme Gefühle bewirken Sie leider gar nichts Sinnvolles.

Der andere Punkt mit einem Fragezeichen war der immer noch etwas grummelnde Bauch, der dieses Angstgefühl noch nicht ganz loslassen kann. Das ist ganz natürlich, da, wenn die Vernunft zu neuen Einsichten gekommen ist, die alten Gefühle nicht sofort wundersam wie durch Zauberhand verschwinden. Daher ist es nützlich, Ihren Bauch etwas zu unterstützen und ihn schon einmal durch Antizipation in der Phantasie an das schöne Gefühl des verdienten Erfolgs zu gewöhnen.

Ein gutes Gefühl im Bauch

Sie können das gute Gefühl im Bauch trainieren. Ein bisschen Übung braucht es allerdings. Mit den folgenden drei Schritten kommen Sie Ihrem Ziel bestimmt näher.

1. Fünf Situationen in der nahen Zukunft suchen Lassen Sie Ihrer Phantasie freien Lauf und stellen Sie sich nacheinander fünf realistische Situationen vor, in denen Sie in den nächsten Wochen mit dem Mut zum Erfolg agieren werden. Ja, fünf, Sie wollen schließlich ein bisschen üben! Versetzen Sie sich in diese Situationen, als sei es hier und jetzt, als würden Sie es gerade erleben und genießen können. Achten Sie darauf, dass Sie sich dabei nicht von außen sehen, sondern dass Sie als Hauptdarstellerin auf der Bühne des Geschehens stehen und alles durch Ihre Augen sehen. Schauen Sie sich um, hören Sie sich um und spüren Sie, wie dieses Erfolgsgefühl sich angenehm in Ihnen ausbreitet und zunehmend vertrauter wird.

2. Gehen Sie fünf Jahre in die Zukunft Stellen Sie sich vor, Sie seien fünf Jahre in die Zukunft gereist. Blicken Sie von dort aus auf Ihr Leben zurück und spüren Sie nach, wie sich durch Ihre positive Einstellung zum Erfolg Ihr Leben in diesen fünf Jahren bereichert hat. Genießen Sie das Gefühl des Stolzes, vor fünf Jahren Ihre Angst vor Erfolg bewältigt zu haben, freuen Sie sich über die dadurch möglich gewordenen Entwicklungen und Erfahrungen.

3. Kehren Sie zurück in die Gegenwart Wiederholen Sie diesen kleinen Ausflug in die Zukunft ruhig, so oft Sie möchten, oder wenn Ihre alte Erfolgsangst sich wieder melden will und Sie Ihren Mut stärken möchten. Je öfter Sie sich den Erfolg und das dazugehörige Gefühl vorstellen, desto vertrauter wird es Ihnen, bis sich bald die alte Angst vor Erfolg ganz unvertraut anfühlen wird. Sagen Sie ihr ruhig Adieu!

Auch umgekehrt ist unnötig – keine Angst vor Misserfolg!

Erinnern Sie sich bitte noch einmal an Sarah mit den Wackelpuddingknien. Überzogene Angst vor Misserfolg – das war ihr Erfolgsrezept, um sich so richtig schön schlecht zu fühlen. Da Angst nicht einfach so wie ein gemeiner Bazillus durch die Luft schwebt und sich ungebeten bei uns einnistet, sondern im phantasiebegabten Kopf entsteht, steckt offensichtlich eine gut funktionierende mentale Strategie dahinter.

Und diese Strategie enthält gleich mehrere sehr wirksame Elemente. Hier nun die bewährten Tipps, wie Sie sich ganz gehörig Angst vor Misserfolg machen können, die auch bei Sarah so gut funktioniert haben.

Erleben Sie die Angst bewusst

Um sich intensiv vor dem Scheitern zu fürchten, sollten Sie sich auf jeden Fall immer den schlimmsten Ausgang vorstellen, der in diesem Universum nur denkbar ist. Sehen Sie diese Katastrophe ruhig überlebensgroß und in Farbe vor Ihrem inneren Auge. Achten Sie auf alle schrecklichen Details: höhnisches Grinsen, gähnende Langeweile, ob Ihrer Dummheit entnervt nach oben verdrehte Augen, die Schamesröte in Ihrem Gesicht etc. Malen Sie sich Ihre totale Vernichtung und den perfekten Untergang Ihrer Welt aus!

Ergänzen Sie diesen Horrorfilm mit einer passenden Tonspur: Kritisieren und nörgeln Sie bitte übertrieben, ätzend und niederschmetternd an sich herum. Sagen Sie sich, dass Sie eine Versagerin sind, dass Sie es nie schaffen werden, dass Sie völlig nutz- und wertlos sind, dass Ihre Intelligenz nur ganz knapp zum schieren Überleben reicht; belegen Sie sich mit hässlichen Schimpfwörtern wie dumme Kuh, Volltrottel, hirnlose Schnepfe, evolutionärer Fehlgriff etc.

Wenn dann die Angst mit den dazugehörigen Symptomen aufsteigt, konzentrieren Sie sich vollkommen auf diese Gefühle – nur so werden sie nämlich wirkungsvoll intensiviert. Spüren Sie Ihre Angst überall, legen Sie sie unter die Lupe oder ein Elektronenrastermikroskop, registrieren Sie auch noch das kleinste Symptom und blenden Sie alles andere, was Sie eventuell beruhigen könnte, aus Ihrem Bewusstsein aus.

Hilfreich ist es auch noch, sich nun zusätzlich wegen dieser Angst fertigzumachen. Seien Sie also nicht nur über Ihre mangelnden Fähigkeiten wütend auf sich, sondern auch noch darüber, dass Sie so ein Angsthase sind. Das können Sie wieder gut mit passenden abschätzigen Kommentaren und Beschimpfungen erledigen. Frustriertes Jammern und übertriebenes Selbstmitleid sind weitere schicke Zutaten, um auch die Komponente des hilflosen, gequälten Opfers noch in den Angstcocktail mit einzubringen.

Als Ergebnis sollten Sie jetzt nur noch ein zitterndes Häufchen Elend sein, das angstgeschüttelt, hilflos und resigniert dem sicheren Untergang entgegenstarrt. Klingt blöd, diese Strategie? Richtig, aber nichtsdestotrotz ist es die leider gut funktionierende mentale Strategie, die Menschen anwenden, wenn sie Angst vor Misserfolg haben – und das ist eine Angst, die wohl fast jedem Menschen, ob männlich oder weiblich, recht vertraut ist.

Männer sind vor dieser Angst nämlich auch nicht gefeit, aber Frauen empfinden sie meist in noch höherem Maße. Sie sind viel öfter als das sogenannte starke Geschlecht von Selbstzweifeln und mangelndem Selbstbewusstsein bezüglich ihrer Fähigkeiten durchdrungen. Da durch ein solches Selbstbewusstsein Erfolge natürlich dünn gesät sind, scheinen die Erfahrungen häufigen Scheiterns sie nur zu bestätigen. Also lautet die konsequente Reaktion dann Rückzug, Resignation, Aufgeben und Vermeiden, sodass gar keine Chance mehr besteht, widersprechende positive Erfahrungen mit den eigenen Fähigkeiten zu machen. Und somit auch keine Chance, zu einem gesunden Selbstvertrauen zu finden …

Wenn sie denn dann doch einmal erfolgreich sind, neigen Frauen wie schon erwähnt dazu, diese Erfolge allem und jedem, nur nicht sich selbst zuzuschreiben. Sie werden nicht als Eigenleistung genossen, nicht stolz erinnert, nicht mit geschwellter Brust weitererzählt, auch nicht als zukünftige Erwartung antizipiert. Der Fokus bleibt auf den sogenannten Schwächen und Misserfolgen, daher ist die Motivation, sich erneut einer Herausforderung zu stellen, tief unten im Keller. Und da deshalb keine Chance auf positive Erfahrungen besteht … Sie sehen, ein netter Teufelskreis, aus dem es irgendwann keinen Ausstieg mehr zu geben scheint. Das Selbstbild ist stark getrübt, das Selbstvertrauen quasi nicht vorhanden, Frust und Demotivation sind die triumphierenden Sieger.

Vorzüge der Angst

Diese Verhaltensweisen haben natürlich zwei bestechende Vorteile: Sie sind sicher und bequem. Wer sich nie einer Herausforderung jenseits seiner Komfortzone stellt, nie etwas riskiert, sondern sich auf das beschränkt, was er garantiert so halbwegs gut hinbekommt, läuft natürlich nie Gefahr, bei einem Misserfolg sein eigenes Selbstbild schmerzlich nach unten korrigieren zu müssen.

Und man läuft ebenso keine Gefahr, in den Augen der anderen dumm dazustehen oder sich zu blamieren – auch etwas, was viele Menschen mehr fürchten als der Teufel das Weihwasser. Spott und Hohn oder abschätziges Mitleid der lieben Mitmenschen bei Misserfolgen werden als sehr unangenehm, beschämend und bedrohlich empfunden und verletzen oft das Selbstwertgefühl dauerhaft. Sicher kennen Sie das auch – in einer Besprechung haben Sie sich noch nicht einmal getraut, eine berechtigte Frage zu einem ausgefallenen Begriff zu stellen, aus Angst, vor den Kollegen als bodenlos unwissend dazustehen und mitleidig belächelt zu werden. Lieber so tun als ob und ein verständiges Gesicht machen, als sich öffentlich blamieren!

Bequemlichkeit ist zudem ja auch sehr erstrebenswert, nicht wahr? Man muss sich bei permanentem Aufenthalt in den Bereichen des ungefährlichen, risikolosen Bewährten nicht sonderlich anstrengen, Durchhaltevermögen zeigen, Eigeninitiative beweisen, nach einem Misserfolgssturz wieder aufstehen – alles Dinge, die Energie und Selbstdisziplin erfordern. Gott, wie anstrengend!

Eine gewisse Unfähigkeit hat daher definitiv ihre Vorzüge. Vielleicht haben Sie sich in Ihrer Jugend bei ungeliebten zu erlernenden Tätigkeiten wie Kochen, Putzen, Stricken oder Bügeln ja auch absichtlich einige Male so dämlich angestellt, dass dieses lästige und anfangs schwierige Ansinnen in Zukunft nie wieder an Sie gestellt wurde – wie außerordentlich angenehm und bequem! Bei mir hat es eine lange Zeit recht gut funktioniert ....

Deshalb arrangieren sich viele Frauen mit dieser Angst vor dem Misserfolg und verwenden ihre Energie lieber auf wirksame Möglichkeiten, Herausforderungen zu vermeiden, bei denen sie scheitern könnten. Sicherheitshalber tun sie gar nichts Risikobehaftetes und unterfordern sich lieber, weil dabei der Erfolg ja garantiert ist. Sie engagieren sich wenn überhaupt nur halbherzig, kuscheln sich in die warmen, schützenden Arme der Aufschieberitis, bummeln gemächlich vor sich hin, bis das Leben sie endlich überholt hat, fangen zwar zögernd etwas an, aber beenden es lieber nicht, um nicht dem Risiko des öffentlichen Scheiterns ausgesetzt zu werden. Was man nicht angefangen oder zumindest noch nicht beendet hat, kann ja noch nicht als Misserfolg gewertet werden – und die Zeit bringt hoffentlich Hilfe, Rat und Rettung aus der Falle. Dazu noch ein schöner Fundus an mehr oder weniger phantasievollen Ausreden, und frau kann sich beruhigt und bequem zurücklehnen.

Ausstieg aus der Negativspirale

Der erste Schritt zum Ausstieg aus dieser Negativspirale ist natürlich wieder die mentale Kopfwäsche mithilfe des Konkretisierens und Relativierens der Angst (Kapitel 4). Blicken Sie der Feindin fest ins Auge, verwandeln Sie den Horrorfilm in eine realistische Erfolgsgeschichte und machen Sie zumindest schon einmal Ihrem gesunden Menschenverstand klar, dass diese Angst vor Misserfolg überzogen und oft auch unbegründet ist.

Um diese Angst vor Misserfolg noch dauerhafter zu zähmen ist es hilfreich, das eigene Selbstbewusstsein zu stärken. Und dazu sollten Sie – nachdem Sie den Katastrophenfilm im Kopf schon in einen mit Happy End umgestaltet haben – als Nächstes auf Ihrer Tonspur diese kleine, fiese, Sie zermürbende und entmutigende innere Stimme der destruktiven Meckerziege durch eine unterstützende und ermutigende einer wohlmeinenden Freundin ersetzen. Jeder Mensch hat nämlich ununterbrochen einen mehr oder weniger lauten, mehr oder weniger bewussten inneren Dialog laufen, in dem alles kommentiert wird, was gerade so passiert und was der Mensch aktuell empfindet. Und diesen

Dialog kann man leider nicht mal so eben abstellen – diese Ruhe im Kopf versuchen manche tapferen und ausdauernden Menschen zum Beispiel durch Meditation zu erreichen, was dann manchmal auch für ein paar Sekunden gelingt …

Bei den meisten Menschen ist es leider nicht eine ermutigende, hilfreiche Stimme, sondern es wird die Geißel der Selbstanklage und Selbstzerfleischung geschwungen. Diese innere kritische Stimme ist nämlich zudem meist auch noch viel erbarmungsloser mit uns selbst, als sie es mit anderen Personen wäre. Wir verzeihen anderen viel mehr Fehler, als wir uns selbst verzeihen, wir haben an uns selbst viel höhere Ansprüche, als wir jemals wagen würden, sie an andere zu stellen.

Unglückseligerweise hat diese gnadenlose innere Stimme für uns eine hohe Glaubwürdigkeit – sogar eine deutlich höhere als die anderer Menschen. Wenn Sie bei einem Einkaufsbummel einmal der Meinung waren, dass Sie in diesem Kleid absolut unmöglich aussehen (Dieser Hintern! Grauenhaft!) und sowieso rundum eine ziemlich unattraktive Person sind, mit der sich nur jämmerliche Männer im völligen Notstand unter massivem Alkoholeinfluss verabreden würden, dann konnte Ihre Freundin Ihnen noch so ernst gemeint versichern, dass Sie gerade ganz bezaubernd aussehen, Sie haben sich selbst und nicht ihr geglaubt und sind frustriert mit leeren Tüten heimgeschlichen und haben sofort all Ihre Spiegel zerschmettert.

Deshalb ist es notwendig, dass Sie anfangen, sich innerlich andere, unterstützendere Dinge zu erzählen, die in Kürze für Sie genauso glaubwürdig sein werden. Netterweise sind es nämlich immer noch Sie selbst, die da in Ihrem Kopf denkt – wer sonst sollte die Herrscherin Ihres Geistes sein? Daher liegt es in Ihrer Hand und in Ihrer Verantwortung, Ihre Gedanken aktiv und konstruktiv zu beeinflussen.

Die Stimme einfach zu ignorieren funktioniert leider meistens nicht. Wie die böse Schlange im Paradies fährt sie mit ihren zerstörerischen zischelnden Einflüsterungen fort, ob wir es wollen und bewusst registrieren oder nicht. Es muss eine Neuaufnahme her, die die alte Tonspur löscht und Ihnen ab jetzt nette Dinge ins Ohr flüstert. Jetzt ist für die Meckerziege die Zeit für den Abgang von der Bühne gekommen, um einer neuen Freundin den Auftritt zu ermöglichen. Also Schluss mit dem »Du Vollidiotin!« und her mit »Das wirst du schon schaffen!«.

Sarah hat ihre Angst vor Misserfolg mit der mentalen Kopfwäsche ja schon beträchtlich zurückgestutzt. Jetzt will sie den kleinen destruktiven Quälgeist in ihrem Ohr zum Schweigen bringen und stattdessen lieber ein freundliche, motivierende Stimme aufnehmen, die ihr hilft, ein positiveres Selbstbild aufzubauen, und die ihr Mut zuspricht, auch mal etwas zu wagen.

Von der Meckerziege zur liebevollen Freundin am Beispiel Sarah

1. Hören Sie genau hin.

- **Was sagt die Meckerstimme im Einzelnen?**
  Ich habe sie mal ein wenig ausspioniert bei den letzten Anlässen, die mich unsicher gemacht haben. Besonders oft sagt sie »Das schaffst du nie!« und »Du bist wohl größenwahnsinnig!«, aber auch Schimpfworte wie »Versagerin«, »kompletter Volltrottel« und »totale Niete« werden gern genommen. Ziemlich frustrierend, muss ich sagen.
- **Sind die Dinge, die sie sagt, realistisch und hilfreich?**
  Hilfreich sind sie auf keinen Fall! Was soll man mit solchen Kommentaren denn schon anfangen, außer sich miserabel zu fühlen? Lernen kann man daraus nichts. Realistisch – sie übertreibt wohl ziemlich, das weiß ich schon. Nur weil ich mich bei einer Präsentation ein oder zwei Mal versprochen habe, bin ich natürlich noch keine Totalversagerin oder ein kompletter Volltrottel. Mit angemessener Kritik hat das wohl nicht viel zu tun …
- **Wie klingt sie dabei?**
  Sehr unangenehm! Ich höre sie innerlich ziemlich laut, mit einem scharfen Tonfall, schnell und ätzend.

2. Suchen Sie nach der positiven Absicht der Meckerziege.

- **Was will die Meckerziege für Sie erreichen?**
  Wie, was will sie für mich erreichen? Dass ich mich schlecht fühle! Das ist bestimmt nicht das eigentliche Ziel. Sie wird irgendetwas Positives für Sie erreichen wollen, sonst hätten Sie sie nicht in Ihrem Kopf – bitte denken Sie noch einmal darüber nach. *Okay, bei näherer Überlegung kann das ja wirklich nicht das einzige Ziel sein – ich bin keine Masochistin. Na, mal überlegen ... sie will mich offensichtlich von irgendwelchen übermäßig ehrgeizigen Aktionen abhalten – und damit ist sie ja auch sehr erfolgreich.*
- **Welche positive Absicht verfolgt sie mit ihrem Gemecker?**
  Positive Absicht? So eine blöde Stimme? Hmm, ... ja, ja ich denke nach ... also gut, zumindest bewahrt sie mich tatsächlich vor Größenwahn und hält mich davon ab, Dinge anzugehen, die ich wirklich nicht schaffen könnte. Dadurch blamiere ich mich nicht so oft wie dieser gewisse großmäulige, sich selbst maßlos überschätzende Kollege.
- **Was will sie für Sie sicherstellen?**
  Wohl, dass ich auf dem Boden der Tatsachen bleibe und mich nicht überfordere. Mich damit vor allzu vielen Misserfolgen schützen, denke ich.
- **Ist dieses Ziel grundsätzlich für Sie nachvollziehbar und akzeptabel?**
  Das Ziel kann ich durchaus akzeptieren. Aber nicht, dass sie über das Ziel hinausschießt! Es ist jedoch grundsätzlich schon in Ordnung, dass sie mich von zu riskanten Aktionen abhält.

3. Suchen Sie hilfreiche Kommentare.

- **Was könnte eine Freundin stattdessen sagen, um dieses Ziel zu erreichen?**
  Sie könnte mir natürlich Mut machen und mir helfen, mit herausfordernden Aufgaben realistischer umzugehen und nicht sofort davor wegzurennen.
- **Welche Aussagen würden Sie unterstützen und motivieren?**
  Mal nachdenken ... »Denk an deine Fähigkeiten« wäre sicher gut, auch

»Trau dir ruhig was zu« fände ich hilfreich. »Halt durch« könnte motivierend wirken, wenn etwas nicht sofort ohne Schwierigkeiten klappt. Und natürlich das zutrauende »Das schaffst du schon!«, damit ich auch an mich glauben kann.

- **Wie müsste die Stimme klingen, damit Sie ihr gerne zuhören?**
  Nicht so laut wie die Meckerziege, die brüllt mir wirklich immer so ins Ohr. Also eher leiser, sanft, aber klar und auch nicht so schnell.
- **Welches ist der richtige Zeitpunkt für ihre Anmerkungen?**
  Na, ich denke, immer dann, wenn ich mal wieder vorab schon das Handtuch werfen will. Und wenn meine Motivation und mein Selbstvertrauen angeknackst sind.
- **Fühlen Sie sich gut mit der Stimme der Freundin?**
  Klar fühlt es sich gut an, wenn man nicht mehr gnadenlos runtergemacht wird, sondern jemand einen unterstützt und ermutigt, an sich zu glauben.

4. Einwände überprüfen und gegebenenfalls entkräften.

- **Spricht irgendetwas dagegen, in Zukunft die Stimme der Freundin zu hören?**
  Tja, ich möchte jetzt natürlich auch nicht ins Gegenteil verfallen und mir aus lauter Größenwahn tatsächlich viel zu viel zutrauen. Da hätte ich ja den Teufel mit dem Beelzebub ausgetrieben und wäre keinen Deut besser dran.
- **Wenn ja, was müssten Sie modifizieren, damit es okay ist?**
  Ich denke, sie müsste mich noch daran erinnern, dass ich realistisch bleibe und mich nicht übernehme. So etwas wie »Überprüfe, ob du alles hast, was du dazu brauchst« und »Plane sorgfältig!« – ich meine, dann würde ich daran erinnert, auf dem Boden zu bleiben und nicht durchzuknallen.

5. Testen Sie Ihre neue Freundin.

Stellen Sie sich die nächste Situation in der Zukunft vor, in der ab jetzt die freundliche Stimme ihre unterstützenden Sätze innerlich zu Ihnen sprechen wird.

- **Wie fühlt es sich an? Sind Sie rundum zufrieden? (Wenn nicht, zurück zu Schritt 4: Modifizieren Sie die unterstützenden Aussagen so lange, bis es keine Einwände mehr gibt und Sie hundertprozentig zufrieden sind.)**
  Die Situation steht schon fest: Die Geschäftsführung will, dass ich ihr meinen Verbesserungsvorschlag zur Kundenbetreuung noch einmal detaillierter vorstelle. Bisher wurde mir natürlich immer schon schlecht, wenn ich nur daran dachte! Aber so, mit der kleinen Freundin im Ohr ... ich kann recht ruhig und mit einigem ungewohnten Selbstvertrauen daran denken. Natürlich bin ich immer noch nervös, aber ich habe es ja schon einmal geschafft – warum also nicht ein zweites Mal? Ein bisschen Lampenfieber darf ja ruhig bleiben, nicht? Solange ich dadurch nicht völlig lahmgelegt werde ... Ja, mit dieser Vorstellung und diesem Gefühl bin ich voll zufrieden!

Für Ihre eigene Umwandlung der Meckerziege in eine liebevolle Freundin hier der Prozess noch einmal im Überblick.

Von der Meckerziege zur liebevollen Freundin

1. Hören Sie genau hin.

- Was sagt die Meckerstimme im Einzelnen?
- Sind die Dinge, die sie sagt, realistisch und hilfreich?
- Wie klingt sie dabei?

2. Suchen Sie nach der positiven Absicht der Meckerziege.

- Was will die Meckerziege für Sie erreichen?
- Welche positive Absicht verfolgt sie mit ihrem Gemecker?
- Was will sie für Sie sicherstellen?
- Ist dieses Ziel grundsätzlich für Sie nachvollziehbar und akzeptabel?

3. Suchen Sie hilfreiche Kommentare.

- Was könnte eine Freundin stattdessen sagen, um dieses Ziel zu erreichen?
- Welche Aussagen würden Sie unterstützen und motivieren?
- Wie müsste die Stimme klingen, damit Sie ihr gerne zuhören?
- Welches ist der richtige Zeitpunkt für ihre Anmerkungen?
- Fühlen Sie sich gut mit der Stimme der Freundin?

4. Einwände überprüfen und gegebenenfalls entkräften.

- Spricht irgendetwas dagegen, in Zukunft die Stimme der Freundin zu hören?
- Wenn ja, was müssten Sie modifizieren, damit es okay ist?

5. Testen Sie Ihre neue Freundin.

Stellen Sie sich die nächste Situation in der Zukunft vor, in der ab jetzt die freundliche Stimme ihre unterstützenden Sätze innerlich zu Ihnen sprechen wird.

- Wie fühlt es sich an? Sind Sie rundum zufrieden? (Wenn nicht, zurück zu Schritt 4: Modifizieren Sie die unterstützenden Aussagen so lange, bis es keine Einwände mehr gibt und Sie hundertprozentig zufrieden sind.)

Eine konkretisierte und deutlich zurechtgestutzte Angst vor Misserfolg und eine Verwandlung der Meckerstimme in die einer liebevollen Freundin sind als grundlegende Schritte schon sehr hilfreich, aber es ist natürlich immer nützlich, sein Selbstbewusstsein durch weitere Maßnahmen aufzupäppeln, um die Angst vor Misserfolg noch mehr zu reduzieren. Füttern Sie es ruhig regelmäßig mit diesem oder jenem Häppchen aus den folgenden Rezepten zur dauerhaften Stärkung Ihres Selbstbewusstseins.

Beginnen Sie mit dem leichtesten Thema

Wenn Sie entschlossen sind, Ihren inneren Mutmuskel zu trainieren und mehr Selbstvertrauen aufzubauen, sollten Sie selbstverständlich trotz hoher Motivation nicht gleich den furchterregendsten Drachen ins Visier nehmen. Für den Anfang tut's auch ein kleines Drachenbaby. Suchen Sie sich etwas aus, das Sie nicht so sehr ängstigt, damit Sie sich nicht zu Beginn gleich überfordern. Der Gedanke, im Mittelpunkt zu stehen, lässt Sie erbeben, aber noch mehr fürchten Sie, allein in Urlaub zu fahren und an einem fremden Ort verloren wie ein ausgesetztes Hündchen herumzuirren, bis der ADAC Sie wegen eines Nervenzusammenbruchs nach Hause transportieren muss? Dann nehmen Sie sich Ihr übertriebenes Lampenfieber zuerst vor, ehe Sie Ihre Urlaubsreise antreten, um nicht gleich wieder entmutigt aufzugeben.

Machen Sie kleine Schritte

Wenn Sie zu Anfang erst einmal kleine Schrittchen machen, haben Sie sozusagen eine eingebaute Erfolgsgarantie und können viele positive Erfahrungen sammeln, die Ihr Selbstbewusstsein stärken. Bewerben Sie sich deshalb nicht sofort tollkühn für die Hauptrolle in Ihrem örtlichen Amateurtheater, um den Lampenfieberdrachen zu erlegen, sondern steigen Sie als Statistin mit wenig Text ein. Diese kleinen Schritte sollten allerdings doch so groß sein, dass Sie ein wenig herausgefordert sind (raus aus der Komfortzone – Statistin ohne Text wäre ein zu kleiner Schritt!), damit Sie die Lern- und Erfolgsspirale in Gang setzen können und sich zunehmend mehr trauen.

Nutzen Sie den Übungseffekt

Die kleinen Schrittchen sollten Sie möglichst oft machen. Sie wissen ja, dass Sie nur durch viele und am besten regelmäßige Übung neue Verhaltensweisen stabil erlernen und alte Gewohnheiten aushebeln können. Daher: Keine Ausreden und so oft wie möglich neue Fähigkeiten trainieren. Nach der winzigen Statistenrolle im ersten Stück ist jetzt eine etwas größere in der neuen Komödie dran. Und wer weiß, in der nächsten Spielsaison vielleicht schon eine echte Nebenrolle mit einigem Text …

Genießen Sie Ihre Erfolge ganz bewusst

Wenn der Vorhang fällt, sollten Sie auch mit Ihrer anfänglich kleinen Statistenrolle im Applaus schwelgen und Ihren Anteil an der gelungenen Vorstellung wahrnehmen und würdigen. Sammeln Sie die tollen Rezensionen und ignorieren Sie die schlechten – die Kritiker sollen sich erst mal selber auf die Bühne trauen! Unten sitzen und rummäkeln ist einfach, das kann jeder. Ihr Erfolg besteht ja schon darin, sich überhaupt getraut zu haben, selbst wenn Sie sich bei einer Textzeile verhaspelt haben sollten. Erinnern Sie sich immer wieder daran, was Sie da geschafft haben, lassen Sie es mit Stolz immer wieder Revue passieren.

Konzentrieren Sie sich auf den nächsten Schritt

Wenn Sie auf der Bühne die alte Gewohnheit des Lampenfiebers doch wieder zu übertrieben packen will, konzentrieren Sie sich nicht auf Ihre Gefühle, Ängste und negativen Gedanken dabei, sondern richten Sie Ihre Aufmerksamkeit auf das, was Sie als Nächstes tun müssen: rechts in die Kulisse gehen, den einen Satz zum Butler sagen, sich erschrocken mit weit aufgerissenen Augen umdrehen … dieser Fokus auf den nächsten Schritt bewahrt Sie davor, der Angst zu großen

Raum zu geben, hilft Ihnen, weiter aktiv zu bleiben und zu handeln, und hält Sie so trotz Angst wirksam bei der Stange. Sie wissen ja, Mut bedeutet, Angst zu haben und es trotzdem zu tun.

Planen Sie kleine Verzögerungen und Rückschritte mit ein

Seien wir realistisch: Wir nehmen uns – traditionell meist zu Silvester – einen Haufen Dinge vor, die wir jetzt aber endgültig richtig anpacken wollen, ganz bestimmt und ganz schnell. Und dann schlägt das Leben zu: der Alltag mit unvorhergesehenen Ereignissen, das Motivationsloch, der Frust, die Ablenkung durch anderes, die Faulheit. Wenn Sie damit nicht von vornherein rechnen und diese kleinen Bremsen mit einkalkulieren, vergrößern Sie die potenzielle Enttäuschung nur. Daher planen Sie lieber zwei Wochen zum Lernen Ihres Rollentextes ein und nicht nur drei Tage. Und wenn dann wirklich der ein oder andere Rückschlag kommen sollte, denken Sie daran: Die Meckerziege hat bei Ihnen nichts mehr zu sagen!

Nutzen Sie Ihre verbliebene Angst als Hilfsmittel

Wenn Sie denn immer noch Angst haben, sich bei einem Misserfolg zu blamieren, dann soll diese Angst doch wenigstens einen nützlichen Zweck erfüllen! Es steckt ja eine Menge Energie drin. Verkünden Sie deshalb vollmundig möglichst vielen Leuten Ihre Pläne und Vorhaben. Je mehr Sie herumtrompetet haben, was Sie alles Tolles vorhaben und sich trauen werden, desto blamabler wäre es für Sie, nichts davon umzusetzen, desto mehr steigt die Angst vor dem mitleidigen

Spott Ihrer Freundinnen. So etablieren Sie sozusagen eine externe drohende Peitsche, die Sie beim Aufgeben aus Feigheit empfindlich treffen wird. Manchmal reicht das Zuckerbrot eben nicht ...

Tun Sie so, als ob Sie es schon könnten

Wir wissen nur, ob wir etwas können oder nicht, wenn wir es schon einmal ausprobiert haben. Bei Fähigkeiten des ganz normalen Alltags ist das zumindest so (bei komplexen ist es etwas anderes – ich weiß natürlich, dass ich so aus dem Stand ohne Ausbildung keinen Airbus fliegen kann, auch ohne es unter doch recht hohem Risiko testen zu müssen). Wenn Sie also mutig etwas Neues ausprobieren, von dem Sie ohnehin noch gar nicht wissen können, wie Sie es hinkriegen werden, ist es doch viel sinnvoller, davon auszugehen und innerlich so zu tun, als ob Sie es schon könnten, als sich mit nagenden Zweifeln und Misserfolgserwartungen selbst ein elegantes, durchtrainiertes Bein zu stellen.

Dokumentieren Sie Ihre Fortschritte

Halten Sie fest, was Ihnen gelungen ist, vom ersten winzigen Erfolg bis hin zum grandiosen Triumph. Schreiben Sie sogar die kleinste Kleinigkeit auf, auch aus vielen kleinen Bausteinen wird auf Dauer eine stabile Mauer, auf die Sie sich verlassen können und die Sie trägt. Packt Sie der Frust, so schnappen Sie sich Ihre Erfolgsdokumentation, stöbern in diesem Bestseller und machen sich wieder klar, dass Sie schon ein schönes Stück vorwärts gekommen sind.

Vergleichen Sie sich nur mit sich selbst

Ein tödlicher Fehler für eine beginnende Laienschauspielerin: sich von Anfang an mit den ganz Großen der Schauspielkunst zu vergleichen. Der Fahranfänger misst seine Leistung ja auch nicht gleich an der Michael Schumachers – warum also sollten Sie sich das Leben schwermachen und unablässig von sich erwarten, mit Julia Roberts oder Cate Blanchett gleichzuziehen? Vergleichen Sie lieber Ihre jetzigen Leistungen mit denen zu Beginn, und Sie werden höchst erfreut sein, wie toll Sie sich schon entwickelt haben.

Seien Sie ruhig neugierig – das ist viel besser als die Angst vor Unbekanntem

Marie hat etliche Freunde. Und Freundinnen. Momentan hat sie aber keinen Partner. Den oder die haben jedoch alle ihre Freunde und Freundinnen. Und das ist leider ein Problem für sie. Marie geht abends sehr gerne aus. Essen gehen, ins Kabarett, in die Disco, auch mal ins Literaturhaus oder ins Theater, Konzerte, Sport treiben – sie ist vielseitig interessiert. Nur ist das mit einem aus lauter Pärchen oder kleinen Familien bestehenden Freundeskreis gar nicht so einfach, weil die einem unternehmungslustigen Single wie Marie natürlich nicht so oft zur Verfügung stehen, wie sie es gerne hätte. Also fehlt es ihr häufig an Begleitung.

Natürlich könnte sie auch allein ausgehen und etwas unternehmen, aber abgesehen davon, dass das wahrscheinlich nicht so viel Spaß macht wie mit Freunden, hat sie das noch nie getan. Und das macht sie ganz schön unsicher und ängstlich und hat sie bisher auch zuverlässig davon abgehalten, obwohl sie dadurch schon eine interessante Lesung und ein tolles Konzert hat sausen lassen müssen. Deshalb sitzt sie immer öfter zu Hause und wartet resigniert und frustriert ab, bis ihr zwar nicht der Himmel, aber doch ihre frisch gestrichene Wohnzimmerdecke auf den Kopf fällt.

Denn Marie hat Angst vor Neuem, Unbekanntem, noch nie Getanem. Mit der emotionalen Schützenhilfe einer Freundin in ein neues Lokal gehen, das schafft sie natürlich schon, wenngleich sie die altbekannte Stammkneipe vorzieht, wo alles seit Jahren so schön vertraut ist. Aber so ganz allein … Obwohl sie vor einiger Zeit – zwangsweise wegen Kündigung, freiwillig wäre sie nie dort ausgezogen! – umziehen musste, nimmt sie die Fahrt zu ihrer alten Kneipe in Kauf, denn sie traut sich nicht, in ihrem neuen Viertel nach einem Ersatz dafür zu suchen. Sich ganz allein in unbekannte Gefilde wagen, wo einen weiß Gott was erwarten kann … das ist wahrlich nicht ihr Ding.

Marie sitzt auf ihrem Sofa und seufzt entnervt und ein wenig verzweifelt. Durch ihren Umzug ist es jetzt zu ihrem alten Fitnesscenter sehr weit, und sie hat im Vorbeigehen in der Nähe ihrer neuen Wohnung auch schon eine vielversprechende Alternative entdeckt. Eigentlich wollte sie heute Abend dort endlich mal vorbeischauen, aber die Vorstellung, sich in den unbekannten Räumlichkeiten zurechtfinden zu müssen, nur lauter Fremden zu begegnen, nach allem fragen zu müssen, womöglich statt in der Damen- in der Herrensauna zu landen … erneut fehlt ihr dazu der Mut und sie ist an der Wohnungstür, die gepackte Tasche schon in der Hand, wieder umgekehrt. Wie kann es bloß sein, dass etwas so Einfaches ihr richtig Angst macht? Es ist doch eigentlich nichts dabei, Millionen Menschen finden ihre Reaktion wahrscheinlich recht sonderbar, und dennoch traut sie sich einfach nicht und kann nicht über ihren Schatten springen! Es ist zum Heulen …

Die Angst vor dem Kontrollverlust

Die arme Marie liegt ein wenig falsch, wenn sie glaubt, dass nur ihr so etwas schwerfällt und sie erschreckt. Denn es gibt eine Menge Menschen, die Angst vor dem Unbekanntem, dem Neuen, dem schlecht Kontrollierbaren haben. Und das kann sich sowohl auf die kleinen wie auf die großen Dinge des Lebens beziehen. Der Besuch einer neuen Gaststätte kann genauso viel Unbehagen auslösen wie ein Umzug in ein fremdes Land auf einem anderen Kontinent; ein Friseurwechsel wird ebenso ungern in Betracht gezogen wie die Trennung von einem Partner und die Rückkehr ins dräuende Singledasein.

Es geht nämlich nicht um die Bedeutung des Unbekannten – groß oder klein, wichtig oder nichtig –, sondern schlicht um die Tatsache, dass es eben unbekannt ist. Das an sich wird als bedrohlich empfunden. Dahinter steckt meist ein erlernter kleiner, tückischer Denkfehler: Alles Unbekannte wird mit gefährlich gleichgesetzt. Der Denkfehler steckt ganz konkret in dem generalisierten »alles«. Dass Unbekanntes in der Tat gefährlich sein kann, sagte uns ja schon eingangs unser gesunder Menschenverstand. Kann gefährlich sein, muss nicht! Und eben nur manches – verdächtige Gestalten in der Nacht, unbekannte gepunktete Pilze, mörderisch blickende Tiere mit langen Reißzähnen – und beileibe nicht alles. Die überwiegende Anzahl an Dingen und Situationen ist völlig harmlos – nur kam Ihnen leider im Lauf Ihres Lebens die Fähigkeit abhanden, zwischen den echt gefährlichen und den harmlosen sinnvoll zu unterscheiden.

Nehmen wir an, Sie mussten als Kind wegen eines Umzugs einmal die Schule wechseln – neue Lehrer, neue Schulkameraden, neue Räumlichkeiten. Frohen Mutes gingen Sie am ersten Schultag, geschmückt mit Ihrer tollsten Glitzerhaarspange, in Ihre neue Klasse und blickten sich neugierig um. Kichernde Mädchen, raufende Jungen, zerschrammte Tische und Stühle, eine bunte Karte an der Wand.

Sie blickten sich um und fanden einen Platz, der frei zu sein schien. Mit Schwung warfen Sie Ihren schicken Ranzen auf den Tisch und wollten ihn gerade auspacken, als die gesamte Klasse, die sie natürlich heimlich prüfend betrachtet hatte, plötzlich in brüllendes Gelächter ausbrach. »Guck mal die dumme Gans! Die setzt sich doch freiwillig neben den Referendar! Oder bist du vielleicht so eine eklige Streberin?« Puterrot geworden blickten Sie sich hektisch nach einem anderen freien Platz um, spöttisch beobachtet von der ganzen gehässigen Schar. Seitdem hassen Sie es ganz entschieden, wenn Sie sich unbekannten Situationen, Orten und Menschen ausgesetzt sehen …

Sie kannten die Gegebenheiten und die Regeln in dieser neuen Situation nicht und haben daher einen Fehler gemacht, wie Sie dachten. Und da dieses Erlebnis leider emotional ziemlich unangenehm für Sie war, hat es sich in Ihr Gedächtnis scheinbar unauslöschlich eingebrannt. Nie wieder, dachten Sie, und ab dem Tag war Ihr generelles Motto: »Vorsicht ist die Mutter der Porzellankiste!« Sie hatten gründlich gelernt, sich vor Unbekanntem zu fürchten, und zwar nicht nur vor dieser Situation, sondern sicherheitshalber vor allen unbekannten Situationen, Menschen und Tätigkeiten. Man weiß ja nie vorher, was da alles passieren kann! Und man muss doch immer alles unter Kontrolle haben, sonst kann es schreckliche Folgen haben! Das wissen Sie so sicher wie das Amen in der Kirche, nicht wahr?

Ach, da war ja auch schon das zentrale Schlüsselwort dieser Angstvariante: nicht Amen oder Kirche, sondern Kontrolle. Die Angst vor Unbekanntem, Neuem ist oft eigentlich mehr die Angst davor, in einer solchen Situation die Kontrolle zu verlieren. Nein, natürlich nicht im Sinne von die Beherrschung verlieren und undamenhaft ausrasten, sondern Kontrollverlust im Sinne von nicht schnell und selbstgesteuert genug auf die Entwicklung einer Situation einwirken zu können. Das erhöht natürlich die Gefahr enorm, etwas Unangemessenes oder Falsches zu tun, oder aber hilflos ausgeliefert zu sein und gar nicht mehr reagieren zu können, weil man nicht weiß, wie. An Ihrem ersten Schultag konnten Sie aufgrund fehlender Information keine Kontrolle ausüben und mussten sich herumschubsen und spöttisch veralbern lassen, ohne sich gezielt wehren zu können. Was so bedrohlich ist, ist also nicht das Unbekannte, sondern die Möglichkeit, dass Sie nicht mehr kontrollieren können, wie es weitergeht.

In diesem Kontrollbedürfnis lauert leider noch ein weiterer Denkfehler: Dass es immer schädlich ist, die Kontrolle abzugeben, und es daher immer möglich und wünschenswert ist, sie zu behalten. Was natürlich beides so generell nicht stimmt. Es wäre sicher viel schädlicher, die Kontrolle bei Ihrer kleinen Blinddarmoperation behalten zu wollen, statt sich vertrauensvoll in die fähigen Hände Ihres Chirurgen zu begeben. Es wäre auch wenig wünschenswert, wenn Ihr Bedürfnis nach Kontrolle Sie dazu brächte, den Profi gewaltsam aus dem Führerhaus des Zuges zu zerren und die U-Bahn lieber selber zu fahren. Zudem können Sie allenfalls hoffen, sich selbst zu kontrollieren, aber nicht alle anderen Beteiligten und Faktoren – egal, ob in vertrauten oder neuen Situationen. Auch in Ihrer Stammkneipe kann einer der anderen Gäste, den Sie schon lange kennen, auf einmal einen Rappel kriegen und sich Ihnen gegenüber sehr seltsam und ungezogen benehmen. Vollständige Kontrolle ist nichts anderes als eine Illusion, das musste auch schon so mancher Staatsmann einsehen.

Kontrolle ist daher ein ziemlich unrealistisches und oft auch fehlgeleitetes Ziel – viel sinnvoller ist es, Selbstsicherheit und ein wenig Mut anzustreben, um damit für alle Eventualitäten gerüstet zu sein. Denn dann können Sie qualifiziert entscheiden, was Sie beeinflussen möchten und können, welche Verhaltensweise in einer neuen Situation möglichst angemessen sein könnte und wie Sie mit überraschenden Wendungen umgehen könnten.

Sie arbeiten ja sicher schon fleißig mit den bisher gesammelten Werkzeugen an Ihren Angstbremsen und haben diese schon etwas gelöst. Jetzt gilt es, zusätzlich das in Ihnen schlummernde Potenzial zu aktivieren. Nichts und niemand auf dieser Welt ist zu jeder Millisekunde seines ganzen Lebens feige und unsicher – Mut und Selbstsicherheit sind in jedem verborgen. Die Schwierigkeit liegt manchmal nur im Zugriff auf diese Ressourcen. Deshalb können Sie sicher noch einen Turboaktivator Ihres Mutes und Ihrer Selbstsicherheit gebrauchen, den Sie in überraschenden Situationen oder zur Vorbereitung auf Unbekanntes schnell anwerfen können.

Der Turboaktivator: Mein mutigster Moment

Der Turboaktivator hilft Ihnen, in schwierigen Situationen Ruhe und Gelassenheit zu finden sowie zu Mut und Entschlossenheit zu gelangen.

1. Suchen Sie sich einen ruhigen, angenehmen Platz. Sie sollten sich bequem hinsetzen oder legen, um ungestört von äußeren Einflüssen einen Ausflug in Ihren Kopf und Ihre Schatzkammer der Erfahrungen machen zu können. Am besten schließen Sie Ihre Augen, um sich besser konzentrieren zu können, machen ein paar tiefe Atemzüge und freuen sich über die beginnende Entspannung bei dieser Reise in Ihre innere Welt.

2. Geben Sie Ihrem mutigen inneren Selbst einen schönen Namen. Ob Sie ein Tier wählen (»mein innerer Löwe«), eine echte oder erfundene Figur wie »Catwoman« oder einfach einen Namen, der für Sie Mut verkörpert, wie »Oma Aggi«, ist unerheblich, Hauptsache, dieser Name lässt Sie sofort an Ihr mutiges Potenzial denken.

Natürlich waren auch Sie als Angsthäschen schon einmal mutig und selbstsicher. In Ihnen schlummert dieses mutige Selbst seinen Dornröschenschlaf, und es sollte einfach nur ein bisschen öfter wach geküsst werden und zum Vorschein kommen. Um es hervorzulocken, eignet sich ein netter Name natürlich viel besser als ein unfreundlicher. Dieser nette Name soll Ihnen helfen, sich in Situationen, in denen Sie der Mut verlässt oder sich gar nicht erst einstellt, daran zu erinnern, dass Sie sehr wohl tief in Ihrem Inneren eine mutige und tapfere Person sind!

3. Suchen Sie drei Situationen, in denen Sie sich so richtig mutig und selbstsicher gefühlt haben. Ja, drei Situationen müssen her. Egal in welchem Kontext und zu welchem Thema. Allein in die neue Szenekneipe gegangen oder dem Neonazi, der eine junge Frau mit Kopftuch belästigt, die Stirn geboten – wurscht, Mut ist Mut. Und diese Erlebnisse gibt es mit Sicherheit. Selbst wenn Sie noch so ängstlich sein sollten, ja quasi die perfekte Reinkarnation des Angsthasen verkörpern, es ist unmöglich, dass Sie in Ihrem ganzen bisherigen Leben noch nie für einen winzigen Moment ein wenn auch mikroskopisch kleines Fünkchen Mut in sich verspürt haben.

Und wenn Sie auch in der Zeit ein wenig zurückgehen müssen – spätestens in Ihrer Kindheit werden Ihre mutigen Momente nur so hervorsprudeln. Kinder müssen enorm mutig sein und sind es auch, weil für sie ja alles neu, unbekannt und aufregend ist. Zudem machen sie sich keine Gedanken über Risiken. Glauben Sie, Sie hätten ohne die entsprechende Risikofreude und den nötigen Mut jemals laufen oder

Fahrrad fahren gelernt? Die Gefahr des Hinstürzens war riesig und stellte sich auch nur zu oft als berechtigte Befürchtung heraus, aber Gott sei Dank konnten Sie sich deswegen noch keinen Kopf machen. Sie sind einfach losgelaufen oder gefahren, basta. Also her mit den mutigsten Momenten!

4. Erleben Sie diese Situation so gefühlsintensiv, als wäre es hier und jetzt. Nehmen Sie sich diese drei Situationen (gerne auch mehr), in denen Sie mit Ihrem Mut und Ihrer Selbstsicherheit absolut zufrieden waren, nacheinander vor. Lassen Sie den dazugehörigen Film starten, lauschen Sie den damit verbundenen Geräuschen, horchen Sie auf Ihren inneren Kommentar dazu und spüren Sie intensiv dieses mutige, selbstsichere Gefühl. Wieder sollten Sie sich nicht selbst von außen sehen, sondern durch Ihre Augen schauen, als stünden Sie in diesem Moment als Hauptdarstellerin auf der Bühne der Erinnerung. Und wenn Sie das Gefühl jeweils so richtig lebendig in sich spüren, sprechen Sie Ihren Namen für Ihr mutiges Selbst aus.

5. Spazieren Sie in die Zukunft. Stellen Sie sich nun die nächste Situation vor, in der Sie ab jetzt gerne mutiger und selbstsicherer agieren möchten. Starten Sie auch diesen Film, sprechen Sie wieder den Namen Ihres mutigen Selbst aus und schalten Sie dadurch Ihren Turboaktivator ein. Allein das Aussprechen dieses Namens wird die damit nun verbundenen Gefühle und Fähigkeiten in kürzester Zeit höchst lebendig in Ihnen aufrufen. Lassen Sie sich überraschen, wie anders und souveräner Sie mit dieser bisher angstbehafteten Situation zuerst nur in Ihrer Phantasie umgehen werden. Seien Sie versichert – das, was Sie sich in Ihrem Kopf so vorstellen, hat eine hohe Wahrscheinlichkeit, auch (so ähnlich) Wirklichkeit zu werden.

6. Rufen Sie Ihr mutiges Selbst so oft wie möglich auf. Sobald Sie wissen, dass Sie wieder mit einer unbekannten Situation konfrontiert werden, rufen Sie kurz vorher Ihren mutigen Moment auf und aktivieren Ihre darin enthaltenen Stärken. Auch wenn Sie eine Entwicklung des Lebens kalt erwischt – nicht verzagen, sondern lieber auf die vorhandene Stärke besinnen. Sprechen Sie (innerlich oder wenn möglich laut) Ihren mutigen Namen aus und erinnern Sie sich so in kürzester Zeit an Ihren vorhandenen Mut!

Hier noch einmal der Turboaktivator im knappen Überblick, den Sie übrigens auch für alle anderen Ressourcen nutzen können, die Ihnen in bestimmten Situationen fehlen: Gelassenheit, Ruhe, Souveränität, Humor, Entspanntheit, Distanz … egal, was Sie brauchen, Sie haben es schon in sich und brauchen nur einen funktionierenden Zugriff darauf.

Der Turboaktivator: Mein mutigster Moment

1. **Suchen Sie sich einen ruhigen, angenehmen Platz.**
2. **Geben Sie Ihrem mutigen inneren Selbst (oder einer anderen Ressource) einen schönen Namen.**
3. **Suchen Sie drei Situationen, in denen Sie sich so richtig mutig und selbstsicher (gelassen, entspannt, humorvoll ...) gefühlt haben.**
4. **Erleben Sie diese Situation so gefühlsintensiv, als wäre es hier und jetzt, verknüpfen Sie den tollen Zustand mit Ihrem in Schritt 2 gewählten Namen.**
5. **Spazieren Sie in die Zukunft.**

   Stellen Sie sich nun die nächste Situation vor, in der Sie ab jetzt gerne mutiger und selbstsicherer (gelassen, entspannt, humorvoll ...) agieren möchten.
6. **Rufen Sie Ihr mutiges Selbst (oder jede andere Ressource) so oft wie möglich auf. Rufen Sie dabei mit Ihrem dafür vergebenen Namen den ressourcevollen Zustand ab.**

Sie haben zwar Ihr mutiges Selbst aus seinem endlos langen Dornröschenschlaf wach geküsst, es scheint Ihnen aber aufgrund des langen Schlafkomas noch etwas mickrig und klapprig auf den Beinen zu sein? Na, dann rufen Sie doch einfach noch andere Hilfstruppen herbei, die Ihnen den Rücken stärken können. Bestimmt kennen Sie etliche Personen – echte oder erfundene –, die Ihnen, was Mut und Selbstsicherheit angeht, als gute Vorbilder dienen können. Nun, solche Vorbilder kann man nicht nur nutzen, indem man von ihnen liest, sich inspirieren und motivieren lässt oder über sie nachdenkt, sondern man kann sie sozusagen zu inneren Mentoren, guten Freunden machen, die Ihnen hilfreiche Ratschläge und Ermutigung geben können.

Sie kennen das wahrscheinlich aus Ihrer Kindheit: Wenn Sie in einer kniffligen Situation waren und nicht mehr so richtig weiterwussten (nehmen wir an, Ihre strenge Klassenlehrerin hatte Sie beim Mogeln in der Mathearbeit erwischt), hörten Sie vielleicht die Stimme Ihrer Mutter oder Ihres Vaters, die Ihnen Mut zusprach und Ihnen mit Ratschlägen weiterhalf. »Mogeln war nicht richtig, jetzt musst du es leider auch ausbaden. Gib es zu, entschuldige dich und beuge dich der Entscheidung deiner Lehrerin. Ich weiß, das schaffst du! Aber es ist ja auch wiederum kein Beinbruch, und wir haben dich trotzdem lieb!«, haben sie Ihnen womöglich ins Ohr geflüstert. Daraufhin rissen Sie sich tapfer zusammen, schluckten ein, zwei Mal, reckten die kleinen Schultern und blickten dem Feind entschlossen ins Antlitz, um die gerechte Strafe mutig auf sich zu nehmen. (Falls Sie Harry-Potter-Fan sind, wissen Sie, dass auch der kleine Zauberer die inneren Mentoren nutzt – immer, wenn Voldemort oder ähnliche Schreckgestalten auftauchen, kann er seine verstorbenen Eltern und Freunde bei sich spüren, die ihm Mut zusprechen.)

Stärken Sie sich also ruhig den Rücken mit ein paar wohlmeinenden Mentoren, die Sie innerlich immer dann befragen und zu Hilfe rufen können, wenn Ihr mutiges Selbst allein noch nicht ganz ausreichend ist. Im Folgenden zuerst ein Beispiel mit unserer einsamen Marie und dann der Überblick.

Innere Mentoren als Beistand nutzen am Beispiel Marie

1. Suchen Sie sich drei Vorbilder für Mut und Selbstsicherheit.

Das können echte, Ihnen bekannte Personen sein, aber auch erfundene aus Filmen, Geschichten oder Märchen. Auch Tiere oder Fabelwesen können Sie gerne nutzen, wenn sie Ihnen Kraft spenden können. *Eine Person, die ich unendlich für ihren Mut und ihr Durchhaltevermögen bewundere, ist Helen Keller. Blind und taub vom zweiten Lebensjahr an, hat sie sich doch nie unterkriegen lassen. Dann aus dem Film Erin Brockovich, gespielt von Julia Roberts – die kleine, unbekannte Frau, die sich von einem großen Konzern nicht einschüchtern ließ. Und noch dieser italienische Richter, den Namen habe ich leider vergessen, über den neulich im Fernsehen ein Bericht kam: Der wird von der Mafia gejagt und führt trotzdem weiter Prozesse gegen sie – wenn das nicht extrem mutig ist!*

2. Versetzen Sie sich nacheinander geistig in diese Personen.

Spazieren Sie in Ihr Kopfkino und stellen Sie sich vor, Sie seien in einer Situation, in der Sie Mut brauchen, diese Person.

- **Was würde sie empfinden, was sagt sie innerlich zu sich selbst, was würde sie tun und was würde sie Ihnen raten?**
  Also, ich denke einfach mal an meinen Vorsatz, allein in dieses neue Fitnessstudio zu gehen, wozu mir bisher immer der Mut gefehlt hat. Total blöd, ich weiß, aber so ist es nun mal. Als Helen Keller würde ich mich ganz normal fühlen, für mich wäre ja fast jede Umgebung zumindest optisch unbekannt, also würde ich mich einfach hineintasten. Ich würde mir sagen, dass es absolut nichts macht, wenn man etwas noch nicht kennt – die dort anwesenden Menschen sind meist viel freundlicher, als man denkt.
  Als Erin Brockovich würde ich einfach in meinem kürzesten Rock hereinspazieren und mich sogar noch freuen, wenn mich andere angucken. Und als der Richter ... huch, da merke ich erst so richtig, wie albern diese Angst ist. Kein Vergleich mit dem Kampf gegen die Mafia! Klar geht der rein und probiert alles aus, mit der größten Selbstverständlichkeit.

Und ihre Ratschläge: »Tu's ruhig langsam und in deinem Tempo, aber tu's!«, sagt Helen. »Blicke tun nicht weh – genieße sie lieber!« kommt natürlich von Erin, und »Wenn du etwas nicht weißt oder kennst, dann frage einfach!«, sagt der Richter.

3. *Kehren Sie in Ihr eigenes Selbst zurück und lassen Sie die Erfahrungen und die Ratschläge auf sich wirken.*

- **Welche der Verhaltensweisen und Ratschläge scheinen Ihnen für Sie durchführbar?**
  Die Ratschläge finde ich alle gut. Das mit dem kurzen Rock ist allerdings nicht so mein Stil ... da würde ich das erste Mal doch lieber etwas unauffälliger gekleidet hingehen. Und ich würde wahrscheinlich nicht gleich alles ausprobieren, sondern mich erst einmal umsehen und mir alles erklären lassen.
- **Müssen Sie zur Umsetzung noch zusätzlich etwas lernen?**
  Die Blicke einfach genießen – das kann ich wohl noch nicht. Wenn mich an neuen Orten fremde Menschen beobachten, macht mich das immer sehr unsicher und ängstlich. Da brauche ich noch irgendetwas, ehe mir das angenehm sein kann.
- **Wie können Sie diesen Lernprozess angehen?**
  Tja, gute Frage! Ich glaube, das größte Hindernis ist meine innere Stimme, die mich runtermacht und mir weiß Gott was einflüstert, was die anderen wohl Schlimmes über mich denken. Deshalb könnte ich mir ja diese Stimme als Erstes vornehmen und aus der Meckerziege die Stimme einer Freundin machen.

4. *Stellen Sie sich die nächste Gelegenheit vor, bei der Sie gerne etwas mutiger wären.*

   Tauchen Sie ganz in diese Situation ein, als wäre es hier und jetzt. Denken Sie an die Ratschläge Ihrer Mentoren, stellen Sie sich vor, sie würden Ihnen unsichtbar zur Seite stehen. Lassen Sie sich überraschen, um wie viel mutiger Sie sich der Situation stellen können.

Wow, mit den dreien unsichtbar im Rücken ist es wirklich nicht sehr schwer! Ich stelle mir vor, Erin kichert nur, Helen strahlt völlige Ruhe auf mich aus und der Richter brummt zufrieden und selbstbewusst vor sich hin ...

Rufen Sie immer dann, wenn Ihnen etwas mulmig wird, Ihre Mentoren zu Hilfe und lassen Sie sich von Ihnen ermutigen.

Okay, morgen gehe ich dann wirklich hin, mit den dreien im Schlepptau!

Hier nun für Sie der Überblick:

Innere Mentoren als Beistand nutzen

1. **Suchen Sie sich drei Vorbilder für Mut und Selbstsicherheit.**

   Das können echte, Ihnen bekannte Personen sein, aber auch erfundene aus Filmen, Geschichten oder Märchen. Auch Tiere oder Fabelwesen können Sie gerne nutzen, wenn sie Ihnen Kraft spenden können.

2. **Versetzen Sie sich nacheinander geistig in diese Personen.**

   Spazieren Sie in Ihr Kopfkino und stellen Sie sich vor, Sie seien in einer Situation, in der Sie Mut brauchen, diese Person.

   - Was würde sie empfinden, was sagt sie innerlich zu sich selbst, was würde sie tun und was würde sie Ihnen raten?

3. **Kehren Sie in Ihr eigenes Selbst zurück und lassen Sie die Erfahrungen und die Ratschläge auf sich wirken.**

   - Welche der Verhaltensweisen und Ratschläge scheinen Ihnen für Sie durchführbar?
   - Müssen Sie zur Umsetzung noch zusätzlich etwas lernen?
   - Wie können Sie diesen Lernprozess angehen?

4. Stellen Sie sich die nächste Gelegenheit vor, bei der Sie gerne etwas mutiger wären.

Tauchen Sie ganz in diese Situation ein, als wäre es hier und jetzt. Denken Sie an die Ratschläge Ihrer Mentoren, stellen Sie sich vor, sie würden Ihnen unsichtbar zur Seite stehen. Lassen Sie sich überraschen, um wie viel mutiger Sie sich der Situation stellen können. Rufen Sie immer dann, wenn Ihnen etwas mulmig wird, Ihre Mentoren zu Hilfe und lassen Sie sich von Ihnen ermutigen.

Ihre diversen Ängste sollten Sie jetzt lange nicht mehr so schrecken wie bisher. Und wenn sie wieder in alter Stärke auftauchen und sich übermäßig breitmachen wollen, wissen Sie ja nun, wie Sie sie in ihre Schranken verweisen können. Die Angstbremsen im Bauch sind gelöst – nun sind die Kopfbremsen dran.

5.

Machen Sie riskanten Denkfehlern den Garaus

So ein Kopf kann ein gar tückisch Ding sein. Einerseits bringt er wunderbare Dinge hervor: spannende Romane über Harry Potter, den überaus praktischen Reißverschluss, Impfstoffe gegen alle möglichen widerlichen Krankheiten, die Relativitätstheorie, betörende Musik zum Dahinschmelzen, schnell trocknenden Nagellack – alles Schöpfungen der erstaunlichen menschlichen Geisteskraft. Und andererseits – Vorurteile gegen Frauen und andere sonderbare Wesen, die Atombombe, unsinnige Gesetze, Lebensmittelverpackungen, die sich nur unter Anwendung brutalster Gewalt öffnen lassen, üble Nachrede und Mobbing am Arbeitsplatz, das Dschungelcamp im Privatfernsehen. Auch diese unangenehmen Dinge sind dem Kopf entsprungen.

Unser Kopf hat die Eigenart, uns mit brillanten Ideen ebenso wie mit unnützen geistigen Blockaden in Form von Denkfehlern, Vorurteilen und einschränkenden Glaubenssätzen zu versorgen, die uns unnötig mutlos und risikoscheu agieren lassen. Nicht nur der Bauch mit den verschiedenen Ängsten, auch der Kopf leistet somit seinen Beitrag zum Dasein als Angsthäschen. An den brillanten Ideen wollen wir natürlich nicht rütteln, aber die blockierenden Denkmuster müssen uns ja nicht bis ans Ende unserer Tage wie eine Eisenkugel am Bein hängen, die Denkfehler uns nicht ewig in die Irre gehen lassen ... Schauen wir uns also an, wie man diese Kopfbremsen lösen kann.

Einige beliebte Klassiker: Häufige Irrwege beim Umgang mit dem Risiko und Wahrscheinlichkeiten

Unser brillanter und manchmal etwas wirrer Kopf hat so einige Lieblingsdenkfallen, in die er besonders oft tappt. Sie vernebeln unser Denken und lassen uns viele Risiken völlig falsch einschätzen, sodass wir nur zu oft nicht den Mut finden, etwas anzugehen, weil wir sie überschätzen. Wirksam blockieren die Fehlurteile den Wagemut und schüren unnötige Ängste. Oder aber wir unterschätzen sie und fallen schmerzhaft auf die Nase. Sie lassen uns völlig wilde und aus der Luft gegriffene Schlussfolgerungen ziehen, die mit der Wirklichkeit nicht viel gemeinsam haben. Sie hebeln unsere Intelligenz und unseren Verstand so gründlich aus, dass wir unsere Zuflucht in wilden Hypothesen, ja sogar im Aberglauben suchen!

Das Schöne ist: Wenn man diese Denkfallen einmal kennt, kann man sich ziemlich erfolgreich davor schützen, erneut hineinzutappen. Machen Sie Bekanntschaft mit den kleinen geistigen Stolpersteinen und erwerben Sie das notwendige Repertoire, ihnen zu Leibe zu rücken und sie zukünftig – wie der Butler in dem Silvesterklassiker »Dinner for one« den Tigerkopf – elegant zu umgehen.

Wiederholung wirkt

Gestern hat Hanna mit ihrer Freundin telefoniert. Die hat ihr erzählt, dass eine gemeinsame Bekannte, die sich vor einigen Monaten mit einem Trendbüro selbstständig gemacht hatte, pleite ist. Das ist in dieser Woche schon die zweite Geschichte des Scheiterns, die sie hört. Von ihrem Cousin weiß sie ebenfalls seit heute, dass er mit seinem IT-Dienstleistungsunternehmen auf die Nase gefallen ist und sich wieder reumütig nach einer Festanstellung umsieht.

Und dann liest man ja auch in der Zeitung regelmäßig so allerhand Misserfolgsgeschichten. Na, da kann sie ihre eigenen Pläne mit der PR-Agentur ja wohl besser in den Mülleimer werfen! Die Aussichten, mit der beruflichen Selbstständigkeit erfolgreich zu sein, sind ja offensichtlich miserabel, so oft, wie das passiert ... Nein, das Risiko ist ihr zu groß.

Doch genau da macht Hanna einen großen Fehler. Wir Menschen neigen dazu, Dinge, die wir öfter hören oder lesen, für wahrscheinlicher und glaubwürdiger zu halten als seltener Wahrgenommenes. Das entrüstete, skeptische »Das hab ich ja noch nie gehört!« qualifiziert Ihre erhellende, wissenschaftlich untermauerte und somit fundierte Aussage unverzüglich als völlig unglaubwürdige Faselei ab, sosehr Sie auch auf der Richtigkeit Ihrer wichtigen Information bestehen mögen. Man hat es halt noch nie gehört, dann muss es doch eine abstruse Spinnerei sein.

In beiden Fällen – oft oder noch nie gehört, glaube ich/glaube ich nicht – reagieren wir, ohne diesen Eindruck durch eine fundierte Recherche zu untermauern. Der Denkfehler liegt in diesem vermuteten Zusammenhang zwischen Häufigkeit und Wahrscheinlichkeit beziehungsweise Glaubwürdigkeit des Eintretens. Wenn Sie bisher noch nie über das Risiko der Erkrankung an Darmkrebs nachgedacht haben, jetzt aber überraschend von einigen Fällen unter Ihren Bekannten hören, erscheint auf einmal das eigene – subjektiv gefühlte – Erkrankungsrisiko so drastisch gestiegen, dass Sie beschließen, morgen sofort einen Termin für die doch recht unangenehme Prozedur einer Darmspiegelung zu machen. Dabei hat sich an Ihrem Risiko nichts geändert, es bleibt unbeeindruckt gleich, nur abhängig von Ihren individuellen Risikofaktoren, und egal, wie oft Sie von anderen Fällen gehört haben oder nicht.

Genauso ist es mit Hannas Plänen. Ob sie scheitern wird oder nicht, hängt nicht von der Anzahl an Katastrophengeschichten ab, die sie mitbekommt. Es hängt natürlich von völlig anderen Faktoren ab: der Branche, ihrer Kompetenz und Erfahrung, ihrem Kapital, der potenziellen Kundenzahl … also von vielen sachlichen Faktoren, die bei ihr alle ganz anders aussehen können als bei den anderen Fällen.

Der Ausstieg aus der Falle

- Bleiben Sie wachsam: Sobald Sie mitbekommen, dass Ihnen etwas glaubwürdig und wahrscheinlich vorkommt, nur weil Sie es schon öfter gehört haben, halten Sie inne und überprüfen Sie Ihren Eindruck.
- Besorgen Sie sich fundierte Informationen. Wechseln Sie von reinen Annahmen, Hörensagen und Vermutungen zu harten Tatsachen.
- Benutzen Sie Ihren gesunden Menschenverstand und stellen Sie die Gemeinsamkeiten, aber auch die Unterschiede zwischen der gehörten oder gelesenen Bedrohung und Ihrer Situation fest.
- Befragen Sie vertrauenswürdige Experten.

Gut vorstellbar!

Ist Snowboarden eine gefährliche Sportart? Wahrscheinlich nicken Sie mit dem Kopf, weil Ihnen sehr schnell äußerst lebendige Schreckensszenarien einfallen, die diese Gefährlichkeit unter Beweis zu stellen scheinen. Ist Golf spielen gefährlich? Hier gucken Sie möglicherweise etwas verdutzt und konsterniert: So eine gemütliche Sportart, die auch betagte Rentner noch ausüben können, kann doch nicht gefährlich sein? Ihnen fällt nichts ein, was es gefährlich machen könnte, keine intensiven Bilder tauchen in Ihrem Kopf auf, der Bildschirm bleibt schwarz. Und doch hat auch Golf seine Tücken:

Jährlich werden immer wieder etliche Menschen nicht nur durch eine falsche Schlagtaktik krank, sondern auch durch verirrte Bälle und durch Blitzschläge zum Teil erheblich verletzt. Das trifft auch harmlose Spaziergänger – geben Sie also besser Obacht, wenn Sie sich in der Nähe eines Golfplatzes aufhalten ...

Hier besteht der Denkfehler darin, dass Sie die Wahrscheinlichkeit und Höhe des Risikos daran festmachen, wie schnell Ihnen dazu lebhafte Assoziationen kommen, wie leicht Sie es sich vorstellen können. Wenn Ihnen schnell und viel dazu einfällt, halten Sie es für wahrscheinlicher und riskanter, als wenn Sie zu etwas kein lebendiges Beispiel finden können. Ein veritabler Trugschluss: Nur weil Ihnen dazu nichts einfällt, muss das noch lange nicht heißen, dass es sich dann ja wohl um eine harmlose Sache handelt und umgekehrt.

Zwei derzeit sehr umstritten diskutierte Themen demonstrieren diesen Denkfehler recht gut: Genmanipulation und Handystrahlen. Zu beiden liegen eher spärliche Informationen und Erfahrungen bezüglich ihrer kurz- und langfristigen Gefährlichkeit für den Menschen vor. Aber die Menschen mit einer lebhaften Phantasie, die sich schnell detaillierte Horrorszenarien ganz plastisch ausmalen können, halten beide Themen für viel gefährlicher als die Zeitgenossen mit einer weniger bunten und aktiven Phantasie. Wie soll man sich auch vor etwas fürchten, dessen Gefährlichkeit man sich nicht vorstellen kann? DDT, Asbest, Contergan, Strahlung, Ozon – alles sehr nebulös, diffus und unfassbar. Man merkt nichts sofort, also wird's schon nicht so schlimm sein. Und wie soll man sich andererseits nicht vor etwas fürchten, das ein ganzes Album an Katastrophenbildern im Kopf erzeugt?

Der Ausstieg aus der Falle

- Hinterfragen Sie ehrlich, ob die hervorgerufenen Ängste auf der Kenntnis von Fakten beruhen oder nur auf Ihrer schnellen, lebhaften Phantasie.

- Besorgen Sie sich fundierte Informationen, die Ihnen helfen, das Risiko qualifiziert einzuschätzen.
- Befragen Sie Menschen, die sich mit dem Thema auskennen und damit nachvollziehbare Erfahrungen haben.
- Wenn man Ihnen etwas unbedingt als völlig harmlos unterjubeln möchte, sollten Sie sich informieren, ob nicht doch ein verstecktes Risiko existiert, und entsprechende Sicherheitsmaßnahmen einbauen.

Roulette mit System

Stellen Sie sich vor, Sie haben ein paar Euro zu viel und erfüllen sich den lang gehegten Wunsch, einmal selbst wie eine 007-Bondgespielin in einem Casino am Roulettetisch zu sitzen. Sie haben eine bescheidene Summe in kleine Chips umgetauscht und spielen schon ein Weilchen. Bisher haben Sie auf Rot gesetzt, aber es kam sagenhafte 15 Mal hintereinander Schwarz! Ha, da sind Ihre Chancen aber rasant gestiegen, denken Sie, wenn Sie nur immer weiter bei Rot bleiben. Denn allmählich muss diese Farbe doch kommen ... 20 oder 30 Mal hintereinander Schwarz kann doch einfach nicht sein, das wäre ja total unwahrscheinlich!

Das ist der Denkfehler vom Mythos der ausgleichenden Gerechtigkeit bei zufallsgesteuerten Ereignissen. Wenn so oft etwas schiefgegangen ist, muss das Schicksal doch ein Einsehen haben und das Blatt endlich wenden! Und darum sind wir auch Glückssträhnen gegenüber skeptisch. Das kann doch nicht immer so weitergehen! Wir möchten in rein zufälligen Ereignissen unbedingt ein Muster erkennen, eine gesteuerte Absicht, um scheinbar wieder mehr Kontrolle und Einfluss zu gewinnen. Verzweifelt suchen wir den Ausweg aus den Fängen des Zufalls.

So tüfteln Spieler ausgefuchste Roulettesysteme aus, mit denen sie glauben, den Zufall steuern und garantiert gewinnen zu können. Aus dem länger anhaltenden Anstieg eines Aktienkurses lesen die Börsengurus heraus, dass er ja jetzt demnächst wieder fallen müsste. Wenn schon einmal in die Wohnung eingebrochen wurde, dann glaubt man sich ab jetzt sicher, weil es doch total unwahrscheinlich ist, dass der Dieb so blöd ist und noch einmal kommt. Und der vierte Chef muss doch endlich der Knaller sein – noch so ein Versager wie die ersten drei ist doch nicht möglich!

Wir tun sogar ziemlich alberne Dinge, um diese Illusion der Beeinflussung des Zufalls zu erzeugen. Achten Sie einmal darauf: Beim Würfeln lassen Sie wahrscheinlich die Würfel ganz sanft aus der Hand kullern, wenn Sie eine kleine Zahl wie die Eins würfeln wollen. Bei einer großen wie der Sechs hingegen werfen Sie die Würfel mit viel mehr Schwung … aberwitzig, nicht? Bloß nicht hilflos dem Glück, Zufall oder Schicksal ausgeliefert sein!

Wir benutzen Talismane und Maskottchen, erfinden kleine lustige Rituale (vorher dreimal auf den Würfelbecher pusten), wir vermeiden es, auf Fugen im Pflaster zu treten, haben Glückszahlen, murmeln Beschwörungsformeln vor uns hin, klopfen auf Holz und glauben, bestimmte Farben brächten uns mehr Glück als andere. Selbst vor dem harten Geschäftsleben macht der Aberglaube nicht Halt: In vielen Hotels gibt es weder einen 13. Stock noch Zimmer mit dieser Zahl, auch etliche Fluggesellschaften nummerieren ihre Sitze, indem sie diese angeblich Unglück bringende Ziffer überspringen. Alles nur, um das Gefühl zu haben, wir könnten Einfluss nehmen und die Kapriolen des Schicksals zu unseren Gunsten manipulieren.

Dummerweise weiß Ihr Schicksal von diesem Aberglauben nichts und präsentiert Ihnen noch weiter ungerührt und statistisch korrekt 20 Mal Schwarz, bis Sie frustriert nach Hause schleichen und sich schwören, nie wieder in ein Casino zu gehen. Oder aber Sie beschließen, selbst eins aufzumachen, wenn doch die Bank immer gewinnt – auch keine schlechte Entscheidung, wenn Sie das nötige Kleingeld haben.

Es gibt sie nämlich nicht, die zufälligen Glücks- und Pechsträhnen, das abwägende Schicksal, das sich um gerechten Ausgleich bemüht, die verborgenen Muster, es gibt einfach nur mathematische Wahrscheinlichkeiten, die sich nach bestimmten Faktoren richten und nicht nach unseren Wünschen, Hoffnungen oder Befürchtungen. Und bei unserem Roulettespiel ist die Wahrscheinlichkeit für eine Farbe jedes Mal erneut zirka 50 Prozent (nicht ganz 50, wegen der sozusagen farblosen Null – deshalb gewinnt ja auf Dauer die Bank), egal, wie oft vorher die Farbe schon gekommen ist oder nicht. Wenn der Tisch nicht irgendwie manipuliert wurde, sind Ihre Chancen bei jedem neuen Rollen der Kugel immer die gleichen.

Fazit: Nur weil etwas mehrmals in einer bestimmten Ausprägung vorgekommen ist, erhöht das nicht die Wahrscheinlichkeit, dass es sich nun aber zum Guten oder Schlechten ändert. Das festgelegte Muster oder die ausgleichende Regel gibt es nicht.

Der Ausstieg aus der Falle

- Halten Sie inne, sobald Sie registrieren, dass Sie in Begriffen von Glücks- und Pechsträhne denken und in einer Reihe von Zufallsereignissen ein Muster zu erkennen glauben.
- Überprüfen Sie objektiv, welche Faktoren das Risiko beeinflussen, und welche davon Sie steuern können, welche nicht. Bedenken Sie, dass oft genug einfach der Zufall waltet, unabhängig von Ihren Hypothesen oder Ritualen.
- Misstrauen Sie falschen Experten, die Ihnen weismachen wollen, den Blick in die Zukunft zu beherrschen – manche Dinge lassen sich nun einmal überhaupt nicht vorhersagen.

Ich seh' nur, was ich will!

Isa ist ein großes Angsthäschen. Sie überlegt, ob sie mit ihrer Freundin Bea eine Reise nach Südafrika machen soll. Ein lang gehegter Traum, Landschaft und Tierwelt müssen überwältigend sein, wenn man den Bildern aus dem Fernsehen glaubt. Nun hat sie sich jedoch umfassend informiert und grübelt vor sich hin. Kriminalitätsstatistiken, mögliche Krankheiten, die politischen Verhältnisse, schlechte Qualität der Unterkünfte, wenig vertrauenswürdige Guides, die gerade allein reisende Frauen übers Ohr hauen – nein, im Moment erscheint ihr ein Urlaub dort viel zu riskant, da traut sie sich nicht hin!

Bea schätzt die Lage völlig anders ein. Sie berichtet Isa von den grandiosen Fortschritten, die die Gesellschaft dort gemacht hat, zeigt ihr Prospekte von traumhaften Lodges direkt im Reservat, Erfahrungsberichte mit fürsorglichen, ehrlichen Führern, erzählt von der in vielen Regionen gesunkenen Kriminalität. Sie ist absolut der Meinung, dass man mit ein bisschen Umsicht auch momentan dort einen absoluten Traumurlaub verbringen kann!

Selektive Wahrnehmung zur Selbstbestätigung nennt man das Phänomen dieses Denkfehlers. Die risikoscheue Isa filtert alle Informationen durch ihre angstgetönte Brille und lässt anderslautende unberücksichtigt, die risikofreudige Bea macht es genau umgekehrt. Und die beiden machen das noch nicht einmal absichtlich, und schon gar nicht bewusst.

Nein, diese selektive Filterung von Informationen schleicht sich durch die Hintertür des Unterbewusstseins ein. Wenn wir uns einmal – bewusst oder unbewusst – eine Meinung zu einem Thema gebildet, einen starken Eindruck oder eine Überzeugung gewonnen haben, dann ist unser hilfsbereites Unterbewusstsein eifrig bereit, uns nur noch das zu präsentieren, was dazu passt. Alles andere wäre ja nur störend, wir müssten uns erneut der Anstrengung des Überlegens unterziehen, gar unsere Meinung revidieren, wir wären verwirrt – nein, das möchte uns unser Unterbewusstsein wirklich nicht zumuten!

Der Ausstieg aus der Falle

- Befragen Sie sich ehrlich, ob Sie wirklich nach objektiven Informationen suchen, oder ob Sie sich nur Ihre vorgefasste Meinung bestätigen wollen.

- Spielen Sie absichtlich den Advokaten des Teufels: Suchen Sie gezielt nach Informationen, die Ihrer Einstellung widersprechen, stellen Sie kritische Fragen nach Vor- und Nachteilen, nach Chancen und Risiken.
- Bitten Sie eine Person Ihres Vertrauens – möglichst eine, die zu dem Thema tatsächlich eine andere Einstellung hat als Sie –, hart und kritisch mit Ihnen zu diskutieren, hören Sie offen zu und wägen Sie die Argumente gerecht ab.

Ach, das hab ich schon im Griff!

Eine der gefährdetsten und gleichzeitig auch gefährlichsten Spezies auf diesem Planeten ist der junge testosteronüberflutete Mann zwischen 18 und 25. Seit gestern den Führerschein in der Tasche, und heute schon mit fünf Bier und überhöhter Geschwindigkeit in Papas BMW von der Disco nach Hause gerast, diese Fehleinschätzung reißt unter Umständen nicht nur ihn allein ins Verderben. Die fatalen Gründe für dieses Verhalten: Selbstüberschätzung und Kontrollillusion.

Allerdings bleiben auch die Damen von diesem Denkfehler nicht verschont. Das erste Verkaufsgespräch mit Ach und Krach zu einem bescheidenen Abschluss gebracht, und schon glaubt die ehrgeizige neue Vertriebsmitarbeiterin, dass sie der aufgehende Stern in der Abteilung ist und bald die Leitung übernehmen wird. Durch meine Liebe und geschicktes, einfühlsames Verhalten werde ich ihn schon ändern können, glaubt die Frau, die gerade zum dritten Mal mit diversen Frakturen im Krankenhaus ist, weil ihr Mann sie volltrunken verprügelt hat. Das habe ich doch im Griff!

Zugegeben, diese Selbstüberschätzung und Kontrollillusion scheint erst einmal nur die eher risikofreudigen Zeitgenossen zu erwischen. Der zweite Blick enthüllt aber, dass auch die Angsthäschen unter uns nicht vor diesem Denkfehler gefeit sind. Was macht uns am meisten Angst? Das Gefühl, gar nichts beeinflussen zu können und einer Situation völlig hilflos ausgeliefert zu sein. Was beruhigt uns? Die Vorstellung, wenigstens in gewissen Bereichen Einfluss nehmen und die Dinge kontrollieren zu können. Also lieber alles ausblenden, was unbeeinflussbar erscheint, und auf das konzentrieren, was wir glauben, kontrollieren zu können. Und wenn man dabei die eigenen Möglichkeiten etwas übertreibt ... zumindest fühlt man sich doch beruhigter und hat die verflixte Angst ein wenig eingedämmt!

Deshalb neigen leider auch gerade die Angsthasen unter uns (und nicht nur die größenwahnsinnigen Aufschneider) zur Selbstüberschätzung, die natürlich fatale Folgen haben kann. Diese Strategie zur Angstbewältigung hat ein wenig mit der altbekannten Vogel-Strauß-Methode zu tun: Der schrecklichen Realität bloß nicht ins Auge sehen! Ersetzen Sie sie lieber durch eine sinnvollere Strategie zur Eindämmung von Ängsten; die kennen Sie ja schon aus dem vorherigen Kapitel.

Der Ausstieg aus der Falle

- Machen Sie sich klar, was Sie tatsächlich beeinflussen können und was nicht. (Natürlich können Sie aus Spaß weiterhin Ihre kleinen abergläubischen Hilfsmittel nutzen, solange Sie sich nicht einreden, sie würden immer auf die gewünschte Art helfen.)
- Bleiben Sie realistisch bezüglich Ihrer eigenen Fähigkeiten und Kompetenz. Sich zu überschätzen mag Sie beruhigen, wird Sie aber leider ziemlich sicher in den Misserfolg führen.
- Schätzen Sie ebenso die Kompetenz etwaiger Beteiligter realistisch ein. Es wäre falsch verstandene Freundlichkeit, vor eventuellen Defiziten der lieben Freundin, die Ihnen helfen möchte, die Augen zu schließen. Sie müssen es hinterher schließlich ausbaden, falls es schiefgeht.
- Holen Sie sich ein Feedback zu Ihren Kompetenzen, um Ihre eigene Einschätzung mit der etwas objektiveren anderer Menschen abzugleichen.

Was zuerst kommt, wirkt am längsten

Eine Frage zu Beginn: Der englische Wortschatz soll nach neuesten Schätzungen mehr als 750 000 Wörter enthalten, manche sprechen gar von über einer Million. Wie viele Wörter umfasst wohl der Gesamtwortschatz der deutschen Sprache? Bitte geben Sie eine Schätzung ab, bevor Sie weiterlesen.

Na, was haben Sie geschätzt? Mit hoher Wahrscheinlichkeit eine Zahl, die der genannten des Englischen recht nahe ist, nicht wahr? (Je nach Zählweise beziffert man den deutschen Wortschatz auf 300 000 bis 500 000 Wörter.) Was hier zum Tragen kommt, ist eine Ausprägung von »Wer zuerst kommt, mahlt zuerst«: Die zuerst wahrgenommene Information beeinflusst unsere Denkweise, gibt die zukünftige Richtung vor und fungiert sozusagen als Messlatte, mit der wir weitere Informationen vergleichen.

Nehmen wir an, Sie wollen sich eine Kleinigkeit gönnen und sind auf der Jagd nach einem neuen schicken Paar Schuhe. Im ersten Geschäft finden Sie auch ein traumhaftes Paar, welches Sie ganz entzückend kleidet, aber bedauerlicherweise bewegt sich der Preis in genauso schwindelerregender Höhe wie die Absätze, sodass Sie die Schuhe seufzend wieder ins Regal stellen, um sich heroisch nach einem günstigeren Paar umzusehen. Leider will Ihnen aber ab jetzt kein Paar mehr so richtig gefallen, weil Sie es immer mit diesem ersten Traummodell vergleichen. Zu guter Letzt geben Sie auf und sprengen Ihr Budget mit dem ersten Paar …

Dieser Prägungseffekt ist besonders groß, wenn wir uns in einem Thema nicht so auskennen und daher etwas orientierungslos vor den verschiedenen Möglichkeiten stehen. Wir klammern uns an den erstbesten Rettungsanker, der uns begegnet, und halten an ihm fest, als ob unser Leben davon abhinge. Und ob dieser Strohhalm etwas mit realistischen Maßstäben und Kriterien zu tun hat, bleibt leider dem Zufall überlassen. Das ist natürlich tückisch, weil so unsere Suchrichtung nach weiteren Informationen und der Rahmen, in dem wir diese betrachten, stark einseitig beeinflusst werden.

Der Ausstieg aus der Falle

- Holen Sie auf jeden Fall weitere Informationen ein, um ein Gefühl für Angemessenheit zu bekommen. Ganz werden Sie diesen Prägungseffekt wohl nicht ausschalten können, aber Sie können zumindest die Bandbreite vergrößern.
- Vertrauen Sie keinen extremen – ungewöhnlich hohen oder niedrigen – Werten. Mit an Wahrscheinlichkeit grenzender Sicherheit verbergen sich einige tückische Haken dahinter …
- Setzen Sie sich Grenzwerte – und, etwas schwieriger, halten Sie sich daran. 50 Euro im Casino, maximal 100 Euro für die Schuhe – ja, es ist nicht leicht, aber es grenzt Ihr Risiko ein.

Die beliebtesten Denkfehler des Menschen beim Umgang mit riskanten und ungewissen Themen haben wir nun behämmert und gelockert – aber leider haben wir auch noch ein paar weitere Bremsen im Kopf. Lassen Sie im nächsten Schritt einfach Ihre Vergangenheit hinter sich …

Gebranntes Kind – lösen Sie sich von unerfreulichen Erfahrungen, die Sie ausbremsen

Carmen ist überaus frustriert. Gerade hat ihr Bruder eine halbe Stunde geduldig auf sie eingeredet, um sie zu motivieren, endlich das Dauerproblem mit ihrer Mutter zu klären, das sie schon seit ewigen Zeiten bedrückt und die Begegnungen immer ziemlich verkrampft ablaufen lässt. Man umarmt sich zwar, gibt sich ein Küsschen auf die Wange, plaudert locker über verschiedene harmlose Themen – aber der Schein trügt. Immer, wenn die Sprache zum Beispiel auf den nächsten Besuchstermin kommt und sie gerade Luft holen will, um abzusagen, fängt sie einen stahlharten blitzenden Warnblick ihrer Mutter auf – und lässt es entmutigt bleiben. Die Mama pfeift, und Carmen tanzt dazu, ob sie will oder nicht.

Sie liebt ihre Mutter, gewiss, doch ist die werte Dame eine sehr temperamentvolle, besitzergreifende Frau. Jedem in der Familie, auch ihrem Vater, fällt es nicht leicht, bei der dominanten Mutter den eigenen Willen durchzusetzen. Aber die anderen tun es wenigstens, auch wenn es immer eine Menge Energie kostet. Nur sie hat aufgegeben, und jetzt konzentriert sich die Bestimmungswut ihrer Mutter hauptsächlich auf sie. Na klar, der Weg des geringsten Widerstands!

Leider ist diese Übermutter durch ihre lebenslange Übung sehr versiert darin, ihren Willen zu bekommen, und arbeitet zudem mit verschiedenen Tricks. Liebevoll besorgte Argumentation (»Ich meine es doch nur gut mit dir!«) im Wechsel mit strikter Ablehnung (»Das geht auf keinen Fall, schlag dir das aus dem Kopf.«), auch mal ein bühnenreifer Wutausbruch (»Auf mir kann ja jeder herumtrampeln, denkt ihr wohl! Nicht mit mir!«) oder ein dramatisch inszenierter Gefühlsausbruch mit Tränen, Schluchzen und Griff ans Herz sind im beachtlichen Repertoire der Dame. Garniert mit der Klaviatur der Schuldgefühle (»Wie kannst du deiner Mutter das antun …«) und dem Zuckerguss der Schmeichelei (»Du hast mich immer am besten von allen verstanden!«) bringt sie es immer wieder fertig, Carmen davon abzuhalten, ihrem eigenen Willen zu folgen, wenn dieser zufällig nicht dem ihren entspricht.

Dieser versierten Professionalität kann sie nichts entgegensetzen, denkt Carmen. Als sie 18 war, hat sie es mit allen Kräften versucht. Sie wollte unbedingt auf eine Dolmetscherschule gehen, das war immer ihr Traumberuf. Allerdings hätte sie dazu in eine andere Stadt ziehen müssen. Und das gefiel ihrer Mutter natürlich nicht. Ein paar Wochen hat Carmen alles versucht, um sie umzustimmen, aber sie ist damit kläglich gescheitert. So hat sie dann irgendwann resigniert – sie hätte die finanzielle Unterstützung ihrer gut betuchten Eltern gebraucht, weil die Schule nicht ganz billig war – und sich an der örtlichen Universität im Fach Anglistik eingeschrieben.

Verallgemeinerung von Erfahrung und Wissen

Eines hat sie damals gründlich gelernt: Gebranntes Kind, scheue auf ewig das Feuer! Sie ist in ihren Teenagerjahren dabei gescheitert, sich durchzusetzen, und hat es daher seitdem gar nicht erst wieder versucht. Einmal gescheitert, immer gescheitert! Jeglicher neue Versuch ist in ihren Augen absolut zwecklos, also ist sie von vornherein so entmutigt, dass sie sich nicht mehr traut ... Und wenn ein anderer Mensch ähnlich selbstbewusst, bestimmend und willensstark wie ihre Mutter daherkommt, wirft sie auch gleich vorsorglich die Flinte in den Müllschlucker. Gegen solche Menschen kommt sie einfach nicht an, davon ist sie überzeugt, das hat doch alles keinen Zweck!

Tückisch, tückisch! Carmen ist einem unbewussten Denkmechanismus zum Opfer gefallen, den wir alle nutzen und der grundsätzlich sehr hilfreich für uns ist, aber in diesen Fällen negativer Erfahrung leider sehr entmutigend wirkt: der Verallgemeinerung von Erfahrung und Wissen. Ohne diesen Mechanismus wären wir gar nicht lebensfähig, daher läuft er ständig im Hintergrund unseres Denkens ab, ob wir es bemerken oder nicht.

Die Pizza wird schon nicht vergiftet sein, der Stuhl wird nicht zusammenkrachen, Wasser aus dem Hahn ist in Deutschland gut trinkbar – wenn wir all diese Erfahrungen nicht verallgemeinern und ihnen vertrauen würden, könnten wir unser Alltagsleben nicht meistern.

Selbstverständlich haben unsere Verallgemeinerungen wie alle Regeln ihre Ausnahmen: Von der letzten Pizza ist Ihnen fürchterlich schlecht geworden, der Designerstuhl war wirklich nicht perfekt und ist doch auseinandergebrochen, das Wasser schmeckte im Hotel ausgesprochen sonderbar, sodass Sie doch das teure Wasser aus der Minibar vorgezogen haben. Aber all diese Ereignisse bleiben, was sie sind: Ausnahmen, die die grundsätzliche Gültigkeit der Regel nicht außer Kraft setzen.

Etwas anders stellt es sich mit den komplexeren Erfahrungen mit uns selbst, unseren Leistungen oder unseren Beziehungen mit anderen Menschen dar. Sie haben eine erste Prüfung in der Schule bestanden, noch eine zweite gar und haben daraus den Schluss gezogen, dass Sie ganz allgemein in der Lage sind, eine Prüfung mit Erfolg zu absolvieren. Der letzte Urlaub im sonnigen, entspannten Süden war sehr erholsam, also werden es die nächsten wohl auch sein. Ihre beste Freundin hat Sie noch nie im Stich gelassen, daher wird Sie auch bei Ihrem nächsten Umzug für Sie da sein und Ihr Nymphenburger Porzellan sorgfältig einpacken. Auch hier entbehrt unser verallgemeinerndes Denken ja nicht einer soliden Grundlage, nur kann es bei solchen Erfahrungen öfter einmal zu einer Ausnahme kommen, da viel mehr menschliche und sonstige Einflussfaktoren zum Tragen kommen.

Bei der nächsten Prüfung können Sie bedauerlicherweise sehr wohl durchfallen, wenn Sie sich nicht ausreichend vorbereitet haben und zudem wegen eines ausgewachsenen Katers absolut nicht in Form waren. Ihr nächster Urlaub ist womöglich die Hölle, weil der hinterlistige Herr im Reisebüro Ihnen nichts von der Superbaustelle genau gegenüber von Ihrem Hotel erzählt hat. Und Ihre beste Freundin war gar keine beste Freundin, sondern ist Knall auf Fall mit Ihrem Liebsten durchgebrannt, und Sie sitzen auf Ihrem Service für zwölf Personen, das Sie Stück für Stück an die Wand schmettern …

Menschen verändern sich

Bei diesen Verallgemeinerungen von Erfahrungen mit Menschen haben Sie keine Garantie auf gleichbleibende Ergebnisse, nur eine mehr oder minder hohe Wahrscheinlichkeit, dass es so ist und so bleiben wird, wenn die Bedingungen, Beteiligten und Umstände ähnlich bleiben. (Das Phänomen des »Das hätte ich nie von dir gedacht!« kennen Sie sicherlich auch – selbst sehr vertraute Menschen sind immer wieder für eine Überraschung gut!) Aus der Vergangenheit die Zukunft mit völliger Gewissheit fortzuschreiben geht nun mal nicht, das mussten schon viele Menschen schmerzlich feststellen. Nicht nur

Situationen und Bedingungen ändern sich laufend, sondern auch die beteiligten Menschen. »Ich will so bleiben, wie ich bin« ist ein ziemlich unsinniger, eigentlich trostloser und dem Leben widersprechender Werbeslogan – da müssten Sie sich schon auf der Stelle im künstlichen Koma einfrieren lassen, um das zu erreichen.

Daher sind diese Verallgemeinerungen als positive Erwartungshaltung sehr hilfreich, solange Sie im wohlfrisierten Hinterkopf behalten, dass Ausnahmen und Veränderungen immer möglich, ja sogar unausweichlich sind. Genauso wie zufallsgesteuerten Glücks- oder Pechsträhnen kein verborgenes Muster der ausgleichenden Gerechtigkeit innewohnt, haben Ihre Verallgemeinerungen keinen Gültigkeitsstempel bis in die Ewigkeit. Sie sollten sie öfter einmal überprüfen, ob sich an ihrer Gültigkeit auch nichts geändert hat, und sie – wenn nötig – differenzieren und anpassen. Sie selbst verändern sich laufend, Ihre Freundin und auch Ihr Liebster verändern sich laufend, daher sollten Sie diese verallgemeinerten Erfahrungen nicht als in Stein gemeißelte Zukunftsgarantie ansehen.

Die Erfahrung des Scheiterns entmachten

Aber Gott sei Dank wird auch umgekehrt ein Schuh daraus. Einmal die Verliererin, auf ewig die Verliererin ist ebenso wenig in Stein gemeißelt – welch frohe Botschaft! Nur weil Sie bisher vielleicht schlechte Erfahrungen mit dem Lernen einer Fremdsprache gemacht haben, heißt das nicht absolut zwingend, dass Sie sie mit dem richtigen Lehrer nicht doch noch gut erlernen könnten. Woher wollen Sie das wissen, ehe Sie es mit den variierten Bedingungen nicht erneut probiert haben? So wie es keine Garantie für Glück gibt, verschont Sie das Schicksal auch mit einer für Scheitern und Versagen.

Der gravierende Denkfehler ist die Annahme, dass es nur bei positiven verallgemeinerten Erfahrungen Ausnahmen gäbe, bei negativen jedoch nicht. Dahinter steckt ein gewisser Hang zum Pessimismus: Gutes hält nicht lange und Schlechtes währt dafür ewig. Murphys

Gesetz »Was schiefgehen kann, wird auch schiefgehen!« halten die Schwarzseher für die einzige bewiesene Wahrheit auf diesem Planeten. Unglücklicherweise ist das die Haltung sehr vieler Menschen, die sich dadurch das Leben unnötig schwermachen. Denn durch diese negative Erwartungshaltung unternehmen sie erst gar nichts, was diese Kette an Miseren und Misserfolgen unterbrechen könnte, im Gegenteil, sie tragen unfreiwillig viel dazu bei, damit es auch ja so bleibt.

Deshalb müssen wir unsere arme Carmen wohl ein wenig unterstützen und aufklären. Beobachten wir einmal, wie sie die einschneidende desolate Erfahrung ihres Scheiterns als Teenager wieder ein bisschen differenzierter sieht und in ihrer Wirkung entschärft, Mut für einen neuen Versuch schöpft und sich für die Zukunft neue Erfolgserfahrungen erschließt.

Dazu wird sie in ihrem Kopf ein bisschen mit den Bildern ihrer Erinnerung herumspielen und sie verändern. Verblüffenderweise hat es sich nämlich herausgestellt, dass die Art und Weise, wie wir innerlich unsere Erinnerungsfilme sehen und hören, sich ganz entscheidend auf die davon erzeugten Gefühle auswirkt. Vielleicht haben Sie wie fast alle Menschen auch Angst vor Schlangen? Dann stellen Sie sich bitte ein besonders furchterregendes Exemplar vor: ein scharfer Film mit kräftigen Farben, überlebensgroß, direkt vor Ihren Augen riesig die züngelnde, zischelnde Schlange. Ganz schön bedrohlich, nicht wahr?

Jetzt verkleinern Sie das Bild bitte, dämpfen die Farben, schieben es ziemlich weit von sich, schalten noch die Weichzeichnerfunktion ein und spielen statt des Zischelns eine romantische Musik ein. Das Monster ist zwar noch nicht ganz zu einem niedlichen Kuscheltier mutiert, seine Bedrohlichkeit hat sich aber der eines Regenwurms angenähert. Dieser Trick funktioniert mit all unseren inneren Bildern: die Codierung beeinflusst maßgeblich die Wirkung auf uns. Also warum nicht die alten Schlangen der Vergangenheit zu putzigen, harmlosen Würmchen machen?

Lauschen Sie unserem Gespräch, ehe Sie im Anschluss daran Ihre eigenen schlechten Erfahrungen entschärfen.

Schlechte Erfahrungen entschärfen am Beispiel Carmen

1. *Holen Sie sich die belastende, ausschlaggebende Erinnerung auf Ihren inneren Bildschirm.*

Lassen Sie sie wieder in sich lebendig werden, hören Sie genau hin, was andere Beteiligte sagen, was Sie sich innerlich selbst sagen. Spüren Sie auch nach, was Sie empfinden.
Tja, in diesem letzte Gespräch über die Dolmetscherschule hat meine Mutter gesagt, das Thema wäre endgültig erledigt, weil ich noch viel zu jung sei, um auszuziehen und allein in einer anderen Stadt zu leben. Ich habe versucht, ihr zu erklären, dass das nicht stimmt, aber sie sagte nur, dass es zu meinem Besten wäre, wenn ich noch bei meinen Eltern bliebe. Ich habe klein beigegeben – wenn ich einfach so trotzdem gegangen wäre, hätte das meine Eltern sehr verletzt, und das wollte ich auch wieder nicht. Aber ich war ganz schön deprimiert! Das kann ich gut verstehen, das wäre wohl jedem so gegangen. Aber jetzt waren Sie es lange genug, nicht wahr? *Oh ja, das stimmt haargenau!*

2. *Analysieren Sie die Erinnerung von außen, als würden Sie ein Video von sich betrachten.*

- **Stehen Sie mitten im Geschehen oder sehen Sie sich von außen wie auf einem Video von sich? Wenn Sie auf der Bühne stehen, springen Sie herunter und setzen sich in Ihren inneren Kinosessel. Von außen hat man immer einen viel klareren Blick, als wenn man als Beteiligte mittendrin im Drama steckt.**

Gut, ich habe mittendrin gesteckt, aber jetzt sehe ich mich von außen. Mann, das deprimierte Gefühl ist tatsächlich schon viel schwächer! Verblüffend, nicht? Ja, und eine absolute Erleichterung!

Analysieren Sie die Situation wie eine gute Freundin Ihrer selbst.

- **Was wollte die andere Person für sich Gutes erreichen? Welches Motiv steckte dahinter?**

  Sie wollte wie üblich alles kontrollieren! Sie wollte, dass es wieder mal nach ihrer Nase geht! Ruhig Blut, meine Liebe! Denken Sie an Ihre Rolle als Beraterin von außen, springen Sie bitte nicht wieder auf die Bühne mitten ins Drama zurück! *Ja gut, ich steige ja schon wieder aus. Jetzt so von außen kann ich sehen, dass es meiner Mutter wohl nicht nur um Kontrolle und die Sorge um mich ging, sondern dass sie nicht wollte, dass auch ihr letztes Kind auszieht. Sie hatte wohl Angst vor dem Alleinsein ... und dass keiner mehr für sie da ist, wenn ich in eine andere Stadt ziehe.*
- **Können Sie dieses Bedürfnis akzeptieren und der anderen Person verzeihen? Damit akzeptieren Sie noch lange nicht die Mittel, mit denen sie das getan hat oder tut. Gestehen Sie der anderen Person zu, für ihre Bedürfnisse zu kämpfen wie Sie auch. Sie beide haben damals einfach nur versucht, ihr Bestes zu tun, Sie waren aber beide nun einmal nicht perfekt.**

  Das Bedürfnis nach Kontrolle soll ich akzeptieren? Niemals! Halt, runter von der Bühne; Sie wissen doch schon, dass es gar nicht darum ging! Sondern vielmehr um? *Angst vor dem Alleinsein und Liebe, stimmt. Dass eine Mutter, die ihre Kinder liebt, sie regelmäßig sehen möchte, kann ich gut verstehen. Aber dass sie mich dazu so manipuliert und meinen Berufstraum geopfert hat, ist schon ein starkes Stück!* Da haben Sie sicher Recht. *Ich liebe sie, aber ich will mich nicht weiter von ihr manipulieren lassen.* Sollen Sie auch nicht, das ist ja Sinn der Sache. *Ihre Mutterliebe hingegen – klar, die finde ich sogar schön. Ist ja gar nicht mehr so selbstverständlich, dass Mütter ihre Kinder lieben. Und sie hat wirklich sehr viel für uns getan! Vielleicht hat sie ja wirklich nur mein Bestes gewollt.*
- **Was wollten Sie für sich erreichen? Was war Ihr Motiv?**

  Klar wollte ich wirklich Dolmetscherin werden, das war damals mein Traum. Seien Sie ehrlich – war das wirklich alles? *Nee, stimmt, wenn ich jetzt so als Beobachterin mit Abstand hinschaue ... ich glaube, ich wollte auch unbedingt weg von meiner Mutter. Endlich auf eigenen*

Füßen stehen, allein entscheiden, mein Leben selbst bestimmen. Und das hat sie bestimmt gespürt und hatte deshalb so viel Angst vor meinem Auszug.

- **Was haben Sie tatsächlich auch mit Ihrem Scheitern Positives erreicht?**

  Das ist aber eine verflixt schwierige Frage! Ja, stimmt absolut. Aber damit Sie nicht Ihr Leben lang auf sich sauer sind, ist es wichtig, auch darauf eine Antwort zu finden, es zu erkennen und zu akzeptieren. *Was war also gut an meinem Scheitern ... hmm, ich hätte meiner Mutter sehr wehgetan, wenn ich gegangen wäre. Und – ja, bin ich mal weiter ehrlich – ich hätte sie wohl wirklich vernachlässigt – also war mein Scheitern insofern gut, dass wir uns trotz meiner Wut auf sie nicht völlig entfremdet haben, schätze ich. Damit hätte ich auch nicht leben wollen!*

- **Ist das für Sie in Ordnung? Akzeptieren Sie, dass Sie damals einem anderen Bedürfnis den Vorrang vor dem eigentlich beabsichtigten gegeben haben.**

  In Ordnung? Nun, ich weiß nicht so recht ... ich habe wohl irgendwie gespürt, dass meine Liebe zu meiner Mutter mir in dem Moment wichtiger war als der Auszug zu Hause. Sonst hätte ich es ja auf einen Bruch ankommen lassen und wäre gegangen. Ja, das ist okay – trotzdem wünsche ich mir, mir wäre noch etwas anderes eingefallen, als klein beizugeben. Ein sehr verständlicher Wunsch. Und für die Zukunft werden Sie sich auch neue Lösungen einfallen lassen, warten Sie nur ab!

- **Was hat der anderen Person damals gefehlt, um anders mit der Situation umzugehen?**

  Meiner starken Mama soll etwas gefehlt haben? Ja, natürlich, denn sonst hätte sie ja konstruktiver und offener mit dieser Situation umgehen können. *Ach, so ist das gemeint. Nun – sie hätte den Mut haben sollen, mit mir zu reden! Mann, dass sogar meine Mama ab und an der Mut zu etwas fehlt ... erstaunlich! Ich hätte doch bestimmt Verständnis für ihre Ängste gehabt und ihr versprochen – und es unter diesen Umständen auch getan –, sie oft zu besuchen. Sie hätte wohl mehr Vertrauen in mich haben sollen.*

- **Was hat Ihnen damals gefehlt, das Sie jetzt haben?**
  Damals, als Teenager, habe ich das mit Sicherheit alles nicht so verstanden. Tja, ich denke, den Durchblick und die Offenheit, über solche Ängste und Gefühle miteinander zu sprechen, und den Mut, das auch zu tun, die hatte ich mit 18 noch nicht. Die Offenheit habe ich mittlerweile, Durchblick glaube ich auch, aber den Mut – da bin ich mir aber gar nicht sicher, dass ich den zusammenkratzen kann! Nur Geduld, den graben wir auch noch in Ihnen aus.
- **Was würden Sie sich von hier aus, als ältere, erfahrenere Person raten?**
  So hier von außen in der Rückschau erscheint alles ganz klar: Ich sollte mit ihr reden, ihr mein Verständnis und meine Liebe zeigen, aber auch darauf bestehen, dass sie akzeptieren muss, dass ich über mein Leben selbst bestimme.

3. Entschärfen Sie das unangenehme Bild.

Stoppen Sie den Film und reduzieren Sie ihn auf ein Standbild. Schalten Sie den Dialog aus und spielen Sie stattdessen ein hübsches Kinderliedchen ein. Lassen Sie die Farben zu einem altmodischen Sepiabraun verblassen. Verkleinern Sie das Bild und schieben Sie es in den Hintergrund. Verzieren Sie es mit einem schönen Rähmchen. Experimentieren Sie, wenn nötig, so lange herum, bis aus dem unangenehmen Gefühl ein Gefühl der Belanglosigkeit geworden ist.

Wow, dieser Trick ist ja genial! Kann man das mit allen unangenehmen Erinnerungen machen? Ja, kann man. Nehmen Sie sich das ruhig für später vor. *Wirkt wirklich super. Das Bild berührt mich fast gar nicht mehr!*

Machen Sie sich klar, dass Sie ab jetzt genauso gut erfolgreich in solchen Situationen sein können. Das damalige Scheitern ist völlig irrelevant für die Zukunft.

Dass das stimmt, glaube ich jetzt. Es ist ja ein gewaltiger Unterschied zwischen dem 18-jährigen Teenager und mir heute. Ich habe in der Zwischenzeit so viel dazugelernt und mich geändert ... ja, warum sollte ich eigentlich nicht mittlerweile anders und erfolgreicher handeln können?

4. Suchen Sie neue Lösungen für die Zukunft.

- **Wie können Sie die Bedürfnisse der Beteiligten in Zukunft auf andere Art, ohne die bisherigen Nachteile für Sie, sicherstellen? Lassen Sie Ihrer Kreativität freien Lauf und finden Sie mindestens drei Möglichkeiten, wie Sie ab jetzt anders und flexibel mit der Situation umgehen können.**
  Ob mir da was einfällt? Gut, die erste Möglichkeit ist, dass ich meinem eigenen Rat folge und mit meiner Mutter offen spreche, wo sie mich zu sehr einengt. Und jetzt noch zwei? Ja, es ist nämlich so: Eine Möglichkeit ist ein Zwang, bei zweien ist man in einem Dilemma, und erst ab dreien beginnt die echte Wahlfreiheit und somit hohe Flexibilität im Verhalten. *Interessant, war mir gar nicht so bewusst. Also Möglichkeit zwei. Ich könnte ihr gleich von mir aus sagen, wann ich das nächste Mal komme, und jede weitere Diskussion darüber ablehnen.* Sehr gut, und jetzt noch eine dritte! *Mannomann, das ist aber schwierig ...* Nur Geduld, vertrauen Sie Ihrer Kreativität. *Ha, jetzt hab ich's endlich! Ich könnte ihr anbieten, mit ihr einen Wochenendurlaub zu machen – da merkt sie dann ja auch, dass ich gern mit ihr zusammen bin. Und mir würde das sogar auch Spaß machen.*
- **Spricht irgendetwas dagegen, ab jetzt so zu agieren?**
  Ich habe ein wenig Bedenken, ob ich das mit dem Gespräch so auf Anhieb richtig hinkriegen würde. Die anderen beiden kann ich mir gut vorstellen.
- **Wenn ja, modifizieren Sie die Lösungen so lange, bis alles passt.**
  Puh, wenn doch bloß mein Bruder dabei sein könnte – der kann einem super den Rücken stärken und auch toll mit meiner Mutter umgehen. Aber das wäre wohl nicht so geschickt ... ha, aber ich könnte das Gespräch vorher mit meinem Bruder üben – das ist es!
- **Was brauchen Sie an Ressourcen und Fähigkeiten, um diese neuen Möglichkeiten auszuprobieren?**
  Mut, Mut, Mut! Und Gelassenheit, damit ich nicht aufbrause, wenn sie wieder mit ihren Tricks anfangen will. Das müsste eigentlich reichen.
- **Aktivieren Sie sie mit dem Turboaktivator aus Kapitel 4.**

Okay, den kenne ich ja schon. Das geht mittlerweile ganz schön schnell!

5. *Stellen Sie sich die nächste derartige Situation vor.*

   Holen Sie sich die nächste Gelegenheit dieser Art vor Augen. Starten Sie wieder Ihren Film, aber jetzt rufen Sie erst wieder Ihr Stichwort aus dem Turboaktivator auf, das Ihre benötigten Stärken aktiviert. Lassen Sie sich überraschen, wie Sie ab jetzt mutiger mit dieser Situation umgehen werden.
   Nächsten Sonntag ist es wieder so weit ... ich kann mir von meiner Seite aus so ein Gespräch wirklich gut vorstellen. Wird spannend, wie meine Mutter dann tatsächlich reagieren wird! Sicherlich anders, als ich es mir jetzt so vorstelle, aber für uns beide ist es ja etwas total Neues, so miteinander zu reden. Mehr Klarheit schaffen können wir bestimmt, davon bin ich überzeugt. Mensch, ich traue mir ja wirklich zu, dabei erfolgreich zu sein! Das motiviert auch noch für andere Gelegenheiten! Dann herzlichen Glückwunsch! Vielen Dank für Ihre Ehrlichkeit und Offenheit und viel Erfolg für die Zukunft. *An den habe ich gerade begonnen zu glauben ... Danke!*

Jetzt geht es Ihrem Archiv mit den schlechten Erfahrungen an den Kragen – machen Sie es wie Carmen und befreien Sie sich von irrelevanten falschen Verallgemeinerungen. Im Folgenden der Prozess noch einmal im Überblick:

Schlechte Erfahrungen entschärfen

1. **Holen Sie sich die belastende, ausschlaggebende Erinnerung auf Ihren inneren Bildschirm.**

   Lassen Sie sie wieder in sich lebendig werden, hören Sie genau hin, was andere Beteiligte sagen, was Sie sich innerlich selbst sagen. Spüren Sie auch nach, was Sie empfinden.

2. Analysieren Sie die Erinnerung von außen, als würden Sie ein Video von sich betrachten.

Stehen Sie mitten im Geschehen oder sehen Sie sich von außen wie auf einem Video von sich? Wenn Sie auf der Bühne stehen, springen Sie herunter und setzen sich in Ihren inneren Kinosessel. Von außen hat man immer einen viel klareren Blick, als wenn man als Beteiligte mittendrin im Drama steckt. Analysieren Sie die Situation wie eine gute Freundin Ihrer selbst.

- Was wollte die andere Person für sich Gutes erreichen? Welches Motiv steckte dahinter?
- Können Sie dieses Bedürfnis akzeptieren und der anderen Person verzeihen? Damit akzeptieren Sie noch lange nicht die Mittel, mit denen sie das getan hat oder tut. Gestehen Sie der anderen Person zu, für ihre Bedürfnisse zu kämpfen wie Sie auch. Sie beide haben damals einfach nur versucht, ihr Bestes zu tun, Sie waren aber beide nun einmal nicht perfekt.
- Was wollten Sie für sich erreichen? Was war Ihr Motiv?
- Was haben Sie tatsächlich auch mit Ihrem Scheitern Positives erreicht?
- Ist das für Sie in Ordnung? Akzeptieren Sie, dass Sie damals einem anderen Bedürfnis den Vorrang vor dem eigentlich beabsichtigten gegeben haben.
- Was hat der anderen Person damals gefehlt, um anders mit der Situation umzugehen?
- Was hat Ihnen damals gefehlt, das Sie jetzt haben?
- Was würden Sie sich von hier aus, als ältere, erfahrenere Person raten?

3. Entschärfen Sie das unangenehme Bild.

Stoppen Sie den Film und reduzieren Sie ihn auf ein Standbild. Schalten Sie den Dialog aus und spielen Sie stattdessen ein

hübsches Kinderliedchen ein. Lassen Sie die Farben zu einem altmodischen Sepiabraun verblassen. Verkleinern Sie das Bild und schieben Sie es in den Hintergrund. Verzieren Sie es mit einem schönen Rähmchen. Experimentieren Sie, wenn nötig, so lange herum, bis aus dem unangenehmen Gefühl ein Gefühl der Belanglosigkeit geworden ist.
Machen Sie sich klar, dass Sie ab jetzt genauso gut erfolgreich in solchen Situationen sein können. Das damalige Scheitern ist völlig irrelevant für die Zukunft.

4. **Suchen Sie neue Lösungen für die Zukunft.**

- Wie können Sie die Bedürfnisse der Beteiligten in Zukunft auf andere Art, ohne die bisherigen Nachteile für Sie, sicherstellen? Lassen Sie Ihrer Kreativität freien Lauf und finden Sie mindestens drei Möglichkeiten, wie Sie ab jetzt anders und flexibel mit der Situation umgehen können.
- Spricht irgendetwas dagegen, ab jetzt so zu agieren? Wenn ja, modifizieren Sie die Lösungen so lange, bis alles passt.
- Was brauchen Sie an Ressourcen und Fähigkeiten, um diese neuen Möglichkeiten auszuprobieren? Aktivieren Sie sie mit dem Turboaktivator aus Kapitel 4.

5. **Stellen Sie sich die nächste derartige Situation vor.**

Holen Sie sich die nächste Gelegenheit dieser Art vor Augen. Starten Sie wieder Ihren Film, aber jetzt rufen Sie erst wieder Ihr Stichwort aus dem Turboaktivator auf, das Ihre benötigten Stärken aktiviert. Lassen Sie sich überraschen, wie Sie ab jetzt mutiger mit dieser Situation umgehen werden.

Nun aber von der Vergangenheit auf zu den neuen Ufern der Zukunft – kommen Sie den entmutigenden hohen Erwartungen auf die Schliche!

Realismus statt Perfektionismus – manche Messlatten sollten Sie wirklich tiefer hängen

Julia wohnt in einer kleinen Zweizimmerwohnung. Ein kuscheliges, perfektes kleines Nest, aber seit sie nebenher freiberuflich für eine Internetfirma arbeitet, ist es viel zu klein geworden. Sie hat sich einen Arbeitsplatz mit etlichen Geräten eingerichtet; der PC, Scanner, Drucker, Bildschirm und all das nehmen sehr viel Raum ein. Platz für einen extra Schreibtisch hat sie nicht, also musste notgedrungen der Esstisch zum Schreibtisch umfunktioniert werden.

Früher hat sie gerne Freunde bekocht, aber seit ihrer Nebentätigkeit hat sie kaum noch Gäste. Nicht, weil sie dazu keine Zeit mehr hätte. Nur – wo soll sie mit ihnen essen, wenn sie nicht vorher all ihre Geräte deinstalliert und für den Abend ins Schlafzimmer stopft? Ihr geht es ohnehin auf die Nerven, dass aus ihrem gemütlichen Wohn-/Esszimmer ein mittlerer Gerätepark geworden ist.

Da sie gut verdient, hat sie beschlossen, sich eine größere Wohnung zu suchen und umzuziehen. Das hat sie allerdings schon vor einem Dreivierteljahr beschlossen und sich seither auch unzählige Wohnungen angeschaut. Quasi ihre gesamte Freizeit verbringt sie mit der Wohnungssuche, aber bisher hat sie sich noch nicht zu einer Entscheidung durchringen können. Sie will nämlich keinesfalls eine Fehlentscheidung treffen. Was ja durchaus verständlich ist.

Dabei weiß sie genau, was sie will. Sie ist das Wohnungsprojekt generalstabsmäßig angegangen und hat als Erstes eine Kriterienliste erstellt: Stadtviertel, bevorzugte Straßen, Himmelsrichtung, Stockwerk, Mindestgröße, Altbau mit Balkon, Helligkeit, Ruhe, Fußbodenbelag, Haustiere ja/nein, Infrastruktur, Nachbarn, Erreichbarkeit mit öffentlichen Verkehrsmitteln, Entfernung zum Arbeitsplatz, Heizsystem, Briefkastengröße, Aussicht aus dem Wohnzimmer und natürlich der Mietpreis – es gibt nichts, worüber sie sich keine genauen Gedanken gemacht und von dem sie nicht eine glasklare Vorstellung hat.

Und das ist das Problem. Denn leider hat bisher keine der Wohnungen, die sie besichtigt hat, in allen Punkten ihren Vorstellungen entsprochen. Zwei Quadratmeter zu klein, morgens zu dunkel, nachts zu laut, ein komisch aussehender Nachbar, kein Parkett im Schlafzimmer, hässliche Fliesen im Bad, irgendwie kein Flair, blöd geschnitten mit zu großem Flur; immer gab es einen Punkt, der ihr nicht so gefallen hat. Nein, das Optimum – die perfekte Wohnung für die nächsten 20 Jahre – war noch nicht dabei.

Ein oder zwei Mal war sie kurz davor, eine Wohnung zu nehmen. Aber dann kamen ihr doch wieder Zweifel: Was, wenn sie doch noch eine bessere fände, wenn sie nur noch ein oder zwei Wochen weitersuchen würde? Sie kann unmöglich schon alle Wohnungen im Angebot gesehen haben! Es ist für sie eine schreckliche Vorstellung, sich mit weniger als der absolut perfekten Traumwohnung zufriedenzugeben. Nein, entweder hundert Prozent oder gar nichts, drunter tut sie es nicht. Und deshalb traut sie sich nicht, eine nur fast perfekte Wohnung zu nehmen, lebt zunehmend beengt und genervt in ihrer zu kleinen Bude und sucht weiter …

Weg vom lähmenden Perfektionismus

Eine perfektionistische Messlatte in einer Höhe, die selbst bei schwindelfreien Menschen einen Anfall von Höhenangst erzeugt, ist eine extrem wirksame Mutbremse, die selbst die größte Heldin im Universum noch vom kleinsten Unterfangen abhalten kann. Sie sind nicht sicher, ob Sie in der neuen Sportart, die Sie ausprobieren möchten, auch binnen kürzester Zeit das Niveau einer olympischen Goldmedaillengewinnerin erreichen werden? Na, dann lassen Sie es doch entmutigt lieber gleich bleiben, bringt ja eh nichts, wäre doch vergebene Liebesmüh. Wie Julia wagen Sie nicht, etwas anzufangen oder zu entscheiden, wenn Sie nicht eine hundertprozentige Absicherung für Erfolg haben: »Ohne Garantie, dass es perfekt wird, trau ich mich nicht!« ist das zentrale Motto. Denn mit weniger könnten Sie nicht leben, Sie nicht. Andere sind vielleicht mit jämmerlichem Durchschnitt zufrieden, aber halten wir es ruhig noch einmal fest: Sie nicht.

Da haben wir leider schon einen gravierenden Denkfehler: Wenn Sie nur mit Perfektion zufrieden sind, jagen Sie eine Chimäre. Perfektion ist in unserer Welt das Einhorn, von dem viele träumen, das aber noch keiner nachgewiesenermaßen gesehen hat. Und was es leider auch nicht gibt, ist diese hundertprozentige Garantie auf hundertfünfzigprozentigen Erfolg. Alle Menschen, leider auch Sie, müssen damit leben, dass man auch ohne Erfolgsgarantie mal etwas wagen muss.

Ein perfektionistischer Denkansatz geht von zwei wackligen Voraussetzungen aus: Erstens, dass es eine perfekte Lösung gibt, und zweitens, dass man sie auch rechtzeitig finden kann. Beides ist jedoch meistens nicht der Fall. Es ist schon unwahrscheinlich, dass es die perfekte Wohnung, die Julia sich vorstellt, bereits gibt, aber selbst wenn es sie gäbe, ist es unwahrscheinlich, dass sie sie in einer akzeptablen Zeit auch findet, so intransparent, wie der Wohnungsmarkt nun einmal ist. Und das gilt für fast alle Themen – die Informationsflut ist so riesig und gleichzeitig so undurchschaubar, dass Sie nie sicher sein können, ob Sie wirklich das Optimum gefunden haben.

Dummerweise kommen Sie so zu sehr viel weniger als Menschen mit einer niedrigeren Messlatte. Klar, wenn einem Perfektion so wichtig ist, findet man eben selten den Mut, etwas zu unternehmen, was dann möglicherweise weit am perfekten Ergebnis vorbeischrammt. Was dann ja zudem Ihre Schuld wäre. Erfolg wird von den perfektionistisch orientierten Menschen nämlich oft den Umständen, Glück oder Zufall zugeschrieben, Misserfolg aber ausschließlich sich selbst. Sie haben entschieden, Sie müssen daher die verheerenden Folgen auf Ihre Kappe nehmen. Das ist natürlich bitter, deshalb riskieren Sie lieber nichts, bei dem man gemessen am Maßstab der Perfektion scheitern könnte.

Und selbst wenn sie sich endlich getraut haben und sogar ein tolles Ergebnis vorweisen können, liegt die Zufriedenheit der perfektionistischen Optimierer weit hinter der der etwas weniger anspruchsvollen Zeitgenossen mit auch hohen, aber realistischen Erwartungen zurück. Durch ihre umfangreiche Suche nach allen nur denkbaren Möglichkeiten, Garantien und Aspekten wissen sie ja genau, was alles geht, was es alles gibt. Und deshalb wissen sie auch genau, was sie alles von dem denkbar Möglichen nicht geschafft, erreicht oder bekommen haben.

Stellen Sie sich vor, Sie haben sich im Internet in die Partnersuche gestürzt und geduldig ungeheuer viele Profile möglicher passender Kandidaten studiert. Es folgt ein reger E-Mail-Verkehr mit einigen Topprinzen, gar einige persönliche Treffen. Alle Kandidaten der engeren Wahl gefallen Ihnen ganz gut, jetzt muss man sich erst noch näher kennenlernen, um zu merken, ob auf Dauer der Funke überspringt und zur Verliebtheit auflodert. Irgendwann haben Sie sich mutig für einen Versuch mit Nico entschieden, aber ... Dieter ist eigentlich unterhaltsamer, Andreas sieht besser aus und ist sportlicher, Hajo verdient viel mehr, Fritz ist gebildeter, Sepp hat zwar einen blöden Namen, ist aber romantischer ... armer Nico! Er wird die ganze Zeit mit einem Geisterheer aus Rivalen mit anderen Vorzügen in Ihrem Kopf verglichen und hat kaum Chancen, diesen aussichtslosen Kampf zu gewinnen.

Tut er auch nicht. Sie geben nämlich irgendwann frustriert die Suche nach dem Traumprinzen auf, weil Sie dem Phänomen »Paralyse durch Analyse« erliegen. Wie sollen Sie aus den Millionen von Heiratskandidaten, die durch das Internet weltweit potenziell zur Verfügung stehen, denn auch den optimalen herausfischen? Riesige Vielfalt und die damit geschwundene Chance, den Allerbesten zu finden, kann so extrem entmutigend und frustrierend sein, dass Sie sich lieber dem ungeliebten Singledasein unterwerfen, als weiterhin mit der Qual der Ungewissheit einer womöglich nicht perfekten Wahl leben zu müssen.

Damit Sie in Zukunft aber nicht einsam Ihr Dasein fristen müssen, ist es an der Zeit, die perfektionistische Messlatte tiefer zu hängen: auf ein selbstverständlich immer noch anspruchsvolles, aber realistisches Niveau. Bei der wirklichkeitsnahen Erwartung bestehen reelle Chancen, dass Sie das, wozu Sie sich mutig durchringen, auch erreichen und zufrieden damit sein werden. Zuerst einmal gilt es, den zentralen Denkfehler der perfektionistischen Angsthäschen »Ohne Garantie, dass es perfekt wird, trau ich mich nicht!« mittels der Provokation durch fiese Kommentare zu knacken, ehe es noch eine kleine Entscheidungshilfe für Ex-Perfektionistinnen in spe gibt.

Provokante Kommentare zum Knacken überzogener Denkmuster

Überzogene Denkmuster sind letztendlich absurd und völlig realitätsfern – indem man durch provozierende Kommentare, die mit ebenso absurden Mitteln arbeiten, diese Absurdität aufzeigt, kann man sie erfolgreich aufweichen. Das Aufzeigen skurriler Konsequenzen, maßlose Übertreibung, sonderbare Perspektiven, schräge Interpretationen dienen als Waffen, um das verzerrte Denkmuster zu bekämpfen und die völlige Irrationalität dahinter bewusst zu machen. Manchmal wirkt schon der erste Kommentar, manchmal braucht es ein paar, die den individuellen zentralen Punkt treffen. Ist dieser aber erwischt, ähnelt es einer kleinen Erleuchtung: Das verdutzte »Ahh, so hab ich das noch nie gesehen …« zeigt an, dass die Bemerkung irgendwie ins Schwarze getroffen hat und die Überzeugung arg ins Wanken geraten ist.

Wenn also erst einmal durch diese Provokationen der gesunde Menschenverstand wieder zugeschaltet wurde, hat die verzerrte Überzeugung keine Glaubwürdigkeit und Wirkung mehr und muss modifiziert werden. Provokation ist somit ein sehr wirksames Hilfsmittel, um über den Umweg des Widerstands und des bizarren Humors Energie freizusetzen, die dann letztendlich gegen die blockierende Überzeugung wirken kann. Zum Schluss wird sich eine modifizierte Überzeugung ergeben, die nicht mehr diesen absoluten, zwanghaften Charakter hat.

Sie können diese kleine Provokation entweder allein mit Ihrem inneren Teufelsadvokaten machen, aber auch mit einer guten Freundin/einem guten Freund, wenn Sie fest versprechen, dass Sie ihr oder ihm die ätzenden Kommentare nicht ernstlich übelnehmen, sondern immer den heilsamen Zweck dahinter im Auge behalten. Kommentare zum Knacken überzogener Denkmuster am Beispiel von Julias perfektionistischem Angsthasenmotto »Ohne Garantie, dass es perfekt wird, trau ich mich nicht!« finden Sie in der folgenden Tabelle.

Fiese, provokante Kommentare

Fiese Kommentaranweisung	Beispiel Perfektionismus
Unterstellen Sie eine böse Absicht.	Schätzchen, das sagst du doch nur, damit wir anderen blöd dastehen und du nie, du Egoistin!
Zeigen Sie die absurden Folgen dieser Denkweise auf.	Du Arme! Dann dürftest du morgens gar nicht aufstehen, denn eine Garantie, dass du allein schon die nächste Sekunde perfekt meistern wirst, hast du doch auch nicht!
Lenken Sie die Aufmerksamkeit auf ein nicht gewünschtes Resultat.	O je, wer so denkt, ist leider absolut ungeeignet, Kinder in die Welt zu setzen – welches Kind ist schon perfekt?
Weisen Sie darauf hin, dass es viel wichtigere Dinge gibt.	Mal ehrlich, meine Liebe, wen interessiert schon deine Perfektion – es versucht zu haben ist viel wichtiger, selbst wenn man scheitert. Dabei sein ist alles!
Beweisen Sie der Sprecherin liebevoll, dass sie lügt.	Na, du Schelm hast dich ja auch getraut, dich mit mir anzufreunden – ohne Garantie vorab, dass unsere Freundschaft auch wirklich ewig halten wird!

Fiese Kommentaranweisung	Beispiel Perfektionismus
Führen Sie an, dass vernünftige andere Menschen nicht so denken.	Gott sei Dank haben deine werten Eltern nicht so gedacht, sonst gäbe es dich nämlich gar nicht.
Verbeißen Sie sich in ein absurdes Detail.	Aber klar, wie hättest du diese Garantie gern – schriftlich, Arial 12 Punkt, in dreifacher Ausfertigung, mit Wachs versiegelt und bei einem Notar hinterlegt?
Verallgemeinern Sie die Aussage übermäßig.	Du machst also gar nichts ohne Garantie – noch nicht einmal schlafen oder die Zähne putzen?
Zeigen Sie die Folgen auf, wenn jeder so denken würde.	Wenn das eine Maxime für alle Menschen wäre, wären wir noch nicht einmal beim aufrechten Gang angelangt.
Fragen Sie, was man tun muss, um auch so zu denken.	Gib mir bitte einen Tipp: Bei welchem Gehirnchirurgen muss ich mich operieren lassen, um diese denkwürdige Aussage zu glauben?
Merken Sie an, was Ihnen immer noch lieber wäre als so ein Blödsinn.	Lieber mal riskant was getraut als immer in die perfekte leere Röhre geschaut! Lieber falle ich bei einem Blind Date auch mal auf die Nase, als als einsame Jungfer garantiert zu versauern!
Ziehen Sie einen schmählichen Vergleich.	Einer muss es dir ja mal sagen – deine Perfektionsgarantie ist doch genauso utopisch wie silberne Ufos mit kleinen grünen Männchen.
Definieren Sie die Ursache um.	Pah, gib es doch zu: Dir fehlt es nicht an Mut – du bist nur zu faul!
Starten Sie einen Gegenangriff.	Und wer, meine Liebe, garantiert mir, dass du dich wirklich trauen würdest, wenn du deine vermaledeite Garantie hättest?

Julias neues Motto: »Angst einjagen gilt nicht – dann ist es eben nicht perfekt, na und?« Bravo, liebe Julia! Der zentrale gordische Knoten ist zerschlagen. Aber nun braucht sie vielleicht noch etwas Hilfe, um ihre perfektionistischen Gewohnheiten beim Entscheiden einzudämmen – Umdenken kann sehr schnell gehen, Gewohnheiten im Verhalten sind da erfahrungsgemäß ein wenig langsamer, da sie sozusagen automatisiert ablaufen. Einmal gestartet, spulen sie sich im Hintergrund ab und sind dann nicht mehr so leicht zu stoppen. Um sich davor zu schützen, wieder in die Gewohnheitsfalle der Optimierer »Paralyse durch Analyse« zu tappen, eignet sich ein schlanker Entscheidungsprozess, der eine elegante, effiziente und sehr gute Lösung als Sprungbrett zum kalkulierten Risiko bieten kann.

Der Schritt zum befreienden Handeln

Damit schaffen Sie den Schritt zum anspruchsvollen Realisierer: Der große Unterschied zum Optimierer liegt darin, dass sie – obwohl sie ebenfalls sehr hohe Ansprüche haben können – damit doch realistisch auf dem Boden der Tatsachen bleiben und zudem die erste Alternative wählen, die ihre Ansprüche befriedigt, und nicht mehr bis ans Lebensende weitersuchen. Es kümmert sie nicht einen Deut, ob es möglicherweise noch tausend bessere Möglichkeiten gäbe, denn ihr Ziel ist es, ein zu ihren Wünschen passendes Angebot zu finden – und nicht das perfekteste. Das führt zu schnelleren, zufriedenstellenderen Entscheidungsprozessen, mit deren Ergebnissen es sich – perfekt! – leben lässt.

Zum Tragen kommen dabei mehr oder weniger unbewusste Routinen unseres Unterbewusstseins, unserer Intuition, deren Effizienz durch die Ergebnisse verschiedener Forschungen bewiesen wurde. Es handelt sich in gewisser Weise um Faustregeln, die viel einfacher sind als eine komplexe bewusste Vorgehensweise – einfacher, schneller und genauso gut oder sogar besser. Der Mensch war schon immer gezwungen, unter ungewissen Bedingungen schnell zu entscheiden, ohne großartige komplizierte Entscheidungsbäume mit 800 Verästelungen und gemittelten Gewichtungen aufstellen zu können. Daher hat uns die Evolution netterweise diese smarten Faustregeln entwickeln lassen, die auch unter Druck und mit mangelhaften Informationen blitzschnell ein hervorragendes Ergebnis erzeugen; seit Tausenden von Jahren bewährt und verfeinert.

Ein darin steckendes Prinzip ist es, nicht alle, sondern nur die absolut notwendigen Informationen zu nutzen, zumal ja oft relevante Information ohnehin rar ist. (Das kennen Sie nur zu genau, wenn Sie jemals eine Suchanfrage im Internet gestartet haben und 1 995 948 Ergebnisse bekamen – von denen Ihnen keines weiterhalf.) Dazu muss man sich zu Beginn klarmachen, was einem bei dem zur Entscheidung stehenden Thema die wichtigsten Aspekte sind, und die Informationsbeschaffung auf diese beschränken.

Auf diese wichtigen Aspekte und Kriterien konzentrieren Sie sich dann bei der Beurteilung der verschiedenen Wahlmöglichkeiten. Im Idealfall haben Sie nicht mehr als drei oder vier Kriterien, die Ihnen wirklich so wichtig sind, dass Sie sie unbedingt berücksichtigen wollen; fünf oder sechs sind auch noch in Ordnung. Wenn es viel mehr sind, sollten Sie sich über das Thema Prioritäten noch einmal Gedanken machen ... sicherlich ein Punkt, der Perfektionisten nicht so liegt. Also, Selbstdisziplin aktiviert und die Liste aufs Wesentliche beschränkt.

Ein weiteres Prinzip ist das K.-o.-Verfahren: eine Alternative, die einem der Kriterien nicht entspricht, fliegt gnadenlos raus. Schließlich haben Sie sich ja vorher gründlich überlegt, worauf es Ihnen wirklich ankommt – deshalb ist es nur konsequent, alles zu eliminieren, was dem nicht entspricht. Sonst laufen Sie nur Gefahr, sich wieder zu verzetteln, ins Grübeln und Brüten zu verfallen oder irgendwann unter Druck einen unbefriedigenden, faulen Kompromiss einzugehen.

Ein drittes Prinzip ist ebenfalls minimalistisch ausgerichtet: Die erste Wahlmöglichkeit, die bezüglich eines Kriteriums besser abschneidet, ist der Sieger! Ende, aus, basta! Keine weitere mühselige Suche mehr, kein verzweifeltes Überlegen, ob jetzt A nicht doch von C getoppt wird oder gar Z in einem anderen Punkt besser abschneidet – die erste passende wird genommen, fertig. Erscheint Ihnen wahrlich minimalistisch? In der Tat, aber die in Studien überprüften

Ergebnisse sprechen dafür. Nicht nur, dass Sie so nicht mehr mühselig das weltweite Angebot minutiös studieren müssen (ein Drittel der Möglichkeiten reicht meist völlig aus) und dabei nicht schlauer, sondern immer verwirrter werden, die Qualität der Entscheidung und die Zufriedenheit damit sind ausgesprochen hoch.

Schauen wir uns einmal an, wie Julia mithilfe dieses smarten Entscheidungsprozesses mit ihrem Wohnungsthema weiterkommt und sich traut, endlich eine Wahl zu treffen …

Vom perfektionistischen Optimierer zum anspruchsvollen Realisierer am Beispiel Julia

1. *Listen Sie alle relevanten Aspekte Ihres Vorhabens auf und bringen Sie sie in eine Rangfolge. Beschränken Sie sich dann auf die absolut ausschlaggebenden, am besten nicht mehr als fünf oder sechs.*

   Also, bei mir sind das in der Reihenfolge der Wichtigkeit: Mindestgröße 90 Quadratmeter, Preis maximal 8 Euro pro qm, Altbau, Balkon, ruhige Lage, Parkettfußboden, Badewanne, hell. Und natürlich noch eine Menge mehr, aber Sie haben ja gesagt, ich soll mich auf die wichtigsten beschränken. Sehr richtig, gut gemacht.

2. *Bei welchen Erwartungen sind hundert Prozent wirklich unumgänglich? Ist das realistisch? Befragen Sie eventuell nicht-perfektionistische Freundinnen.*

   Mal sehen … die Mindestgröße … na ja, wenn eine Wohnung gut geschnitten ist, geht auch eine etwas kleinere – sagen wir also 80 Prozent reichen womöglich. Bei dem Preis bin ich bereit, für was ganz Tolles auch noch etwas raufzugehen, also sagen wir ebenfalls 80 Prozent. Aber Altbau und Balkon – daran führt absolut kein Weg vorbei: 100 Prozent! Ruhige Lage … das wäre von einer Stadtlage sowieso zu viel verlangt, also 70 Prozent. Zu laut darf es aber auch nicht sein. Bei den anderen Punkten merke ich gerade – nett zu haben, aber kein

K.-o.-Kriterium. Die lasse ich dann auch mal weg. Bevor Sie fragen, ich denke, das ist jetzt nicht mehr perfektionistisch, sondern realistisch.

3. *Setzen Sie bei der Suche nach Informationen ein Limit fest in Form von maximaler Zeit, maximale Anzahl konsultierter Bücher, Websites, Läden etc.*

   Ha, das Limit habe ich ja eigentlich schon längst überschritten! Aber da einige der Wohnungen nach der entspannteren Betrachtungslage vielleicht okay wären, schaue ich mir die noch mal an, wenn sie noch zu haben sind, bis ich fünf Wohnungen gesehen habe, die in Frage kommen könnten. Falls die wirklich alle rausfallen, suche ich noch einmal im Internet und in der Zeitung, bis ich fünf Kandidaten habe – falls ich mich nicht doch noch einmal auf die Suche nach dem perfekten Objekt mache ... Na, na, keinen Rückfall bitte! *Nein, war nur Spaß.*

4. *Beurteilen Sie die gefundenen Alternativen jeweils nach dem K.-o.-Prinzip.*

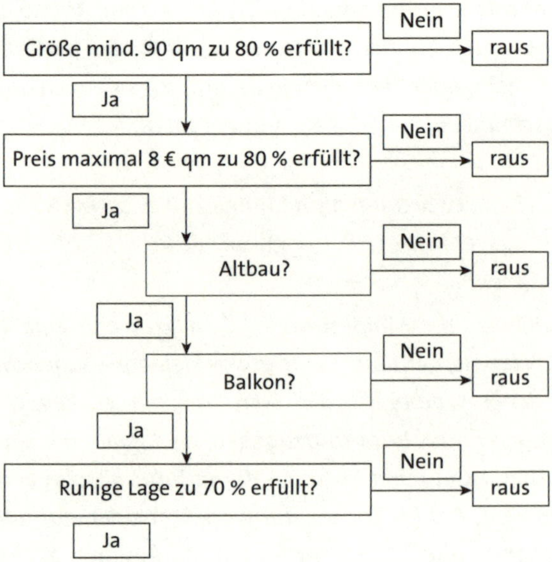

Fertig, das habe ich jetzt für die fünf Wohnungen gemacht – da sind drei übrig geblieben. Ging ja flott!

5. *Vergleichen Sie die verbliebenen Alternativen nach dem Prinzip »erster besserer Kandidat siegt«. Vergeben Sie Prozentzahlen, wie sehr das Kriterium erfüllt wird.*

Kriterien	Alternative A	Alternative B	Alternative C
Größe mind. 90 qm zu 80%	100 %	100 %	100 %
Preis 8 € pro qm zu 80 %	90 %	100 %	90 %
Altbau	ja	nein >> raus!	ja
Balkon	sehr klein: 70 %	./.	groß, aber Nordosten: 70 %
Ruhige Lage zu 70 %	Hinterhof: 100 % >> nehmen!	./.	Straße: 65 %

Mann, wenn man weiß, worauf es wirklich ankommt, ist es ja gar nicht mehr so schwer, den Mut zu einer Entscheidung zu finden! Hätte ich gar nicht gedacht ...

6. *Freuen Sie sich über Ihre Entscheidung und handeln Sie!*

Ganz ehrlich: Ich bin total erleichtert, dass das Thema endlich durch ist! Und wenn ich so an meine neue Wohnung denke (der Vermieter hatte zu Beginn schon gesagt, dass er mich nehmen würde, das geht also klar), kann ich gar nicht mehr so richtig verstehen, warum ich nicht eher drauf angesprungen bin! Dann wünsche ich Ihnen frohes Packen!

So, wenn bei Ihnen auch momentan eine Entscheidung in der Endlosschleife hängt, hier noch einmal der Ausstieg im Überblick.

Vom perfektionistischen Optimierer zum anspruchsvollen Realisierer

1. **Listen Sie alle relevanten Aspekte Ihres Vorhabens auf und bringen Sie sie in eine Rangfolge. Beschränken Sie sich dann auf die absolut ausschlaggebenden, am besten nicht mehr als fünf oder sechs.**
2. **Bei welchen Erwartungen sind hundert Prozent wirklich unumgänglich? Ist das realistisch? Befragen Sie eventuell nicht-perfektionistische Freundinnen.**
3. **Setzen Sie bei der Suche nach Informationen ein Limit fest in Form von maximaler Zeit, maximale Anzahl konsultierter Bücher, Websites, Läden etc.**
4. **Beurteilen Sie die gefundenen Alternativen jeweils nach dem K.-o.-Prinzip.**

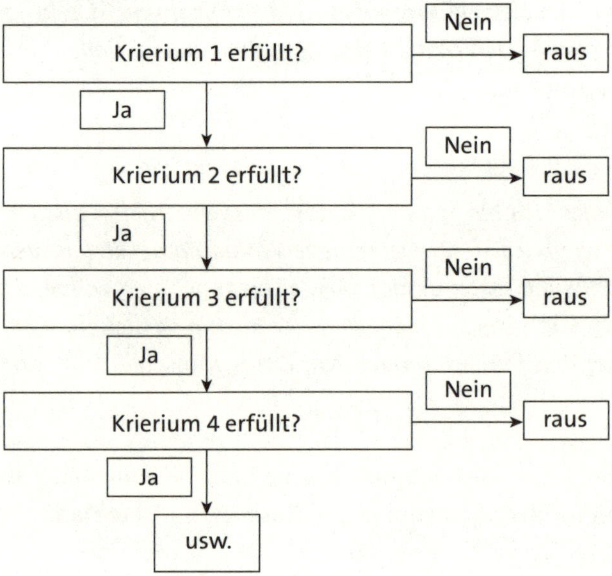

5. Vergleichen Sie die verbliebenen Alternativen nach dem Prinzip »erster besserer Kandidat siegt«. Vergeben Sie Prozentzahlen, wie sehr das Kriterium erfüllt wird.

Kriterien	Alternative A	Alternative B	Alternative C
Kriterium 1	z. B. 100 %	z. B. 100 %	z. B. 90 % >> raus
Kriterium 2	z. B. 90 %	z. B. 90 %	
Kriterium 3	z. B. 75 % >> raus	z. B. 85% >> nehmen	
Kriterium 4			
usw.			

6. Freuen Sie sich über Ihre Entscheidung und handeln Sie!

Sollte sich der perfektionistische Angsthase in Ihnen nach einer Entscheidung wieder regen, halten Sie ihn in Schach. Konzentrieren Sie sich auf das, was Sie tatsächlich erreicht haben, und nicht auf das bisschen, was eventuell noch fehlt. Geben Sie ihm kein Futter in Form von Zweifeln und »Ach, hätte ich nicht doch besser …«, setzen Sie ihn auf eine strenge Diät und hungern Sie ihn aus. Seien Sie einfach dankbar und schwelgen Sie in Ihrem Erfolg!

Und selbst wenn sich herausstellen sollte, dass Ihnen das Ergebnis Ihrer Entscheidung auf Dauer doch nicht gefällt, beurteilen Sie trotzdem die Qualität Ihrer Entscheidung nicht am aktuellen Status quo, sondern immer gemessen am Wissensstand und der Vorgehensweise zum Zeitpunkt der Entscheidung.

Hinterher ist man immer klüger – das macht, wenn das Erreichte nicht zufriedenstellt, Ihre Entscheidung aber nicht zu einer schlechten Entscheidung, wenn Sie damals eben weniger oder andere Informationen hatten. Selbst wenn der tatsächliche Nutzen viel geringer ist als der vorab erwartete – wenn Sie das nicht hatten absehen können, war es immer noch eine gute Entscheidung, mit der Sie nicht hadern sollten. Solange Sie bei der Entscheidung konsistent vorgegangen sind, gibt es nichts, was Sie sich vorwerfen könnten; schließlich haben Sie auch keine Kristallkugel, die Ihnen mit Garantie die Zukunft vorhersagt.

Und als kleiner Trost zum Schluss – sehr viele auch richtungsweisende Entscheidungen sind revidierbar, wie die Scheidungsrate aufzeigt ... Das mag einem nicht gefallen, zugegeben, aber in fast keiner Situation, für die man sich einmal entschieden hat, muss man leidend verharren, wenn sie sich unvorhergesehen doch zur Katastrophe entwickelt. Dann eben hinfort mit Schaden und auf zu neuen Ufern!

6.

Erwerben Sie das Know-how für Mutige

Frauen sind überaus kreativ bei ihrer kleinen Selbstsabotage, mit der sie sich zum Dasein als Angsthäschen rüsten: Sie bremsen sich nicht nur durch Ängste oder verschiedene blockierende Überzeugungen und Denkfehler aus, nein, sie tummeln sich auch eifrig im Bereich der Know-how-Bremsen. Oft genug sind sie überzeugt, bestimmte Fähigkeiten nicht zu haben – was beileibe nicht immer stimmt; übergroße Bescheidenheit und mangelndes Selbstvertrauen fordern da ihren unerbittlichen Tribut. Oder aber sie haben aufgrund fehlender Übung tatsächlich einige Fähigkeiten nicht ausbauen können, die ihnen nun beim Umgang mit den Wagnissen des Lebens erst einmal fehlen, aber gar nicht so schwer zu erwerben sind.

Ein zentraler Punkt bei diesem Umgang mit Wagnissen ist das individuelle Entscheidungsverhalten. Mut zu zeigen ist ja immer nur in einer Situation notwendig, in der ich eine Entscheidung treffen muss: Drauflosgehen oder wegrennen? Bitte ich den Chef um eine Gehaltserhöhung oder nicht? Abends allein ausgehen – ja oder nein? Heirat oder wilde Ehe? Selbstständig oder Angestelltendasein? Entscheidungen über Entscheidungen! Da braucht es nicht nur das gewisse Quäntchen Mut, sondern auch ein wenig Kenntnisse über die eigenen

Entscheidungspräferenzen und Know-how im zielführenden Umgang mit Entscheidungen.

Sind Sie schnell dabei – manchmal vielleicht auch vorschnell –, wenn es gilt, etwas zu entscheiden? Oder gehören Sie zu denen, die sehr gründlich – manchmal vielleicht auch übergründlich – über jede noch so kleine Entscheidung nachdenken und grübeln? Trauen Sie Ihrem Gefühl und befragen den Kopf eher weniger? Oder entscheiden Sie nach Vernunftgründen und ignorieren öfter Ihr Gefühl? Schauen Sie doch einmal genauer hin, welche Entscheidungspräferenzen Sie so mitbringen, um sich dann mit einigem Rüstzeug zum Treffen und Umsetzen guter Entscheidungen zu versehen.

Kopf oder Bauch, gern oder ungern – welche Entscheidungspräferenzen haben Sie?

Bitte kreuzen Sie bei den folgenden Fragen jeweils die Antwort an, die mehr zutrifft beziehungsweise welcher Sie am ehesten zustimmen können. Wichtig ist, dass Sie sich möglichst zügig und spontan entscheiden. Verlassen Sie sich ausnahmsweise auf Ihren schnellen unbewussten Finger, der mit dem Bleistift zügig sein Kreuz machen will. Wie schon gehabt: Der Tenor der Aussage zählt, nicht die wortwörtliche Formulierung.

Fragebogen zur Analyse Ihrer Entscheidungspräferenzen

Aussage	K	B	F	S
1. Mir ist es wichtiger, bei Entscheidungen a) meinen Prinzipien treu zu bleiben. b) auf meine Gefühle zu achten.	a	b		
2. Ich fühle mich mehr hingezogen a) zu dem, was mich überzeugt. b) zu dem, was mich berührt.	a	b		
3. Ich treffe eine Wahl a) eher recht schnell. b) eher ziemlich zögerlich.			a	b
4. Es beunruhigt mich mehr, wenn die Dinge a) noch unerledigt sind. b) vollendet sind.			a	b
5. Ich treffe bevorzugt Entscheidungen a) verstandesmäßig über den Kopf. b) gefühlsmäßig über den Bauch.	a	b		
6. Mir sind Angelegenheiten lieber, die a) abgeschlossen und entschieden sind. b) offen und noch nicht entschieden sind.			a	b
7. Ich sehe mich selbst eher als a) bestimmt und konsequent. b) unbekümmert und manchmal wankelmütig.			a	b
8. Ich finde es schlimmer, a) ungerecht zu sein. b) unbarmherzig zu sein.	a	b		
9. Ich fühle mich meist wohler, a) nachdem ich gekauft habe. b) wenn der Kauf noch bevorsteht.			a	b
10. Ich treffe meine Entscheidungen lieber auf der Grundlage von a) Analyse und Überlegungen. b) Emotionen und Fingerspitzengefühl.	a	b		

Aussage	K	B	F	S
11. Ich schätze mehr a) das Endgültige. b) das Uneingeschränkte.			a	b
12. Ich lasse mich eher leiten von a) meinem Verstand. b) meinem Gespür.	a	b		
13. Das größere Kompliment ist für mich: a) »Sie ist ein sehr vernünftiger Mensch.« b) »Sie ist ein sehr einfühlsamer Mensch.«	a	b		
14. Ich gebe häufiger a) eine endgültige Erklärung ab. b) eine vorläufige Erklärung ab.			a	b
15. Ich fühle mich wohler, a) nachdem ich eine Entscheidung getroffen habe. b) bevor ich eine Entscheidung getroffen habe.			a	b
16. Ich neige mehr dazu, a) fair und objektiv zu sein. b) mitfühlend zu sein.	a	b		
17. Meistens ist es besser, a) die Dinge selbst zu arrangieren. b) die Dinge einfach geschehen zu lassen.			a	b
18. Mir erscheint als der größere Fehler, a) zu leidenschaftlich zu sein. b) zu objektiv zu sein.	a	b		
19. Der größere Fehler ist, a) zu kritiklos zu sein. b) zu kritisch zu sein.	a	b		
20 Ich neige mehr dazu, a) bei einer getroffenen Entscheidung zu bleiben. b) eine getroffene Entscheidung wieder umzuwerfen.			a	b

Auswertung

1) Tragen Sie für jede Antwort in der Spalte für a) bzw. b) das entsprechende Kreuzchen ein!
2) Zählen Sie die Kreuzchen in den Spalten zusammen. Sie erhalten so Ihre Zahlenwerte für K, B, F und S. Lesen Sie bitte die Auswertungen der Buchstaben, bei denen Sie die höchsten Werte haben – bei Gleichstand beide.

K = Kopf
B = Bauch

F = Entscheidungsfreude
S = Entscheidungsscheu

	a)	b)
1		
2		
5		
8		
10		
12		
13		
16		
18		
19		
Summe		
	K	B

	a)	b)
3		
4		
6		
7		
9		
11		
14		
15		
17		
20		
Summe		
	F	S

Unsere Entscheidungspräferenzen haben zwei Dimensionen: Die eine zeigt an, wie entscheidungsfreudig Sie überhaupt sind. Zögern Sie ewig herum wie Meg Ryan in dem Film »Harry und Sally« bei der Bestellung ihres Apfelstrudels im Restaurant, werfen Sie Ihre getroffenen Entscheidung genauso leicht wieder um wie einen Dominostein, da Ihnen die Festlegung auf die eine Sache und der damit verbundene Verzicht auf all die anderen tollen Alternativen sehr schwerfällt? Oder sind Sie sich immer recht schnell klar darüber, was Sie wollen, entscheiden sich flugs und bleiben dann auch erleichtert und eisenhart dabei, da Sie die Ungewissheit offener Entscheidungen hassen?

Die zweite Dimension zeigt auf, ob Sie bei Entscheidungen eher den analytischen Kopf oder den gefühlsgesteuerten Bauch berücksichtigen. Logisch-präzise Analyse, strukturiertes Vorgehen, Tabellen und Gewichtungen, und die Vernunft weiß, was das Beste wäre, und wählt es auch aus? Oder ein bisschen hineingefühlt, den verschiedenen Varianten nachgespürt, aufs jeweilige Wohlbefinden bei den Alternativen geachtet und daran orientiert, eine emotional stimmige Entscheidung gefällt?

Idealerweise benutzen Sie die verschiedenen Ausprägungen in einer ausbalancierten Art und Weise. Kopf und Bauch werden gleichwertig berücksichtigt und kommen möglichst gemeinsam zu einer harmonischen Entscheidung, von der Sie zweifelsfrei überzeugt sind.

Die wenigsten Menschen sind natürlich so idealtypisch ausbalanciert, sondern die meisten haben eine Präferenz für das eine oder andere Ende der Skala. Sie können beides, aber sie haben eine Vorliebe für eine Variante entwickelt. Es ist so ähnlich wie mit unseren Händen: Üblicherweise haben wir zwei, aber die meisten Menschen sind Rechts- oder Linkshänder, haben also eine Präferenz für eine Hand. Diese wird bevorzugt für bestimmte Tätigkeiten wie zum Beispiel Schreiben benutzt, für andere Tätigkeiten hingegen nehmen wir die andere oder beide Hände. Je höher nun die Anzahl der Kreuzchen bei einem Buchstaben ist, desto ausgeprägter ist Ihre Präferenz für diese mentale Herangehensweise.

Entscheidungsfreude oder Entscheidungsscheu

Überwiegend F – entscheidungsfreudig!

Entscheidung gefragt? Her damit! Ich bin an vorderster Front dabei! Sie als entscheidungsfreudige Zeitgenossin mögen auf den Tod keine unentschiedenen, offenen Angelegenheiten, die ewig lang in der Schwebe sind. Schrecklich! Nicht zu wissen, ob es Hü oder Hott heißt, ist Ihnen äußerst unangenehm. Last-Minute-Urlaube sind wirklich nicht Ihr Stil. Monatelang nicht zu wissen, wo es denn hingehen soll, nichts vorbereiten und planen zu können, ganz dem Zufall des Tagesangebots ausgeliefert zu sein – nichts für Sie! Sie möchten kontrollieren und steuern, Sie möchten Ihre Entscheidungen selbst treffen und sie nicht der womöglich gar nicht wohlwollenden Vorsehung überlassen. Und das auch noch bitte schön schnell, damit die unangenehme Phase der Ungewissheit bald vorüber ist.

Daher verwenden Sie, wenn es sein muss, sogar nur kurze Zeit auf die Informationssammlung, damit es vorwärts geht und Sie sich fix entscheiden können. Sobald Sie denken, über genug Fakten oder Eindrücke zu verfügen, treffen Sie ruck, zuck Ihre Entscheidungen. Der grüne Pullover ist zwar schön, aber der schwarze passt garantiert zu Ihrer Lieblingshose – gekauft. Puh, geschafft! Sie kämen wahrscheinlich gar nicht auf die Idee, noch alle weiteren Geschäfte abzugrasen. Schnell die Ungewissheit und Grübelei beendet, die Kontrolle wieder erlangt. Welch schönes Gefühl, hinter einen Punkt auf der Entscheidungsliste ein Häkchen machen zu können.

Und dort soll es auch bleiben, das Häkchen. Möglichst für immer. Wenn Sie sich einmal entschieden haben, sehen Sie wenig Grund, diese Entscheidung wieder anzuzweifeln und womöglich zu revidieren, selbst wenn sich durch eine neue Entwicklung die Situation geändert haben sollte. Die Frage »Hätte ich nicht doch lieber den grünen oder den roten oder den ... nehmen sollen?« stellen Sie sich nicht. Vorbei ist vorbei, vielleicht gibt es beim nächsten Mal eine neue Chance.

Das hinter der Entscheidungsfreude stehende zentrale Bedürfnis ist meist das nach Kontrolle und Selbstbestimmung. Ich sage und lege fest, welchen Kurs ich steuere! Ich bin der Kapitän! Wer zu lange zögert, läuft Gefahr, dass ihm die Entscheidung durch äußere Einflüsse womöglich aus der Hand genommen wird. Und sich etwas zu beugen, das man nicht selbst bestimmt oder ausgewählt hat, das mögen die frohen Entscheiderinnen gar nicht gern.

Sie entscheiden schnell, handeln konsequent, agieren selbstbestimmt – klingt doch sehr gut, nicht wahr? Ist es natürlich auch. Einerseits. Diese Vorteile der Entscheidungsfreude ersparen viel überlanges Grübeln, bringen in der Tat schnelle Resultate, zeigen Profil. Sie müssen sich nicht ewig mit Problemen und Fragen herumplagen, sondern können sich zügig wieder neuen Dingen zuwenden. Wenn Sie einmal Hü gesagt haben, kann man sich darauf verlassen, dass Sie nicht eine Stunde später doch wieder Hott sagen.

Andererseits – wenn Sie es mit der Entscheidungsfreude übertreiben, weil Sie die Ungewissheit eines offenen Themas nicht gut aushalten können, handeln Sie sich leider auch einige Nachteile ein. Schnelles Entscheiden kann in vorschnellen Aktionismus als Selbstzweck umkippen. Hauptsache, es ist etwas entschieden – ob es eine qualitativ gute und fundierte Entscheidung ist, gerät ein wenig arg aus dem Fokus. Eine zu hohe Entscheidungsschnelligkeit und zu große Ungeduld verhindern unter Umständen auch eine notwendige gründlichere Informationssammlung, die zu besseren Resultaten geführt hätte. Bloß nicht noch eine Studie, keine weiteren Tests, schnell das Medikament zugelassen, ehe einem ein Konkurrent zuvorkommt – unter einer solchen übertriebenen Entscheidungsfreude müssen dann auch viele andere leiden, wie die Medizingeschichte aufzeigt.

Oder es werden Optionen übersehen, die die interessantere Wahl gewesen wären. Nun hängen Sie in einem langweiligen Routinejob fest, weil Sie dort vorschnell zugesagt haben. Und dabei wäre auch diese interessante Stelle mit internationalen Kontakten und Reisen verfügbar gewesen, wenn Sie sich nur etwas geduldiger informiert hätten...

Und manchmal ist es sinnvoller, eine Entscheidung hintanzustellen, um flexibler die weitere Entwicklung abwarten zu können. Ehe Sie den exorbitant teuren Rekorder mit dem Standard A kaufen, warten Sie lieber noch ein wenig, bis feststeht, dass sich nicht doch Standard B durchsetzt, und Sie dann auf Ihrem unbrauchbaren Luxusexoten festsitzen. Das schwere Los der neugierigen und entscheidungsfreudigen Pionierkundinnen ...

Auch im Nachhinein ist diese Flexibilität manchmal zu gering, wenn eine schon getroffene Entscheidung aufgrund neuer Informationen revidiert werden müsste, was die frohen und fixen Entscheiderinnen ja nur sehr ungern tun. Ihr Traum war für Ihren nächsten Urlaub die Besteigung des Ararat, aber deutsche Touristinnen werden dort derzeit von finsteren Schurken als hochwillkommene wertvolle Beute angesehen und gerne eingefangen – also besser umentscheiden und ein Land wählen, in dem Sie wieder von der gefährdeten Beute zum gern gesehenen Gast mutieren können. Sonst kann sinnvolle Konsequenz in unsinnige Sturheit umschlagen.

Sollten Sie also bei der Entscheidungsfreude einen sehr hohen Wert haben, ist es für Sie sicher hilfreich zu erfahren, wie Sie sich ab und an zu Ihrem eigenen Besten ein wenig ausbremsen können, um sich selbst vor Schnellschüssen zu schützen. In den folgenden Kapiteln gibt es dazu einige Werkzeuge an die Hand.

Überwiegend S – entscheidungsscheu!

Sie hassen Entscheidungen wie die Pest, denn für Sie stellen sie ein sehr enges Nadelöhr dar, durch welches Sie sich qualvoll quetschen müssen. Oh schöne Vielfalt der Möglichkeiten, wenn man sich noch nicht durch eine Entscheidung festgelegt hat! Noch haben Sie die ganze Welt als Option offenstehen, theoretisch. Und diese unendliche Auswahl sollen Sie einfach so durch eine Entscheidung aufgeben? Freiwillig nicht!

Denn wenn Sie sich einmal für den grünen Pullover entschieden haben, dann rücken der rote, der gelbe, der tolle schwarze und all die anderen wunderbaren Optionen in weite, unerreichbare Ferne ... Und der nach einer endlich mühselig getroffenen Entscheidung zurückgeworfene Blick kann Sie zudem in Nullkommanichts dazu bringen, dass Sie sie am nächsten Tag umwerfen, im Geschäft den grünen Pullover wieder umtauschen und dann erneut über den roten oder gelben oder schwarzen grübeln ...

Deshalb ist jede noch so kleine Entscheidung eine schwere Prüfung. Was ziehe ich bloß heute an? Ein Rock wäre bei dem Wetter schön, aber eine Hose ist praktischer. T-Shirt oder Bluse, hohe oder flache Schuhe ... Nach zehnmaligem Umziehen und einem riesigen Kleiderhaufen auf dem Bett ist es so spät geworden, dass Sie sich nun hastig das erstbeste halbwegs zusammenpassende Ensemble überwerfen müssen, um die U-Bahn noch zu erwischen. Und das Kofferpacken für einen längeren Urlaub artet zur echten Folter aus – Beschränkung der Vielfalt ist die Hölle! Warum nur kann man nicht mehr mit diesen tollen riesigen Schrankkoffern verreisen, da ging wenigstens noch das Nötigste rein!

Bei den eher entscheidungsscheuen Menschen hat die Vielfalt der Möglichkeiten und Optionen nämlich ein viel größeres Gewicht als die Kontrolle und die Selbstbestimmung. Die Wahl möglichst lange offenhalten, die Möglichkeiten so wenig wie möglich einschränken, sich bloß durch eine Entscheidung nicht festlegen und flexibel bleiben, das ist das Ziel der scheuen Entscheiderinnen. Dafür nehmen sie in Kauf, dass ihnen aufgrund des oft langen, unentschlossenen Zögerns und Überlegens unter Umständen das Leben oder andere Menschen die Entscheidung abnehmen – Hauptsache, sie müssen es nicht selbst tun.

Oder aber es handelt sich um die kleinen Perfektionistinnen, die wir aus dem vorigen Kapitel schon kennen. Bei ihnen ist es nicht die Einschränkung der Vielfalt, sondern das mögliche Verpassen des Perfekten, was sie so lange zögern, Entscheidungen aufschieben und sich in ewiger Sichtung des Angebots verlieren lässt.

Sie sind flexibel, haben ausreichend recherchiert und sich Ihre Entscheidungen gründlich überlegt – klingt doch auch gut! Ist es natürlich auch. Einerseits. Sie spendieren zwar ein wenig mehr Zeit, kennen dafür aber wahrscheinlich die meisten Optionen, haben intensiv über deren Vor- und Nachteile nachgedacht, sie verglichen und eine fundierte Wahl getroffen. Zudem sind Sie bereit, diese den aktuellen Gegebenheiten anzupassen und eine Entscheidung wieder umzuwerfen, wenn das anstrengende Leben es verlangt.

Aber auch hier gibt es ein Andererseits. Ihr langes Zögern kann natürlich auch dazu führen, dass sich Ihre Optionen sogar verringern, weil sie nicht ewig zur Verfügung stehen. Da hat Sie dann mal wieder das Leben überholt! Sie haben so lange zwischen drei Jobangeboten geschwankt und deren Für und Wider abgewogen, dass nun leider alle drei schon weg sind ... Auch bei den tollen Schnäppchen gucken Sie oft in die Röhre, weil Ihnen das schnelle Zupacken nicht liegt. Dadurch verpassen Sie so manche Chance, die die schneller Entschlossenen freudig wahrnehmen und glücklich nach Hause schleppen.

Ihr wankelmütiges Zweifeln an einer einmal getroffenen Entscheidung kann Sie zudem etwas unzuverlässig erscheinen lassen. Leider kann man bei Ihnen nicht sicher sein, dass Sie tatsächlich am Wochenende mit zu der Segelpartie kommen, auch wenn Sie es noch so fest verkündet haben. Gut möglich, dass Sie sich in der Zwischenzeit doch für das Wellnesshotel mit Ihrer Freundin entschieden haben und dann nur bedauernd mit den Schultern zucken.

Ihre Entscheidungsscheu hat im übertriebenen Fall leider auch zur Folge, dass Sie in vielen Dingen nicht selbstbestimmt handeln können. Der Chef fragt in die Runde, wer das neue Projekt mit den spannenden Reisen übernehmen möchte, und blickt Sie ermunternd an. Während Sie noch hin und her überlegen, hat sich längst Ihre weniger qualifizierte, aber schnellere Kollegin gemeldet, sodass Ihnen nun das langweilige Archivthema aufs Auge gedrückt wird. Auch sitzen Sie im Urlaub mal wieder auf einem dummen kargen Berg herum, weil Sie mit Ihrem Urlaubsvorschlag so spät herauskamen, sodass Ihr Liebster schon vorher etwas buchen musste, damit Sie überhaupt noch irgendwo ein Hotelzimmer bekamen.

Um aus Ihrer Endlosschleife des Grübelns und Zögerns auszusteigen, können Sie den kleinen Entscheidungsprozess aus dem vorigen Kapitel benutzen. Auch die folgenden Tipps zum systematischen Entscheiden (vergleiche den Abschnitt »Mit System zur mutigen Entscheidung« im sechsten Kapitel) helfen Ihnen weiter, wenn Sie wieder einmal hilflos hin- und hergerissen verzweifeln wollen.

Kopf oder Bauch

Überwiegend K – vernunftbetontes Entscheiden

Ihr goldenes Kalb ist die Vernunft. Sie schalten Ihren klugen Kopf ein, wenn es etwas zu entscheiden gibt. Emotionale Schnellschüsse halten Sie für die so ziemlich dümmste Art, eine Wahl zu treffen. Es geht doch nicht darum, ob man sich dabei gut fühlt, sondern ob etwas sinnvoll und vernünftig ist! Sie gehören nicht zu denen, die bei Ikea mal wieder einen Sack voller Teelichter gekauft haben, obwohl daheim noch drei unangebrochene vor sich hin altern. Sie wollten ein Sofa von bestimmten Ausmaßen kaufen, und das und nur das haben Sie auch erworben. Keine unsinnigen spontanen Lustkäufe!

Sie denken nämlich vorher über die Konsequenzen Ihrer Entscheidung nach. Sie wissen, dass Sie sich später nur über Ihre Schwäche ärgern werden, für etwas, das Sie sowieso selten brauchen, in einem unbeherrschten Moment Geld ausgegeben zu haben. Daher erliegen Sie auch nicht dem verlockenden Angebot dieses Finanzberaters, weil Ihr Verstand Ihnen sagt, dass es langfristig gar nicht mit dieser exorbitanten Rendite funktionieren kann.

Vernünftig und möglichst objektiv wägen Sie deshalb das Für und Wider gegeneinander ab, analysieren die vorliegenden Fakten, bewerten sie nach eindeutigen Kriterien und treffen dann Ihre wohlüberlegte Auswahl. Stiftung Warentest wurde von Ihnen oder zumindest für Sie erfunden – diese tollen Testübersichten mit genauen Kriterien, Beschreibungen und Urteilen begeistern und überzeugen Sie immer wieder. Und die gibt es sogar für so kleine Produkte wie Lippenstifte – paradiesisch!

Sie überlegen sich vorher genau, was Sie von einem Produkt, einem neuen Job, einem neuen Mitarbeiter erwarten, und suchen dann gezielt gemäß diesen Eigenschaften nach dem passenden Produkt, Angebot oder Menschen. Faule Kompromisse machen Sie dabei nicht – wenn ein Angebot Ihren Ansprüchen nicht genügt, entscheiden Sie sich dagegen. So sympathisch Ihnen auch dieser eine Bewerber war, so viel Mitleid Sie auch mit der anderen Bewerberin hatten, wenn beide nicht die nötigen Qualifikationen mitbringen, müssen Sie sich leider gegen sie entscheiden.

Distanziert und kühl überschauen Sie die Situation, suchen nach logischen Argumenten und Regeln, halten sich an Ihre Prinzipien. Denn davon lassen Sie sich allenfalls umstimmen – von logischen Argumenten.

Natürlich haben auch Sie in einer Entscheidungssituation Gefühle, Sie sind ja nicht aus kaltem Marmor. Und es wäre auch Ihnen am liebsten, wenn Kopf und Bauch zu derselben Wahl kämen. Ist das jedoch nicht so, widersprechen sich Vernunft und Gefühl, gewinnt bei Ihnen der Kopf. Wenn Ihre Vernunft sich allerdings übertrieben zur Diktatorin aufschwingt, die ganz allein das Sagen hat, versagen Sie sich wiederum die vielen kleinen und großen Freuden, die aus den menschlichen Schwächen des spontanen Nachgebens einer Lust entstehen können. Auf ein turbulentes und romantisches Wochenende in Venedig zu verzichten, nur weil es eine unvernünftige Idee war (Sie müssen ja am Montag wieder früh raus), ist dann vielleicht doch zu asketisch und kopfbetont. Das Verteufelte ist ja, dass unvernünftige Aktionen oft sehr viel Spaß machen und eine möglicherweise folgende Reue allemal wert sind. Warum also nicht in kleinen, unwichtigen Dingen die Stimme der Vernunft ignorieren und sich mit vollem Herzen ins Vergnügen stürzen?

Was der diktatorischen Vernunft auch nicht gefällt, sind unüberschaubare Risiken. Ist denn keine solide, mit Fakten untermauerte Prognose möglich, ob die neue Stelle, die Sie bekommen könnten, auch wirklich dauerhaft so gut bleiben wird? Dann lieber doch beim bewährten alten Job bleiben, selbst wenn Ihr Gefühl Ihnen sagt, dass es eine tolle Chance ist. Ihnen fehlt der Mut, sich in solch einer nebulösen, sich jeglicher Analyse entziehenden Situation für eine nicht so konservative Variante zu entscheiden.

Doch die überbetonte Vernunft kann auch recht unbarmherzig sein. Die Begriffe »mildernde Umstände« oder »situationsbedingte Ausnahme« sind ihr fremd und unverständlich. Sie haben einen Fehler gemacht? Nun müssen Sie auch dazu stehen und ihn zugeben, egal, ob er vielleicht sogar unbemerkt bliebe. Und dass Sie die heftigste Grippe des Jahrhunderts hatten, ist ja wohl nur eine Erklärung, aber keine Entschuldigung! Man muss doch schließlich gerecht bleiben; und ein Fehler ist ein Fehler.

Sammeln Sie im Folgenden noch ein paar Werkzeuge, mit denen Sie Ihren Kopf ein bisschen dämpfen und Ihren Bauch ein wenig mehr mit einbeziehen können, um mutige Entscheidungen zu treffen, mit denen beide leben können.

Überwiegend B – gefühlsbetontes Entscheiden

Erwischt! Sie waren das mit den Teelichtern von Ikea, und zudem haben Sie sich statt für das passende Sofa spontan für einen riesigen Ohrensessel entschieden. Gefühl und Intuition sind Ihre vertrauten Ratgeber, wenn es um mutige Entscheidungen geht. Wenn Sie sich mit einer Alternative wohlfühlen, dann wird der Kopf unter Umständen gar nicht mehr richtig befragt. Es reicht Ihnen, dass Ihr Bauch heftig »In Ordnung!« signalisiert, auf die objektive Analyse der Vernunft pfeifen Sie dann, das ist Ihnen zu kalt und distanziert.

Sie brauchen einen emotionalen Bezug zu einer der Entscheidungsalternativen. Vielleicht haben Sie bei der Auswahl Ihrer neuen Versicherung tatsächlich Testberichte gewälzt, Kriterien festgelegt und gewichtet, komplizierteste Tabellen ausgefüllt und durch diese gründliche analytische Arbeit eine Versicherung ausfindig gemacht, die wie maßgeschneidert für Sie ist. Irgendwie ist Ihnen dieses Unternehmen jedoch nicht sympathisch. Sie haben ein komisches Gefühl dabei. Bei der in Ihrer Tabelle drittplazierten hingegen – ja, da arbeitet eine Freundin von Ihnen. Da haben Sie doch gleich ein viel besseres Gefühl! Weg mit den Punkten, her mit dem emotionalen Ja! Bauch gewinnt, Kopf ist leider ins Hintertreffen geraten.

Sie haben zwar auch Prinzipien, die Sie bei Entscheidungen zu Rate ziehen, bei Ihnen sind sie aber nicht in Stein, sondern in weiche irische Butter gemeißelt. Sie denken sehr wohl, dass man immer auch die besonderen Umstände einer Situation berücksichtigen muss – das Leben ändert sich ja schließlich dauernd, und dem muss man Rechnung tragen. Ihre beiden besten Freundinnen haben hinter Ihrem Rücken über Sie gelästert, ist Ihnen zu Ohren gekommen. Nun kann es sein, dass Sie sich bei der einen Freundin beinhart dazu entscheiden, ihr wegen Treulosigkeit die Freundschaft aufzukündigen. Bei der anderen hingegen (die sich genauso treulos verhalten hat) sind Sie bereit, ihr zu verzeihen, denn sie hatte ja gerade so viel Ärger im Büro, dann noch der Megastress mit ihrem Freund Jochen – kein Wunder, dass sie sich abreagieren musste …

Da das Gefühl die Vernunft im Triumphzug niederbügelt, ist es Ihnen schon öfter passiert, dass Sie mutig einem sehr unvernünftigen Bedürfnis nachgegeben haben und sich spontan für irgendeine verrückte Sache entschieden haben – mal mit, mal ohne spätere Reue. Sie wussten genau, dass Sie am nächsten Morgen sehr früh in Topform sein mussten, da Sie einen wichtigen Vorstellungstermin hatten. Die Vernunft sagte: Ab ins Bett! Dorthin gingen Sie auch brav und folgsam, aber dann hat Sie dieses romantische Buch so in seinen Bann geschlagen, dass Sie sich bis vier Uhr morgens durch die Seiten geschluchzt haben. Am Morgen haben Sie dann Ihren gesamten Wortschatz an Schimpfwörtern gegen sich eingesetzt und mussten einen Notstopp in einer Parfumerie einlegen, um dort ein sündhaft teures Mittel zum Abschwellen Ihrer verweinten Augen zu erwerben.

Diese Art der Entscheidungsfindung führt für Sie leider immer wieder zu einem mentalen Mehraufwand. Sie können Ihrem Chef ja kaum sagen, Sie hätten sich für den neuen Zulieferer entschieden, weil Sie bei dem einfach ein so gutes Gefühl hatten. Deshalb müssen Sie sich etliche vernünftige Argumente und Gründe ausdenken, um diese Entscheidung sozusagen nachträglich in eine rationale zu verwandeln, die andere kopfgesteuerte Menschen nachvollziehen können. Und manche dieser Gründe wirken nicht nur so, als seien sie gewaltsam an den Haaren herbeigezerrt worden, sie sind es auch.

Sie neigen dazu, sich vor einer Entscheidung nicht zu viel mit Fakten und Berichten zu belasten. Gute Intuition und hinreichende Vermutung reichen doch aus, nicht wahr? Diese ganze Analysiererei führt doch zu nichts ... Doch leider ist ein gutes Gefühl nicht immer ein guter Ratgeber. Ihre Empörung über Ihren engstirnigen, kleinkarierten, intoleranten Schwager war so stark und fühlte sich so berechtigt an, dass Sie ihr gefolgt sind und ihm endlich einmal gesagt haben, was Sie von ihm halten. Aber was sich richtig und weise anfühlt, verschafft häufig nur eine kurzsichtige Erleichterung. Und nun sind Sie mit Ihrer Schwester verkracht. Es fühlt sich toll an, ohne schlechtes Gewissen die Steuererklärung einen weiteren Tag vollständig verdrängt zu haben, es fühlt sich leider gar nicht toll an, den daraufhin ausgesandten Gerichtsvollzieher von der Pfändung Ihrer elaborierten DVD-Sammlung abhalten zu müssen. Nicht alle Dinge, die sich erst einmal schlecht anfühlen, sind es auch. Und umgekehrt. Daher ist auch der Bauch – wie der Kopf – vor Irrtümern nicht gefeit.

Friedliche Zusammenarbeit, ausgewogene Balance, einträchtige Zufriedenheit zwischen Kopf und Bauch – dieses schöne Ziel können Sie mit ein paar Werkzeugen hilfreich unterstützen.

Einige Schlaglöcher auf dem Weg – umkurven Sie die Entscheidungsfallen

Irren gehört bei allen menschlichen Wesen (bei den total heroisch bewundernswert unerschütterlich mutigen Superfrauen übrigens auch) zum festen mentalen Repertoire. Wir irren uns bezüglich des richtigen Zeitpunkts einer Entscheidung, wir glauben zu wissen, was wir glauben, wir blenden aus, dass es neben A oder B noch C bis Z geben könnte, wir greifen nach dem scheinbar rettenden Strohhalm, weil uns die Suche nach dem wirklich rettenden Balken zu mühselig oder aussichtslos erscheint. Wir konzentrieren uns auf das, was wir können, und nicht auf das, was wir tun oder lernen müssten. Wir verwechseln Gefühle, die dem kurzfristigen Spannungsabbau dienen, schlichtweg mit der vielgerühmten und seit Neuestem wieder viel geforderten Intuition.

Lernen Sie die Schlaglöcher auf dem manchmal dornig erscheinenden Weg zu mutigen Entscheidungen kennen, um ihnen in Zukunft elegant ausweichen zu können.

Die Alternativenfalle

In jedem Verkaufstraining und in vielen Büchern zum Thema Kindererziehung wird die Alternativenfalle gelehrt, die erstaunlich gut funktioniert. Sie besteht schlicht und ergreifend darin, dem anderen vorzugaukeln, es gäbe nur zwei Möglichkeiten: Willst du vor oder nach dem Ausziehen deine Zähnchen putzen, mein Schätzchen? Wollen Sie nur das Basispaket oder gleich die Premiumversion mit Rabattvorteil? Wollen Sie die Küche ablösen oder Ihre eigene installieren? Willst du mich im August oder September heiraten? In allen Versuchen steckt implizit die Annahme, dass Sie sich schon für eine der Varianten entscheiden werden, dass es quasi gar nicht anders geht, als sich für A oder B zu entscheiden.

Was so natürlich nicht stimmt. Nur weil Ihnen nur zwei Möglichkeiten zur Wahl gestellt werden, heißt das noch lange nicht, dass es nicht noch ein Dutzend anderer gäbe. Ihr kleines Schätzchen könnte beschließen, das Zähneputzen ganz zu verweigern, Sie könnten sich dafür entscheiden, das Komplettpaket eines anderen Anbieters zu wählen, eine ganz andere Wohnung zu nehmen oder lieber ins Kloster zu gehen, statt diesen langweiligen Stoffel zu heiraten.

Wir fallen jedoch leider auf eine solche psychologische Einengung immer wieder herein und glauben, wir müssten uns zwischen diesen zwei Angeboten entscheiden, weitere gäbe es nicht. Doch es ist viel zu früh, um eine Wahl zu treffen. Erst sollten wir uns gründlich über weitere Möglichkeiten informieren. Aber wir lassen uns immer wieder aufs Glatteis führen ... Eigentlich blöd – wenn ich Sie vor die Wahl stellen würde, ob Sie lieber eine Ohrfeige oder eine Kopfnuss hätten, wird Ihnen sehr schnell klar, dass Sie bitte schön keine der beiden Möglichkeiten realisieren möchten.

Umgehung des Schlaglochs

- Werden Sie wachsam, wenn Sie scheinbar nur zwei Wahlmöglichkeiten haben. Es gibt immer mindestens drei Möglichkeiten, wie Sie ja wissen, oft noch viel mehr.
- Machen Sie eine Denkpause und entscheiden Sie gar nichts – es ist noch viel zu früh dafür, solange Sie in einem Entweder-oder-Dilemma festhängen. Widerstehen Sie auf Sie ausgeübtem Druck, da will jemand nicht Ihr Bestes, sondern seines. Wie genau Sie sich tapfer gegen Druck von außen wehren können, erfahren Sie in Kapitel 7.
- Fragen Sie sich, was Sie eigentlich wollen, und tun Sie nicht überstürzt und automatisch das, was der andere gerne möchte. Schließlich wollen Sie ja weg vom fremdbestimmten, manipulierten Angsthäschen zum selbstbestimmten tapferen Löwen – das geht aber nur, wenn Sie Ihre eigenen Bedürfnisse klar vor Augen haben.
- Suchen Sie aktiv nach weiteren Möglichkeiten, die Sie bisher vielleicht ausgeblendet haben. Neben Ohrfeige und Kopfnuss gibt es sicherlich noch andere, attraktivere Varianten. Ein kleines Küsschen vielleicht ...

Der berühmte Vogel Strauß

Katja hat so ein komisches kleines Muttermal auf dem Rücken. Seit ihr Masseur ihr gesagt hat, dass es sich ein wenig verändert hat, weiß sie, dass sie eigentlich zu ihrem Hautarzt gehen sollte, um es sicherheitshalber untersuchen zu lassen. Aber sie fürchtet sich vor einem möglichen alarmierenden Ergebnis, sieht sich schon haarlos mit einer scheußlichen Kunsthaarperücke nach einer grauenhaften Chemotherapie und tut deshalb – nichts. Seit Monaten schiebt sie es vor sich her, endlich den Termin auszumachen, und hofft stattdessen ... Das Problem soll einfach von selbst verschwinden! Wenn sie es ausblendet, ist es gar nicht wahr ...

Solche Wunder sind allerdings sehr rar. Selten wird ein Zauberstab geschwungen, der uns für unsere standhafte Ignoranz belohnt. Nur weil Sie ein Entscheidungsthema beharrlich verdrängen, verschwindet es nicht und löst sich im Normalfall auch nicht von selbst. Eher wird die Lage immer schlimmer, wenn Sie sich weigern, dem Problem ins Auge zu sehen. Vielleicht ist das Muttermal jetzt noch ganz harmlos und kann ohne jegliche Schwierigkeiten und Folgen behandelt oder entfernt werden. Wenn man es aber in Ruhe vor sich hin mutieren lässt, kann die Sache ganz anders ausgehen.

Der etwas einfältige Vogel Strauß gibt sich hemmungslos der Illusion hin, Wegsehen hülfe. Wie ein kleines Kind, das sich beim Versteckspielen die Augen zuhält und glaubt, nun sei es unsichtbar und könne von den anderen nicht mehr gesehen werden. Doch keine Entscheidung ist auch eine Entscheidung – die Verantwortung für die Folgen seines Verhaltens muss man so oder so übernehmen. Also doch besser die Zähne zusammenbeißen, allen Mut aktivieren und eine selbstgesteuerte Entscheidung treffen, ehe eine unbekannte Macht bedenkenlos mit Ihrem Los würfelt. Wegsehen und ignorieren helfen unglücklicherweise überhaupt nicht weiter. Da braucht es den Mut, auch unangenehmen Situationen fest und unerschütterlich ins feindliche Auge zu blicken.

Umgehung des Schlaglochs

- Fragen Sie sich, aus welchem Grund Sie sich vor der Entscheidung drücken wollen. Oft sind es Ängste – wie Sie die zähmen können, wissen Sie ja schon aus Kapitel 4.
- Entscheiden Sie sukzessive in kleinen Schritten. Zum Hautarzt zu gehen bedeutet noch lange nicht, dass Sie sich damit im Ernstfall schon für eine jahrelange Chemotherapie entschieden haben.
- Machen Sie sich klar, dass Sie auch nur eine bedingte Entscheidung treffen können, die Sie wieder revidieren können. Nichts ist für die Ewigkeit geregelt.
- Bei manchen Dingen können Sie einen Schwellenwert festlegen und die Entscheidung so lange aussitzen, bis dieser Wert überschritten würde. Beim erstmaligen Feststellen der schwierigen Situation registrieren Sie, dass Sie auf etwas Obacht geben sollten. Nach einer angemessenen Frist schauen Sie wieder hin. Wenn die Lage unverändert ist, warten Sie gemütlich weiter ab. Wenn sich die Situation verbessert, rufen Sie Juchhu und beobachten einfach sporadisch weiter. Wenn sich die Lage aber verschlechtert, ist Action gefragt. Jetzt ist Handeln angesagt.
- Wenn die Folgen des Nicht-Entscheidens möglicherweise völlig trivial sind, können Sie sie auch ganz aussitzen, bis Ihnen das Leben eine schicke Lösung präsentiert. Sie konnten sich bisher nicht für Italien oder Spanien als Urlaubsland entscheiden – wenn Sie beide gleich gern mögen, können Sie die Wahl auch problemlos dem Roulette der Last-Minute-Angebote überlassen.

1+1=5

Susanne steht vor einer schwierigen Entscheidung. Seit einiger Zeit köchelt ihre Beziehung mit Wolf lau, leblos und trist vor sich hin. Das Feuer der Anfangszeit ist erloschen und kokelt nur noch Qualm erzeugend vor sich hin. Auf ihre Nachfrage bekommt sie aber immer nur von einem sehr kurz angebundenen Wolf zu hören, es sei alles bestens. Wegen einer ähnlichen Erfahrung mit ihrem Ex-Mann ist sie zu der festen Überzeugung gekommen, dass Wolf sie betrügt: Wahrscheinlich mit seiner attraktiven Sekretärin, die sie von einer Weihnachtsfeier kennt – und nun ist sie kurz davor, Wolf seine unverzeihliche Verfehlung an den Kopf zu werfen und ihn gnadenlos mit Sack und Pack aus der gemeinsamen Wohnung rauszuschmeißen. So geht das auf keinen Fall weiter!

Liebe Susanne, leider müssen wir zu diesem Zeitpunkt den Angeklagten mangels Beweisen freisprechen. Nur aufgrund vergangener desolater Erfahrungen, dubioser Ähnlichkeiten und wilder Hypothesen sollte man wahrlich keine Entscheidung treffen – was wir aber in einem sehr hohen Ausmaß leider doch tun. Nur zu oft verwechseln wir unsere eigenen Annahmen mit harten Fakten. »Das weiß ich vom Hörensagen«, »das hab ich mal irgendwo mitbekommen«, »das hat mir mal ein Freund erzählt«, »das weiß doch jeder«, »hab ich irgendwo gelesen« – vage Informationsbröckchen haben den Weg in unseren Kopf geschafft und werden dort vom gemischten Buntmetall mit alchimistischer Kennerschaft sofort in das Gold der reinen Wahrheit transformiert, mit eigenen Schlussfolgerungen kunstreich verziert und von da an als bare Münze genommen. So kommt es zu der wundersamen Gleichung 1+1=5 – wenige echte Fakten, viele wilde Annahmen.

Vielleicht ist Wolf ja wirklich ein untreuer Hallodri – nur kann Susanne das zu diesem Zeitpunkt nicht mit hinreichender Sicherheit wissen, da sie nur Schlussfolgerungen aus sonderbaren Verhaltensweisen zieht, die aber verschiedene Ursachen haben können. Denn vielleicht steht er einfach kurz vor der Kündigung, ist super gestresst und traut sich nicht, Susanne diese Hiobsbotschaft beizubringen. Männer haben ja auch ihren Stolz. Ehe sie nicht echte, bewiesene Informationen hat, sollte sie vor einem solch drastischen Schritt wie einem Hinauswurf doch lieber erst einmal Abstand nehmen.

Umgehung des Schlaglochs

- Legen Sie Ihr sogenanntes Wissen genau unter die Lupe. Was davon sind in der Tat echte, bewiesene, objektive Informationen? Woher kommen sie, wie vertrauenswürdig ist die Quelle? Wie können Sie sie verifizieren?
- Überprüfen Sie Ihre Schlussfolgerungen: Basieren sie alle auf Fakten, die Sie dann hoffentlich halbwegs logisch interpretiert haben? Wenn es keine Faktenbasis gibt, ist Ihre Schlussfolgerung schlicht und ergreifend Ihrer lebhaften Phantasie entsprungen. Die Tatsache, dass der arme Wolf mürrisch und kurz angebunden ist, bedeutet eben noch nicht, dass er sich Hals über Kopf in eine Affäre mit seiner Sekretärin gestürzt hat.
- Betrachten Sie Ihre Schlussfolgerungen. Sind sie der Informationslage entsprechend realistisch? Haben Sie sie durch Katastrophendenken übertrieben schlecht wahrgenommen, oder aber reißt Sie Ihr übersteigerter Optimismus in genau die andere Richtung?
- Welche weiteren Schlussfolgerungen ließen sich aus den vorliegenden Informationen noch ziehen? Auch harte Fakten können in ihrer Bedeutung sehr unterschiedlich sein. Seine schroffe, kurz angebundene Art kann völlig andere Ursachen haben: Unter Umständen geht Wolf weder fremd noch steht er vor der Kündigung, sondern vielleicht kränkelt er auch einfach etwas.

Der Machbarkeitswahn

Ulrike hat Stress mit ihrer Tochter. Die ist in der Pubertät. Großhirn und gesunder Menschenverstand sind durch Hormone ausgeschaltet. Also ist Ulrikes Stress nur allzu normal. Schon hundert Mal hat sie dem Fräulein Tochter gesagt, dass sie erst ihre Hausaufgaben machen soll, bevor sie sich mit ihren Freundinnen auf die neueste Bravoausgabe stürzt und ihr nächstes Piercing plant. Hat bloß alles nichts gefruchtet, die letzten Klassenarbeiten waren katastrophal. Jetzt rafft

Ulrike all ihren Mut zusammen, um durchzugreifen und das Töchterchen wieder auf den richtigen Kurs zu bringen. Sie wird ihr eisenhart das Taschengeld sperren, wenn sie nicht wieder mehr Interesse für die Schule zeigt. Das wird man doch sehen, wer hier immer noch das Sagen hat!

Gut gemeint, aber wenig Aussicht auf Erfolg! Oft tun wir alles, was wir können. Es ist machbar, wir können es schnell umsetzen, also erscheint es uns als die richtige, naheliegende Wahl, unser Problem zu lösen. Wenn man sich auf das Machbare konzentriert, hat man zumindest das beruhigende Gefühl, überhaupt aktiv zu werden und nicht nur hilflos herumzusitzen. Wir demonstrieren Lösungswillen: Schaut doch, wie ungeheuer ich mich anstrenge, um das Problem in den Griff zu bekommen!

Doch der große Trugschluss hinter dem Machbarkeitswahn ist, dass das Machbare mit dem Nötigen verwechselt wird. Es ist für Ulrike machbar, ihrer Tochter das Taschengeld zu sperren – aber ist es auch das, was notwendig ist, um ihre Motivation zum Lernen wiederherzustellen? Wenn Sie an Ihre eigene Pubertät denken, werden Sie sich sehr gut erinnern können, dass solche machbaren Maßnahmen leider nicht viel gefruchtet haben – im Gegenteil, meistens haben sie nur noch Ihren Widerstand angefacht.

Leider erliegen wir oft der Verführung des Machbaren: Wir drehen den Zündschlüssel 20 Mal um, wenn der Wagen nicht anspringt, weil es das ist, was wir können. Wir bestrafen unseren Gatten für sein unmögliches Fehlverhalten auf der letzten Gartenparty mit Liebesentzug, weil es das ist, was wir einfach hinkriegen. Die Preise werden gesenkt, wenn das Produkt nicht mehr so gut läuft – problemlos umzusetzen für den Marketingstrategen. Das Machbare ist oft leicht zu erkennen, einfach umzusetzen und zudem so schön vertraut, weil wir es schon häufig gemacht haben. Und nur zu oft halten wir es auch noch für das einzig Mögliche, weil wir aus Bequemlichkeit gar nicht erst nach anderen unbequemen und unvertrauten Wegen Ausschau halten.

Das Richtige, das Nötige, ist hingegen bedauernswerterweise selten mit dem Machbaren identisch. Nur muss man sich mehr anstrengen, um es herauszufinden und umzusetzen. Seit Jahrzehnten doktern verschieden Regierungen in Deutschland an einer Steuerreform herum – sie realisieren machbare kleine Änderungen. Das Nötige hat sich bisher noch keiner getraut anzugehen, obwohl es etliche hervorragende Modelle gibt. Na klar, das wäre schwierig, es gäbe Widerstände, würde viel Aufwand bedeuten … Also lieber weiterhin Konzentration auf das Machbare, man tut zumindest etwas, und damit macht man nicht so viel falsch, glaubt man. Aber leider auch nichts richtig.

Umgehung des Schlaglochs

- Überlegen Sie bei jeder wichtigen Entscheidung, ob die Wahl, zu der Sie sehr schnell tendieren, nicht bloß das einfach Machbare ist. Gewohnheit und Vertrautheit ziehen uns oft mit unwiderstehlicher Macht in die Machbarkeitsfalle.
- Fragen Sie sich ehrlich, was in der Situation eigentlich nötig, hilfreich und angemessen wäre. Sicher kann Ulrike leicht das Taschengeld sperren, aber Gespräche mit ihrer Tochter, den Lehrern, den Freundinnen oder deren Eltern wären sicherlich angemessener, um das Motivations- und Lernproblem zu lösen – aber natürlich viel aufwändiger. Nur ist das dummerweise keine Entschuldigung, sich nicht um eine bessere Lösung zu bemühen.
- Wenn Ihnen eine Alternative besser als das Machbare, aber eher schwierig oder gar unmöglich erscheint, erliegen Sie bitte nicht einem Rückfall in die seligen Gefilde des Machbaren. Stellen Sie lieber fest, was Sie noch brauchen, was Sie tun können und was passieren müsste, damit Sie sie doch umsetzen können.
- Holen Sie sich Unterstützung und Hilfe, falls die erstrebenswerte Alternative zu schwierig erscheint. Oft haben andere einen frischen Blick und können neue Wege zum Ziel aufzeigen und Sie dabei ermutigen und aktiv begleiten.

Der rettende Strohhalm

Woran liegt es bloß, dass Frida immer wieder bei den Kollegen aneckt? In jeder Abteilung, in der sie bisher war, lief es am Anfang ganz gut, aber auf Dauer haben sich alle immer mehr von ihr distanziert und zurückgezogen. Nun überlegt sie ganz verzweifelt, was sie nur tun soll, um besser mit den Kollegen auszukommen. Ihr fällt ein, dass ein Kollege vor kurzem einmal darüber gelästert hat, dass es einige Nassauer in der Abteilung gibt, die zu gemeinsamen Kaffeerunden oder sonstigen Bürofeiern immer sehr gerne kommen, aber nie selbst etwas beisteuern. Frida muss zugeben, dass sie bisher auch noch nichts mitgebracht hat, weil sie sehr selten, eigentlich nie zu solchen Zusammenkünften geht. Hmm, das wird es wohl sein! Ihre Entscheidung ist klar: Sie wird ab jetzt immer besonders viel spendieren, auch wenn sie selber an der Feier gar nicht teilnimmt, um den anderen zu zeigen, dass sie kein Geizhals ist. Genau, das wird es sein!

Da winkt er schon und wedelt hektisch, der rettende Strohhalm! Konzentration auf ein einziges, einfaches kleines Detail, von dem wir uns das Wunder der Problemlösung erhoffen. Alle anderen Aspekte und möglichen Ursachen werden ausgeblendet, überglücklich klammern wir uns an das schlichte schwache Hälmchen, das uns aus der Misere herausholen soll. Die Beziehung läuft nicht? Ein Kind wird sie schon retten. Der tolle Traumtyp auf der letzten Party fand Sie nicht so attraktiv wie Sie ihn? Ach, da haben Sie bestimmt die falsche Haarfarbe, ab zum Friseur und umgefärbt. Die Karriere stagniert? Noch mehr Engagement zeigen und Überstunden machen, das hilft bestimmt.

Der Strohhalm ist allerdings meist wirklich nur ein Strohhalm, der unser Gewicht nicht trägt und mit dem wir dann jämmerlich untergehen. Ein rettender, tragfähiger Balken wäre besser gewesen. Die schlanke Diagnose und Reduktion auf nur ein einziges, winziges Detail ist leicht, schnell, beruhigend – man tut etwas, muss sich nicht über komplexe Zusammenhänge den Kopf zerbrechen, zudem wählen wir meist den vertrauten Strohhalm, für den wir eine Vorliebe haben, weil wir uns damit auskennen und den wir daher leicht realisieren können.

Das windige Hälmchen, welches wir uns als den Schlüssel zur Lösung auswählen, ist aber vielleicht nur in unseren Augen die passende Lösung, zudem ist es oft nicht der einzige Grund für unser Problem. Frida macht sich nicht dadurch unbeliebt, dass sie bisher nie eine selbst gebackene Torte oder fünf Flaschen Prosecco mitgebracht hat, sie wird es deshalb, weil sie neben den rein beruflichen Kontakten keinerlei Kommunikation mit den KollegInnen hat: Sie geht allein zum Essen, meidet die Bürofeiern, erzählt noch nicht einmal, wohin sie in den Urlaub fährt, lehnt jeden Small Talk ab. Da wird ein leckerer Kuchenberg auch nicht viel weiterhelfen. Aber Kuchenbacken oder Prosecco kaufen ist für sie leichter, als sich ernsthaft mit ihrer Beziehungsgestaltung auseinanderzusetzen, obwohl nur diese den rettenden Balken darstellen könnte.

Umgehung des Schlaglochs

- Misstrauen Sie den allzu einfachen Kochrezepten, die nur ein wenig Salz verlangen – davon ist schnell zu viel genommen und die Suppe nicht mehr zu retten. Fast alle Entscheidungssituationen sind viel komplexer, als dass sie sich auf einen Faktor reduzieren ließen.
- Treten Sie einen Schritt zurück und betrachten Sie die Entscheidungssituation so, als wären Sie ein unbeteiligter Beobachter. Welche Aspekte fallen Ihnen aus dieser Perspektive auf, die Sie vorher nicht wahrgenommen haben?
- Sammeln Sie nun vor Ihrer Entscheidung alle möglichen verschiedenen Einflussfaktoren. Fragen Sie sich bei jedem, wie stark er sich auswirkt und ob Sie ihn beachten müssen oder vernachlässigen können.
- Ordnen Sie die Faktoren in eine Rangfolge ein und suchen Sie nach Lösungen, die auf jeden Fall die wichtigsten berücksichtigen.

Die Märtyrerin

Charlotte hat eine hohe Leidensfähigkeit, das kann man ihr zweifellos attestieren. Seit Beginn ihrer Beziehung zu Stefan hat ihre Schwiegermutter sie abgelehnt und tyrannisiert sie nach Strich und Faden. (Ja, leider gibt es sie wirklich, die schrecklichen Schwiegermütter aus den billigen Seifenopern!) Nichts kann sie ihr für ihren kostbaren Sohn recht machen, der doch eine viel bessere Frau als Charlotte verdient hätte. Sie kritisiert an ihrem Aussehen herum, an ihrer Haushaltsführung, an ihrer Art, die Kinder zu erziehen, am schlechten Wetter bei der Gartenparty, das natürlich auch Charlottes Schuld war. Das weiß doch jeder, zu so einem Termin regnet es immer ... Seit Jahren jammert Charlotte über ihr schreckliches Los, bei Stefan, ihren Freundinnen, bei ihrer Mutter. Aber immer, wenn ihr jemand sagt, sie solle sich doch endlich wehren, wiegelt sie ab und sagt mit einem wehmütigen, Bewunderung heischenden Lächeln auf den Lippen, Stefan zuliebe könne sie das nicht tun und müsse den Drachen wohl tapfer weiter ertragen. Dabei hat Stefan, der ja nicht blind ist und seine Mama sehr wohl so sieht, wie sie ist, Charlotte absolut grünes Licht gegeben ...

Na, auch schon mal gejammert und aus Mangel an Mut oder Energie nichts geändert? Da wären Sie absolut keine Ausnahme. Jammern und ansonsten nichts tun ist derzeit überaus in und wird immer gesellschaftsfähiger, wir sind fast schon ein komplettes Volk von sich verzweifelt die Haare raufenden MärtyrerInnen. Bitterlich beklagen sich Heerscharen von Angestellten, dass ihre globalisierte Firma sie ausbeutet und ihr Job sie noch umbringen wird – und das tun sie so lange, bis ihre unschöne Vorhersage eintrifft, man ihnen kündigt und sie vor Schreck frühzeitig an einem Herzinfarkt versterben. Jeder Bürger jammert, dass die Politiker unser Land endgültig ruinieren und man die Deutschland AG am besten meistbietend an der Börse oder bei eBay versteigern sollte. Aber aktiv werden – und sei es auch nur zur Wahl gehen – ist ihnen viel zu anstrengend.

Anfänglich haben wir noch Mitleid mit den armen, gequälten

Kreaturen und bieten eine Fülle an Lösungsmöglichkeiten an, inklusive des Versprechens aktiver Hilfe. Wenn wir die altbekannte Jammergeschichte mit neuen Details versehen allerdings zum vierzigsten Mal anhören müssen, ohne dass das arme Opfer auch nur die geringsten Anstalten macht, etwas zu ändern, verschwindet unser Mitleid und macht der Ungeduld und der Langeweile Platz. Der schöne Sekundärgewinn – eine versteckte Belohnung in einer unangenehmen Situation – bleibt den armen Märtyrerinnen also auch nicht auf ewig erhalten, denn irgendwann finden sie niemanden mehr, der ihr Gejammer anhört und sie warmherzig und liebevoll tröstet und für ihre Duldsamkeit bewundert.

Umgehung des Schlaglochs

- Machen Sie den Jammertest: Jammern Sie öfter über eine bestimmte Situation, als Sie sich Gedanken über ihre konstruktive Veränderung machen? Beklagen Sie sich bei mehr als vier oder fünf Personen regelmäßig darüber? Dann sitzen Sie definitiv drin in der Märtyrerinnenfalle und sollten schleunigst aussteigen.
- Verbieten Sie sich als Erstes das Jammern. Ab jetzt ist Ihr Mund versiegelt, von Ihnen wird niemand mehr endlose Klagen über das Thema hören. Verbieten Sie sich auch heimliches Jammern vor sich selbst, denn dadurch wird Ihr unangenehmes Gefühl nur noch negativ verstärkt. Na gut, einmal pro Woche dürfen Sie zur Erleichterung fünf Minuten im stillen Kämmerlein jammern – aber das war's dann auch!
- Betrachten Sie die Situation wieder wie der distanzierte Berater von außen: Was würden Sie der armen, geplagten Person empfehlen, um aus der Leidensphase herauszukommen?
- Beginnen Sie mit kleinen Schritten, aktiv zu werden: Brechen Sie das Nörgeltelefonat mit der Schwiegermutter höflich, aber bestimmt ab, nehmen Sie sich als geschundene Arbeitnehmerin keine Arbeit mehr mit nach Hause. So gewöhnen Sie sich langsam wieder an Aktivität statt Passivität.

- Bleiben Sie auch bei kleinen anfänglichen Misserfolgen hartnäckig am Ball – es führt kein Weg zurück ins Jammertal!

Nepper, Schlepper, Bauernfänger

»Superschnäppchen für geile Geizige nur für begrenzte Zeit!« Das hatte in der Zeitung gestanden. Ein wahnsinnig schicker Flachbildschirmfernseher zum sensationellen Tiefstpreis. Wiebke war sofort losgestürmt, um sich diese tolle Möglichkeit auf jeden Fall nicht entgehen zu lassen. Der Verkäufer in dem Elektronikgroßmarkt war zudem noch ein ganz netter Typ – im Vertrauen teilte er ihr flüsternd mit, sie sei ihm so sympathisch, dass er sie noch darauf hinweisen wollte, dass es zusätzlich noch einen Sonderrabatt und eine kostenlose Top-DVD gäbe, wenn sie auch den ebenfalls ganz tollen DVD-Recorder nehmen würde. Aber wirklich, das bleibt ganz unter uns, gell? Und geht auch nur heute.

Eigentlich war Wiebkes Budget begrenzt, und sie hatte schon einen guten DVD-Recorder. Allerdings schon ein älteres Modell. Und dann noch dieser Sonderrabatt ... mit leicht schlechtem Gewissen, aber voll im Schnäppchenfieber schlug sie mutig zu, zückte die Kreditkarte und kaufte beides. Und sie war auch sehr glücklich mit ihren Neuerwerbungen, obwohl sie jetzt eine Woche Urlaub wegen der ungeplanten Mehrausgabe streichen musste.

Heute endete das Glück. Sie bekam den Newsletter eines großen Onlineversandes, der mittlerweile vom Buch über Gartenmöbel bis zu Schuhen und Elektronik alles anbietet. Und in diesem vertrackten Newsletter wurde auch ihr toller Flachbildschirmfernseher angepriesen – zu einem Standardpreis, der unter dem Superpreis des Elektronikgeschäfts lag. Erschüttert suchte sie auch nach dem DVD-Recorder, und siehe da, das gleiche: Standardpreis unter dem Sonderrabattangebot. Wehmütig rechnete sie zusammen, dass sie ihre Woche Urlaub hätte machen können, wenn sie nur nicht so im Schnäppchenwahn gewesen wäre ...

Tja, in diese Manipulationsfalle ist wohl schon jeder getappt. Eines der beliebtesten Manipulationsinstrumente, die bei Entscheidungen zum Einsatz kommen, ist Zeitdruck. Nur heute, nur begrenzte Zeit, jetzt zuschlagen, nicht verpassen – damit sollen wir geködert werden, was ja leider oft genug gelingt.

Aber nicht nur bei Käufen wird der künstliche Zeitdruck erpresserisch genutzt, auch im Privatleben begegnet er einem. Wenn du dich nicht bis in zwei Wochen entschieden hast, mit mir zusammenzuziehen, weiß ich ja, was das bedeutet ... das war's dann wohl. Natürlich sollten Sie nicht sieben Jahre lang überlegen, ob Sie den Mann genug lieben, um mit ihm eine Wohnung zu teilen, aber etwas mehr als zwei Wochen möchten Sie womöglich schon darüber nachdenken; es ist ja schließlich kein kleiner Schritt. Unendliches Warten ist sicherlich nicht zumutbar, aber die Pistole auf der bebenden Brust ist es ebenso wenig.

Dieser künstliche, oft nicht sachlich gerechtfertigte Zeitdruck versetzt uns in Stress und aktiviert die Angst, etwas ganz Tolles zu verpassen, wenn wir nicht sofort zuschlagen. Die objektive Betrachtung der Option gerät dabei völlig ins Hintertreffen. Der Jagdinstinkt ist aktiviert, da ist es uns egal, was genau wir da eigentlich erlegen, Ratte oder Fasan. Selbst die zögerlichste Entscheidungsscheue wird da möglicherweise zuschlagen. Hauptsache, fette Beute gemacht! So kommt es, dass bei eBay gebrauchte Artikel über dem Neupreis verkauft werden ...

Umgehung des Schlaglochs

- Misstrauen Sie grundsätzlich Ultimaten. Wenn Ihnen eines gestellt wird, fragen Sie nach der sachlichen Begründung dafür. Die Pistole auf der Brust ist tendenziell unfair, es sollte also einen wirklich guten, zwingenden Grund dafür geben. Selbst wenn es zum Beispiel um ein Jobangebot geht: Ein seriöser Arbeitgeber, der ernsthaft an Ihnen interessiert ist, wird es verstehen, dass Sie so einen mutigen Schritt erst nach gründlicher Überlegung in angemessener Zeit tätigen wollen.

- Fragen Sie sich immer, ob Sie die Option auch ohne den (künstlichen) Dringlichkeitsfaktor und das angebliche Superangebot attraktiv fänden. Oft bekommt man wieder einen klaren Kopf, wenn man weiß, dass man Zeit zum Überlegen hätte.
- Verzichten Sie trotz des Zeitdrucks nicht darauf, sich anderweitig zu informieren. Nichts ist so kurzfristig gültig (und wenn doch, sollte das erst recht Ihre Alarmglocken schrillen lassen), dass nicht noch ein wenig Zeit für weitere Recherchen bliebe.
- Verlieren Sie nicht durch den Nebel des Drucks und des Jagdfiebers den Blick für die Qualität. Nur wenn Sie sich auch ohne Druck für diese Alternative entscheiden würden, ist sie es wert, in Betracht gezogen zu werden.

Mein Bauch hat immer Recht!

Klara ist fassungslos. Wie kann das sein, dass ihre Intuition so versagt hat? Bei schwierigen Entscheidungen ist sie immer ihrem Gefühl gefolgt und hat damit meistens auch richtig gelegen. Aber dieses Mal hat es sie völlig in die Irre geführt. Sie war bei einem Assessment-Center für eine hochinteressante Stelle, außer ihr waren noch vier andere Bewerber dabei. Sie als einzige Frau wollte da natürlich ihre weiblichen Stärken ausspielen, um Punkte zu sammeln, weibliche Stärken sind ja heutzutage angeblich sehr gefragt. Also hat sie sich nicht in den Vordergrund gedrängt, viel Teamgeist gezeigt und darauf geachtet, nicht zu dominant zu wirken.

Klar, sie wusste, dass man auch einige Initiative und Dynamik demonstrieren sollte, aber dabei fühlt sie sich sowieso nicht recht wohl. Sich als Anführerin aufzuspielen, selbst wenn sie den besten Vorschlag für eine Vorgehensweise hat, ist ihr extrem unangenehm. Und wenn sie sich nicht wohl dabei fühlt, ist sie sowieso nicht in Topform, glaubt sie. Nein, lieber etwas mehr Zurückhaltung an den Tag legen und keine direkten Anweisungen geben und das Zepter an sich reißen, sondern allenfalls vorsichtig einen Vorschlag unterbreiten.

Und nun das! Bedauernd hat ihr der Personalchef mitgeteilt, dass sie sich für einen der anderen nassforschen Jungdynamiker entschieden haben, weil Klara ihnen zu bescheiden und zu wenig durchsetzungsfähig erschien. Und sie hatte so ein gutes Gefühl dabei gehabt!

Die Gefühlsfalle

Traurige, verwirrte Klara! Sie ist voll in die Gefühlsfalle getappt. Gerade gefühlsmäßige Entscheiderinnen sitzen schnell dem Irrtum auf, dass ihr Gefühl immer Recht hat. Flugs folgern sie daraus, dass nur das die richtige Wahl sein kann, was sich auch gut anfühlt, und umgekehrt. Dummerweise ein veritabler Irrtum. Die menschliche Abneigung vor Neuem und Unbekanntem führt leider dazu, dass selbst tolle Verbesserungen, wenn sie eben neu sind und sich daher komisch anfühlen, vehement abgelehnt werden. Lieber bleibt man bei der alten, eventuell sogar schädlichen Gewohnheit, als sich dem unvertrauten Neuen hinzugeben.

Wir hängen sehr an unseren Gewohnheiten, an Altvertrautem, und möchten uns nur ungern davon trennen. McDonald's bemüht sich, schon den ganz kleinen Gästen ein gutes Gefühl beim Verzehr ihrer Produkte zu verschaffen, weil deren Marketingstrategen auch wissen, dass wir uns schwer von diesen altvertrauten Prägungen lösen können. Und weil Klara sich eben unwohl fühlt, wenn sie einmal etwas selbstbewusster auftreten soll, glaubt sie dem gewohnten, gemütlichen Gefühl der Bescheidenheit mehr als ihrer verstandesmäßigen Einsicht, sich auch einmal als zupackende Macherin zu profilieren.

Verwechseln Sie nicht Gefühl und Intuition!

Das ist der erste Irrtum: Gefühle haben beileibe nicht immer Recht. Der zweite Irrtum ist die Verwechslung von Gefühl und Intuition. Ein Gefühl ist nämlich nichts anderes als eine gelernte Reaktion auf einen Reiz. Als kleines Mädchen wurden Sie ausgeschimpft, weil Sie sich in den Augen Ihrer Mutter beim Aufsagen des traditionellen Weihnachtsgedichts zu sehr in den Vordergrund gespielt haben und die gewünschte mädchenhafte Bescheidenheit vermissen ließen. Sie haben ein schlechtes Gefühl bekommen und daraus gelernt: Sich selbstbewusst mit seinen Stärken zu zeigen ist böse, deshalb fühlt es sich schlecht an. Merke: Was sich angenehm anfühlt, ist richtig, was sich schlecht anfühlt, ist falsch. Diese gelernte Reaktion ist hochgradig subjektiv, irrational und oft fröhlich völlig unbelastet von irgendwelchen Fakten. Mal passt sie gut, mal ist sie total unangemessen.

Wir würzen diese gefühlsmäßige Reaktion zudem noch mit unserer Sammlung an hübschen Vorurteilen, Vorlieben und Abneigungen, Projektionen und Phantasien, Gewohnheiten und Ängsten, bis ein buntes Konglomerat entstanden ist. Und das ist zudem noch abhängig von unserer Laune und unserer Tagesform – was uns an einem guten Tag ein mildes Lächeln abringt, kann uns an einem schlechten fix und fertig machen.

Hinter der Intuition hingegen steckt mehr als nur ein gelerntes gutes oder schlechtes Gefühl. Sie befasst sich nämlich sehr wohl mit Fakten. Intuition verarbeitet schon vorhandenes Wissen und Können und erzeugt Erkenntnisse auf Basis von Informationen, nur eben ohne Zuhilfenahme des bewussten Verstandes mit anderen Methoden. Deshalb kommen solche intuitiven Einsichten für unseren Kopf so überraschend, deshalb beäugt sie der Verstand auch so misstrauisch, weil er den Prozess der Entstehung der Erkenntnis nicht mitbekommen hat.

Mittels unserer Intuition erfassen wir Zusammenhänge, die nicht offensichtlich ins Auge springen, wir spüren mit ihr verborgene Möglichkeiten auf, wir verarbeiten mit ihr auch unbewusste Wahrnehmungen. Dabei greift die Intuition auf Erfahrungen und vorhandene Verknüpfungen zurück, sortiert sie um und fügt neue hinzu.

Fazit: Gefühle sind gelernte Reaktionen auf bestimmte Reize, die nichts mit Objektivität oder Fakten zu tun haben. Sie sind oft unsinnig, irrational und führen uns in die Irre. Intuition ist ein anderer mentaler Mechanismus als die bewusste Logik, sie verarbeitet und verknüpft Informationen und Erfahrungen und führt oft zu erstaunlich guten Schlüssen. Ihrer Intuition sollten Sie sehr wohl ein Ohr leihen, Ihre Gefühle hingegen kritisch auf die Waagschale legen, um herauszufinden, was Sie Ihnen sagen wollen, ihnen aber nicht blind folgen.

Umgehung des Schlaglochs

- Stellen Sie eine Entscheidung erst einmal zurück, wenn Sie bemerken, dass Sie von heftigen Gefühlen geschüttelt werden, sei es die Euphorie des Unbedingt-haben-Wollens oder eine spontane Abneigung gegen eine der Wahlmöglichkeiten oder irgendetwas dazwischen. Starke Gefühle enthalten immer eine Botschaft oder Warnung, die es sorgfältig zu entschlüsseln gilt, ehe Sie Ihre Entscheidung treffen.
- Forschen Sie nach, warum Sie ein irritierendes, ein gutes oder schlechtes Gefühl haben: Steckt eine alte Gewohnheit oder Erfahrung dahinter? Will irgendeine Angst Sie ausbremsen? Entspringt Ihr Gefühl vielleicht Ihrem Wunschdenken? Will es Sie vor einer latenten Gefahr warnen? Oder wird es erzeugt durch eine unterschwellige Wahrnehmung Ihrer Intuition?
- Suchen Sie aufmerksam nach möglichen Auslösern für das Gefühl. Achten Sie auch auf Nebensächlichkeiten, schauen Sie die Details näher an, befragen Sie alle Sinne.
- Schalten Sie Ihren Kopf zu und betrachten Sie die Situation von außen, um mit mehr Distanz und weniger Gefühl einen Überblick zu gewinnen. Was würden Sie tun, wenn es nicht um Sie, sondern um jemand anderes ginge?
- Akzeptieren Sie, dass manchmal der Kopf Recht hat und nicht der Bauch: Etwas Sinnvolles mag sich komisch anfühlen, ist aber dennoch die bessere Wahl. Da müssen Sie durch – aber keine Angst, man gewöhnt sich sehr schnell an das Neue, und dann fühlt man sich auch wieder gut dabei.

Mit System zur mutigen Entscheidung

Als das Telefon klingelt, schreckt Viola aus ihrer quälenden Grübelei auf. Seit knapp zwei Wochen ringt sie mit einer Entscheidung und kommt damit einfach nicht richtig weiter. Und übermorgen ist es so weit – sie muss entweder zu- oder absagen. Seufzend hebt sie ab. Verwählt, und dann auch noch unfreundlich rumzetern! Das hebt ihre schlechte Laune auch nicht gerade.

Entschlossen greift sie zu Papier und Stift, um sich einen Überblick über ihr leidiges Dilemma zu verschaffen. Auf der einen Seite gibt es da den aktuellen Job und die zur Zeit etwas stagnierende Karriere. Ihre Arbeit als Projektmanagerin in einer kleineren Softwarefirma macht ihr grundsätzlich sehr viel Spaß, sie ist auch eine der Besten in ihrem Team. Aber mittlerweile wiederholen sich die Projekte irgendwie, sodass es ihr allmählich ein wenig zu langweilig wird.

Außerdem haben sich kürzlich die Gerüchte bestätigt, dass in ihrer Abteilung drei Leute entlassen werden müssen, weil die Lage momentan ziemlich angespannt ist. Die Firma wird sich sicher wieder erholen, aber dazu sind unter anderem auch diese einschneidenden Maßnahmen notwendig. Und noch weiß keiner so genau, wen es treffen wird. Viola als eine der Spitzenkräfte fühlt sich eigentlich ganz sicher, aber man weiß ja nie …

Vor zwei Wochen hat ihre Chefin ihr angeboten, die Leitung eines strategischen Projekts unter der Aufsicht der Geschäftsführung zu übernehmen. Das wäre eine große Verantwortung, zudem mit viel Mehrarbeit und etlichen Reisen verbunden. Aber sie könnte sich in diesen harten Zeiten dadurch sicherlich weiter als hoffentlich unverzichtbare Spitzenkraft profilieren, so die Meinung ihrer Chefin. Sie hatte ihr diese zwei Wochen Bedenkzeit gegeben, die am Montag ablaufen werden.

Und dann ist da auf der anderen Seite das Angebot von Ludwig. Er ist ein alter Freund, der sich vor zwei Jahren selbstständig gemacht hat im Bereich Eventmanagement. Er organisiert, bewirbt und managt große Veranstaltungen wie Messen, Firmenfeiern, aber auch Konzerte und so weiter. Er hat sich mittlerweile einen guten

Namen gemacht, seine Referenzliste ist beeindruckend. Da er weiß, dass Viola eine erfahrene Projektmanagerin ist, und er ganz dringend eine braucht, hat er sie gefragt, ob sie sich vorstellen könnte, mit ihm auf freier Basis zusammenzuarbeiten.

Er würde ihr gleich zu Beginn zwei große Projekte garantieren, bei denen er sie anfangs natürlich unterstützen würde, bis sie allein klarkommt. Auch die dauerhafte Auslastung hält er für gewährleistet. Und – nicht das Unwichtigste an der ganzen Sache – er bietet sehr attraktive Honorare und die Option, langfristig als Partnerin in seine Firma mit einzusteigen.

Viola atmet tief durch und legt los. Dieses Wochenende muss und wird sie sich entscheiden, das steht fest!

Die Angst- und Kopfbremsen sind gelöst, die Entscheidungsfallen elegant umkurvt – jetzt wäre eine systematische Vorgehensweise gut, um das Dilemma gezielt aufzulösen. Begleiten wir doch einfach Viola durch ihren Entscheidungsprozess.

Der systematische Entscheidungsprozess am Beispiel Viola

1. Wählen Sie den richtigen Zeitpunkt.

Schieben Sie Entscheidungen nicht ewig vor sich her: keine Aufschieberitis, kein falsches Aussitzen, kein Verdrängen.
Da habe ich mich wohl noch zu sehr gedrückt, ich weiß, dass ich ziemlich spät dran bin. Beim nächsten Mal lege ich aber bestimmt früher los! Aber auch keine Schnellschüsse und halbgaren Entscheidungen, nur um das unangenehme Gefühl der Unsicherheit schnellstmöglich loszuwerden. *Hätte ich fast gemacht und meiner Chefin beinahe zugesagt, aber im letzten Moment habe ich mich noch bremsen können, weil ich noch zu unsicher war, ob es das Richtige ist.* Kein endloses Jammern statt effizientem Handeln – Sie sind keine Märtyrerin. *Jammern würde ich liebend gerne, aber das bringt's ja nicht und geht auch nicht mehr ...*

2. *Finden Sie heraus, was Sie überhaupt wollen.*

Angsthäschen mit hängenden Ohren leiden oft nicht nur unter zu wenig Mut, sondern haben auch ein wenig aus dem Auge verloren, was sie denn eigentlich wollen, da sie sich zu oft fremdbestimmen ließen. Um fundierte, mutige Entscheidungen treffen zu können, müssen sie also erst einmal wieder herausfinden, was sie denn eigentlich wollen, was ihnen wichtig ist im Leben. Denn ohne diese Orientierung bleiben alle Entscheidungen beliebig und ziellos, dümpeln und mäandern bloß träge im Fluss des Lebens dahin.
Finden Sie Ihre Wünsche, Werte und Prioritäten des Lebens heraus.
Geben Sie sich dazu Antworten auf folgende Fragen:

- **Welche fünf Dinge würden Sie am meisten vermissen, wenn es Sie wie Robinson Crusoe auf eine einsame Insel verschlagen würde?**
Meine Familie und meine Freunde natürlich, meine Wohnung, Bücher, Musik und italienisches Essen!
- **Wofür stehen diese Dinge? Warum sind Sie Ihnen so wichtig?**
Familie und Freunde stehen für Liebe und Geborgenheit, meine Wohnung glaube ich für Sicherheit, Gemütlichkeit, die Bücher und die Musik führen mich immer in neue Welten – die Neugier zu befriedigen und die anregende Vielfalt faszinieren mich daran. Und das italienische Essen – ich finde, Genuss ist schon auch sehr wichtig im Leben!
- **Was wollen Sie in Ihrem Leben unbedingt noch erreichen?**
Ich möchte unbedingt Kinder haben, ein eigenes Haus, aber auch eine

Arbeit, für die ich bewundert werde und Anerkennung und Geld bekomme. Und mein Traum wäre eine richtig lange Kreuzfahrt durch die Welt!

- **Wofür stehen diese Wünsche? Warum sind Sie Ihnen so wichtig?**
  Kinder wieder für Liebe und Zuneigung, das eigene Haus ... Sicherheit und Unabhängigkeit, denke ich. Tja, Anerkennung ist klar, Geld ist für mich ebenso ein Mittel, um unabhängig zu sein. Die Kreuzfahrt – wieder meine absolute Neugier auf unbekannte Flecken der Welt.

  Listen Sie bitte Ihre Werte auf.
  Gut, was ich herausgefunden habe, ist: Liebe und Geborgenheit, Sicherheit, Gemütlichkeit, Neugier befriedigen und Anregungen bekommen, Genuss, und dann noch Unabhängigkeit und Anerkennung.

  Nun bringen Sie sie bitte durch kritische Befragung in eine Rangfolge.
- **Für welchen dieser Werte würden Sie mit aller Kraft kämpfen, falls er bedroht wäre?**
  Für die Liebe! Auf jeden Fall für die Liebe. Für Gemütlichkeit, Befriedigung der Neugier, Genuss und Anerkennung sicher auch irgendwie, aber nicht bis zum letzten Blutstropfen ... Unabhängigkeit hingegen und Sicherheit, da würde ich mich auch heftigst ins Zeug legen!
- **Noch einmal andersherum, zur Sicherheit: Auf welchen Ihrer Werte könnten Sie keinesfalls verzichten, weil das Leben dann nicht mehr lebenswert für Sie wäre?**
  Auch so herum steht die Liebe an erster Stelle, auch die Unabhängigkeit bleibt ganz vorn. Aber wenn ich jetzt noch mal drüber nachdenke – ich könnte mir schon vorstellen, ein Stück weit weniger Sicherheit zu haben und das Leben trotzdem noch schön zu finden. Die anderen wie Gemütlichkeit, Genuss, Anerkennung und Neugier befriedigen ... Wäre natürlich schlimm, wenn das nicht mehr ginge, aber lebenswert wäre das Leben trotzdem noch.
- **Wie lautet jetzt Ihre Reihenfolge nach der Wichtigkeit Ihrer Werte?**
  Ich nummeriere sie mal durch: 1. Liebe, 2. Unabhängigkeit, 3. Sicherheit, 4. Genuss, 5. Neugier befriedigen und Anregungen bekommen, 6. Anerkennung, 7. Gemütlichkeit. Die letzten vier habe ich so nach meinem Gefühl einsortiert, das funktionierte recht gut.

  Leiten Sie Bewertungskriterien für mögliche Alternativen ab.

- **Was müsste eine mögliche Alternative unbedingt erfüllen?**
  Sie müsste mir genug Zeit und Energie für meine Familie und meine Freunde lassen, ich müsste möglichst unabhängig arbeiten können, sie müsste ein mehr oder weniger geregeltes Mindesteinkommen liefern, abwechslungsreich sein und mir auch die Möglichkeit bieten, mich weiterzuentwickeln und anerkannt zu werden.

3. *Finden Sie heraus, welche weiteren Möglichkeiten außer den angebotenen Sie noch haben.*

   Sie wissen ja noch: Eine Möglichkeit bedeutet Zwang, zwei ein Dilemma, erst ab dreien beginnt die echte Wahl. Generieren Sie also Optionen! Nehmen Sie auch ungewohnte, neue Lösungen mit auf – erliegen Sie nicht der Angst vor Neuem und dem bequemen Hang zum Bewährten.

- **Was passiert bei der Null-Lösung = Sie entscheiden gar nicht?**
  Die mögliche Kooperation mit Ludwig wäre futsch, denn er braucht ziemlich schnell jemanden. Und wenn ich meiner Chefin absage, habe ich damit sicher an meinem Stuhl gesägt, was meine Position und die Sicherheit meines aktuellen Jobs angeht ... wäre deshalb ziemlich dumm, gar nicht zu entscheiden.
- **Können Sie etwas ganz anderes tun?**
  Hmm, ich könnte mich ja auch nach einer neuen Stelle in einer anderen Firma umsehen – ich hätte da sogar einen Kontakt in einer ähnlichen Firma, mit der wir öfter zusammenarbeiten. Und ich könnte ernsthaft über eine völlig neue Richtung nachdenken, die mich schon lange reizt: Ich würde rasend gern eine Ausbildung zur Mediatorin machen. Im Projektmanagement hat man ja sehr oft konfliktträchtige Situationen, da wäre eine solche Ausbildung extrem hilfreich. Und irgendwann mit ausreichender Erfahrung kann man das auch hauptberuflich machen, das fände ich total spannend.
- **Ist eine bedingte Entscheidung für eine der Alternativen denkbar?**
  Wenn ich erst mal in meinem jetzigen Job bliebe, könnte ich ja die Mediatorenausbildung berufsbegleitend zur Bedingung machen,

wenn ich das Projekt übernehme. Könnte ich übrigens auch bei einer Bewerbung bei einer anderen Firma versuchen, das kommt ja allen zugute. Ludwig könnte ich fragen, ob ich nicht erst einmal in meinem nächsten Urlaub bei ihm reinschnuppern kann, um ein besseres Gefühl dafür zu kriegen, ob mir die Branche auch liegt.

- **Ist es möglich, alles zusammen zu realisieren?**
  Wäre ja toll, aber das kann ich mir beim besten Willen nicht vorstellen ... angestellt und freiberuflich geht wohl irgendwie nicht zusammen, so bestrickend die Vorstellung auch wäre.

4. *Unterscheiden Sie echte Fakten und bloße Annahmen und Schlussfolgerungen.*

Sie wissen ja noch, dass der Mensch mit seiner lebhaften Phantasie und seiner Neigung zur erklärenden Hypothesenbildung nicht davor gefeit ist, echte Fakten und wilde Schlussfolgerungen und Vermutungen munter in einen Topf zu werfen und daraus eine unverdauliche Suppe zu kochen. Überprüfen Sie also besser noch einmal, was Sie wissen und was Sie bloß glauben.

- **Was wissen Sie sicher?**
  Nun, ich weiß ganz sicher, dass drei Mitarbeiter entlassen werden – das hat die Geschäftsleitung offiziell bestätigt. Bisher, auch das ist erwiesen, haben sie bei Kündigungen immer darauf geachtet, Mitarbeiter mit Familie ganz hintanzustellen. Und ich weiß auch ganz sicher, das Ludwigs Eventagentur bombig läuft; er hat mir Unterlagen gezeigt, schon abgeschlossene Verträge, Umsätze und so. Da ich ihn schon so lange kenne, weiß ich auch, dass er ein Mensch ist, der zu seinem Wort steht.
- **Was folgern Sie daraus?**
  Dass ich wohl, Spitzenkraft hin oder her, strategisches Projekt hin oder her, auf der Liste der möglichen Entlassungskandidaten viel weiter vorn stehe, als mir lieb ist. Fast alle Kollegen und Kolleginnen in meiner Abteilung haben nämlich kleine Kinder – ich nicht. Ich glaube ebenfalls, dass Ludwig seinen Markt gut einschätzen kann und mich bestimmt nicht zu etwas verlocken würde, was ich nicht packen könnte.

5. Schätzen Sie die Risiken der verschiedenen Möglichkeiten ab.

Bei den Risiken gibt es ja die zwei Dimensionen Schadenshöhe – was richtet es an, wenn der negative Fall eintritt – und Eintrittswahrscheinlichkeit. Schätzen Sie für jede Alternative so realistisch wie möglich die beiden Aspekte ein. Für wie wahrscheinlich halten Sie einen guten Ausgang? Die Differenz zu 100 gibt dann die Wahrscheinlichkeit für den negativen Fall an. Sie können natürlich auch umgekehrt vorgehen: Für wie wahrscheinlich halten Sie den schlechten Fall, das Risiko?

Die Schadenshöhe lässt sich natürlich nicht immer in Zahlen ausdrücken; in dem Fall listen Sie die unangenehmen Folgen auf, die das Risiko birgt.

Viola hat ja fünf mögliche Alternativen gefunden: Null-Lösung (nichts tun), bleiben und das Projekt annehmen, Ludwigs Angebot annehmen, Stelle in anderer Firma suchen, Ausbildung zur Mediatorin. In der folgenden Tabelle hat sie beispielhaft ihre Überlegungen für drei ihrer fünf Alternativen dargestellt.

Mögliche Risiken und Folgen

	Ludwigs Angebot annehmen		Stelle in anderer Firma suchen		Ausbildung zur Mediatorin	
Ausgang	**Läuft gut**	**Geht schief**	**Läuft gut**	**Geht schief**	**Läuft gut**	**Geht schief**
	Ich bekomme genug Aufträge von ihm und verdiene weit mehr als bisher.	Er geht pleite oder gibt mir nicht genügend Jobs, sodass ich sogar ohne Arbeitslosengeld dastehe.	Ich verdiene etwas mehr und habe neue Aufgaben.	Ich finde nichts und werde dann auch wieder arbeitslos.	Ich bestehe die Ausbildung und bekomme genug Aufträge, um ungefähr das Gleiche zu verdienen wie jetzt.	Der potenzielle Schaden ist recht hoch: Ich verdiene nichts, zahle viel Geld für die Ausbildung und kriege hinterher nicht genügend Aufträge!
Wahrscheinlichkeit	Halte ich für ziemlich wahrscheinlich – 70 %.	Bleiben 30 %.	Wegen meines guten Rufs und meiner vielen Kontakte eher hoch: 70 %.	Rest 30 %.	Da bin ich sehr unsicher – das Berufsbild ist relativ neu, so viele Firmen nutzen das Angebot noch nicht ... also denke ich, die Wahrscheinlichkeit ist recht niedrig: 20 %.	Uh, 80 %.

6. Bewerten Sie die Alternativen gemäß Ihren Bewertungskriterien aus Schritt 2.

Überlegen Sie, wie viel die jeweiligen Alternativen im guten wie im schlechten Fall zu Ihren Werten und den daraus abgeleiteten Bewertungskriterien beitragen. Vergeben Sie Punkte zwischen 0 und 10. Addieren Sie sie spaltenweise für den positiven und negativen Ausgang auf und multiplizieren Sie sie dann mit der jeweiligen geschätzten Wahrscheinlichkeit (bei 20 % Eintrittswahrscheinlichkeit multiplizieren Sie den Wert also mit 0,2). Dann zählen Sie diese beiden Zahlen der guten und schlechten Variante für jede Alternative zusammen und haben damit eine Gesamtsumme für die jeweilige Alternative erhalten.

Alternativen mit Punkten bewerten

	Ludwigs Angebot annehmen		Stelle in anderer Firma suchen		Ausbildung zur Mediatorin	
Ausgang	**Läuft gut**	**Geht schief**	**Läuft gut**	**Geht schief**	**Läuft gut**	**Geht schief**
	Ich bekomme genug Aufträge von ihm und verdiene weit mehr als bisher.	Er geht pleite oder gibt mir nicht genügend Jobs, sodass ich sogar ohne Arbeitslosengeld da stehe.	Ich verdiene etwas mehr und habe neue Aufgaben.	Ich finde nichts und werde dann auch wieder arbeitslos.	Ich bestehe die Ausbildung und bekomme genug Aufträge, um ungefähr das Gleiche zu verdienen wie jetzt.	Der potenzielle Schaden ist recht hoch: Ich verdiene nichts, zahle viel Geld für die Ausbildung und kriege hinterher nicht genügend Aufträge!
Wahrscheinlichkeit	Halte ich für ziemlich wahrscheinlich – 70 %.	Bleiben 30 %.	Wegen meines guten Rufs und meiner vielen Kontakte eher hoch: 70 %.	Rest 30 %.	Da bin ich sehr unsicher – das Berufsbild ist relativ neu, so viele Firmen nutzen das Angebot noch nicht ... also denke ich, die Wahrscheinlichkeit ist recht niedrig: 20 %.	Uh, 80 %.
Zeit und Energie für Familie und Freunde	So ähnlich wie jetzt: 5 Punkte	Arbeitslos hätte ich zumindest viel Zeit: 8 Punkte	Weniger, in der Probezeit muss man erst mal reinhauen: 3 Punkte	Wie gehabt: 8 Punkte	Eher weniger, wegen Geschäft aufbauen und so: 3 Punkte	Wie gehabt: 8 Punkte

	Ludwigs Angebot annehmen		Stelle in anderer Firma suchen		Ausbildung zur Mediatorin	
Ausgang	**Läuft gut**	**Geht schief**	**Läuft gut**	**Geht schief**	**Läuft gut**	**Geht schief**
Möglichst unabhängig arbeiten	Oh, sehr hoch: 9 Punkte	Arbeitslose 0 Punkte	Würde ich drauf achten: 7 Punkte	Arbeitslose 0 Punkte	Selbstständige 10 Punkte!	Arbeitslose 0 Punkte
Geregeltes Mindesteinkommen	Wäre sehr gut: 10 Punkte	Noch nicht mal Hartz IV: 0 Punkte	Bestimmt etwas mehr als bisher: 6 Punkte	Hartz IV: 2 Punkte	Hmm, vielleicht so wie jetzt: 5 Punkte	Ruiniert, 0 Punkte!
Abwechslungsreich	Sehr spannend: 10 Punkte	0 Punkte!	Na ja, was Neues.... 7 Punkte	0 Punkte!	Auch hoch spannend: 10 Punkte	0 Punkte!
Möglichkeit zur Weiterentwicklung	Oh, sehr gut: 8 Punkte!	0 Punkte!	Hmm, vielleicht so 7 Punkte.	0 Punkte!	Volle 10 Punkte!	0 Punkte!
Anerkennung	Bestimmt hoch, sagen wir 8 Punkte	0 Punkte	Wie üblich, so 6 Punkte	0 Punkte	Am höchsten: 10 Punkte!	0 Punkte
Summe	50	8	36	10	48	8
Produkt: Punkte x Wahrscheinlichkeit	50 x 0,7 = 35	8 x 0,3 = 2,4	36 x 0,7 = 25,2	10 x 0,3 = 3	48 x 0,2 = 9,6	8 x 0,8 = 6,4
Gesamtsumme	37,4		28,2		16	

Für die Alternative der Null-Lösung (nichts tun) hat sie in der analogen Betrachtung einen Wert von 13,2 bekommen, für die Alternative Bleiben und das Projekt annehmen einen Wert von 16,3.
Hmm, da spricht ja alles für Ludwigs Angebot! Oder eine neue Stelle suchen ... Muss ich mal wirken lassen. Beides wäre halt aufregend neu, da bräuchte ich gewiss einigen Mut!

7. *Befragen Sie nach dem Kopf auch Ihren Bauch.*

Nutzen Sie starke positive und negative Gefühle als Aufmerksamkeitswecker oder Warnungen und hinterfragen Sie sie.

Positive Gefühle

- **War die Bewertung der Alternativen und ihrer Folgen realistisch oder war reines Wunschdenken ausschlaggebend für Ihre Euphorie?**
  Ich bin ziemlich sicher, dass ich die Bewertung sehr realistisch gemacht habe – aber ich werde zur Sicherheit noch einmal mit meiner Schwester darüber sprechen.
- **Hat Ihnen ein besonders attraktiver Aspekt oder die reine Gier den Blick vernebelt?**
  Klar reizen mich Geld und Unabhängigkeit, aber ich habe trotzdem einen klaren Kopf behalten, denke ich.
- **Oder repräsentiert das Gefühl echte Zufriedenheit aufgrund hoher Übereinstimmung mit Ihren Werten?**
  Da bin ich recht sicher! Nachdem ich mir noch mal so richtig vor Augen geführt habe, worauf es mir eigentlich ankommt bei meiner Arbeit, fühle ich mich jetzt sehr gut, wenn ich an Ludwigs Angebot denke.

Negative Gefühle

- **Tappen Sie in die Gewohnheitsfalle und wollen nur Ihre alten Vorlieben erhalten?**
  Eher das Gegenteil – es fühlt sich schlecht an, beim alten, etwas langweiligen Job zu bleiben.
- **Haben Sie einfach nur Angst vor Neuem und verharren in Ihrer kuscheligen Komfortzone?**
  Ja, ein bisschen Angst habe ich schon, aber ich werde mich trotzdem aus meiner Komfortzone bewegen, wie Sie das immer nennen!
- **Oder ist das Gefühl eine echte Warnung vor einem Verstoß gegen Ihre Werte?**
  Ja, denn der alte Job, bei dem ich ja das schlechte Gefühl habe, trägt wirklich nicht mehr so viel zu meinen Werten bei.

  Überprüfen Sie gegebenenfalls Ihre Auswahl noch einmal kritisch.
  Habe ich gemacht: Ich denke, die Sache mit Ludwig passt immer noch sehr gut.

8. *Legen Sie die ersten Schritte zur Umsetzung Ihrer Entscheidung fest.*

Überlegen Sie genau, was jetzt sinnvollerweise zu tun ist, um Ihre Entscheidung auf einen guten Weg zu bringen.

- **Was müssen Sie bis wann erledigen?**
  Ich werde sofort mit meiner Schwester sprechen und ihre Meinung einholen. Dann muss ich mich natürlich mit Ludwig zusammensetzen, um über Einzelheiten zu reden.
- **Welche Sicherheitsmaßnahmen oder Hintertüren können Sie noch einbauen, um das Risiko zu minimieren?**
  Das ist eine gute Anregung ... Ich werde meiner Chefin erst einmal sagen, dass ich das Projekt übernehmen werde, um auf der sichersten Seite zu sein. Einen Nachfolger würde ich dann ja auf jeden Fall noch einarbeiten. Mit der Kündigung warte ich aber bestimmt noch etliche Zeit – vielleicht, wenn sie mich tatsächlich feuern wollen, machen sie mir ja ein Abfindungsangebot! Und ich werde mir von Ludwig das Auftragsvolumen vertraglich bestätigen lassen – er hat sie bei seinen Kunden ja schon unterschrieben, da kann er mir die Zusage auch schriftlich geben. Und auf jeden Fall werde ich mit ihm darüber reden, ob wir die Mediatorenausbildung nicht gemeinsam finanzieren können und ich sie in der Freizeit neben der Arbeit mache, denn das käme ja uns beiden zugute.

9. *Freuen Sie sich über Ihre gute Entscheidung! Feiern Sie Ihre Erfolge!*

Ob es ein Erfolg wird, muss ja die Zukunft zeigen – aber es fühlt sich toll an, selbst aktiv zu werden und nicht wie ein Lämmchen darauf zu warten, dass man zur Schlachtbank geführt wird! Etwas Neues müsste ich mir ja höchstwahrscheinlich sowieso suchen – warum dann nicht gleich eine vielversprechende Chance am Schopf packen.

Bravo! Viola hat aus ihrem Gefühls- und Gedankenchaos den Ausweg gefunden und mit ihrem strukturierten Vorgehen eine mutige Entscheidung gefunden, mit der sie sich sehr gut fühlt. Nutzen auch Sie bei Ihren Entscheidungen diese Vorgehensweise, die Sie jetzt noch einmal im Überblick sehen.

Der systematische Entscheidungsprozess

1. Wählen Sie den richtigen Zeitpunkt.

Schieben Sie Entscheidungen nicht ewig vor sich her: keine Aufschieberitis, kein falsches Aussitzen, kein Verdrängen.
Aber auch keine Schnellschüsse und halbgaren Entscheidungen, nur um das unangenehme Gefühl der Unsicherheit schnellstmöglich loszuwerden.
Kein endloses Jammern statt effizientem Handeln – Sie sind keine Märtyrerin.

2. Finden Sie heraus, was Sie überhaupt wollen.

Angsthäschen mit hängenden Ohren leiden oft nicht nur unter zu wenig Mut, sondern haben auch ein wenig aus dem Auge verloren, was sie denn eigentlich wollen, da sie sich zu oft fremdbestimmen ließen. Um fundierte, mutige Entscheidungen treffen zu können, müssen sie also erst einmal wieder herausfinden, was sie denn eigentlich wollen, was ihnen wichtig ist im Leben. Denn ohne diese Orientierung bleiben alle Entscheidungen beliebig und ziellos, dümpeln und mäandern bloß träge im Fluss des Lebens dahin.
Finden Sie Ihre Wünsche, Werte und Prioritäten des Lebens heraus.
Geben Sie sich dazu Antworten auf folgende Fragen:

- Welche fünf Dinge würden Sie am meisten vermissen, wenn es Sie wie Robinson Crusoe auf eine einsame Insel verschlagen würde? Wofür stehen diese Dinge? Warum sind Sie Ihnen so wichtig?
- Was wollen Sie in Ihrem Leben unbedingt noch erreichen?
- Wofür stehen diese Wünsche? Warum sind Sie Ihnen so wichtig?

Listen Sie bitte Ihre Werte auf.

- Nun bringen Sie sie bitte durch kritische Befragung in eine Rangfolge.
- Für welchen dieser Werte würden Sie mit aller Kraft kämpfen, falls er bedroht wäre?
- Noch einmal andersherum, zur Sicherheit: Auf welchen Ihrer Werte könnten Sie keinesfalls verzichten, weil das Leben dann nicht mehr lebenswert für Sie wäre?
- Wie lautet jetzt Ihre Reihenfolge nach der Wichtigkeit Ihrer Werte?

Leiten Sie Bewertungskriterien für mögliche Alternativen ab.

- Was müsste eine mögliche Alternative unbedingt erfüllen?

3. Finden Sie heraus, welche weiteren Möglichkeiten außer den angebotenen Sie noch haben.

Sie wissen ja noch: Eine Möglichkeit bedeutet Zwang, zwei ein Dilemma, erst ab dreien beginnt die echte Wahl. Generieren Sie also Optionen! Nehmen Sie auch ungewohnte, neue Lösungen mit auf – erliegen Sie nicht der Angst vor Neuem und dem bequemen Hang zum Bewährten.

- Was passiert bei der Null-Lösung = Sie entscheiden gar nicht?
- Können Sie etwas ganz anderes tun?
- Ist eine bedingte Entscheidung für eine der Alternativen denkbar?
- Ist es möglich, alles zusammen zu realisieren?

4. Unterscheiden Sie echte Fakten und bloße Annahmen und Schlussfolgerungen.

Sie wissen ja noch, dass der Mensch mit seiner lebhaften Phantasie und seiner Neigung zur erklärenden Hypothesenbildung nicht davor gefeit ist, echte Fakten und wilde Schlussfolgerungen und Vermutungen munter in einen Topf zu werfen und daraus eine unverdauliche Suppe zu kochen. Überprüfen Sie also besser noch einmal, was Sie wissen und was Sie bloß glauben.

- Was wissen Sie sicher?
- Was folgern Sie daraus?

5. Schätzen Sie die Risiken der verschiedenen Möglichkeiten ab.

Bei den Risiken gibt es ja die zwei Dimensionen Schadenshöhe – was richtet es an, wenn der negative Fall eintritt – und Eintrittswahrscheinlichkeit. Schätzen Sie für jede Alternative so realistisch wie möglich die beiden Aspekte ein. Für wie wahrscheinlich halten Sie einen guten Ausgang? Die Differenz zu 100 gibt dann die Wahrscheinlichkeit für den negativen Fall an. Sie können natürlich auch umgekehrt vorgehen: Für wie wahrscheinlich halten Sie den schlechten Fall, das Risiko?
Die Schadenshöhe lässt sich natürlich nicht immer in Zahlen ausdrücken; in dem Fall listen Sie die unangenehmen Folgen auf, die das Risiko birgt.

Mögliche Risiken und Folgen

	Alternative 1		Alternative 2		Alternative 3	
Ausgang	Läuft gut	Geht schief	Läuft gut	Geht schief	Läuft gut	Geht schief
	Folgen beschreiben	Folgen beschreiben	ebenso	ebenso	ebenso	ebenso
Wahrscheinlichkeit schätzen						

6. Bewerten Sie die Alternativen gemäß Ihren Bewertungskriterien aus Schritt 2.

Überlegen Sie, wie viel die jeweiligen Alternativen im guten wie im schlechten Fall zu Ihren Werten und den daraus abgeleiteten

Bewertungskriterien beitragen. Vergeben Sie Punkte zwischen 0 und 10. Addieren Sie sie spaltenweise für den positiven und negativen Ausgang auf und multiplizieren Sie sie dann mit der jeweiligen geschätzten Wahrscheinlichkeit. Dann zählen Sie diese beiden Zahlen der guten und schlechten Variante für jede Alternative zusammen und haben damit eine Gesamtsumme für die jeweilige Alternative erhalten.

Alternativen mit Punkten bewerten

	Alternative 1		Alternative 2		Alternative n	
Ausgang	Läuft gut	Geht schief	Läuft gut	Geht schief	Läuft gut	Geht schief
	Folgen beschreiben	Folgen beschreiben	ebenso	ebenso	ebenso	ebenso
Wahrscheinlichkeit schätzen						
Kriterium 1						
Kriterium 2						
Kriterium 3						
...						
Kriterium n						
Summe						
Produkt: Punkte x Wahrscheinlichkeit						
Gesamtsumme						

7. **Befragen Sie nach dem Kopf auch Ihren Bauch.**
   Nutzen Sie starke positive und negative Gefühle als Aufmerksamkeitswecker oder Warnungen und hinterfragen Sie sie.

Positive Gefühle

- War die Bewertung der Alternativen und ihrer Folgen realistisch oder war reines Wunschdenken ausschlaggebend für Ihre Euphorie?
- Hat Ihnen ein besonders attraktiver Aspekt oder die reine Gier den Blick vernebelt?
- Oder repräsentiert das Gefühl echte Zufriedenheit aufgrund hoher Übereinstimmung mit Ihren Werten?

Negative Gefühle

- Tappen Sie in die Gewohnheitsfalle und wollen nur Ihre alten Vorlieben erhalten?
- Haben Sie einfach nur Angst vor Neuem und verharren in Ihrer kuscheligen Komfortzone?
- Oder ist das Gefühl eine echte Warnung vor einem Verstoß gegen Ihre Werte?

Überprüfen Sie gegebenenfalls Ihre Auswahl noch einmal kritisch.

8. **Legen Sie die ersten Schritte zur Umsetzung Ihrer Entscheidung fest.**

   Überlegen Sie genau, was jetzt sinnvollerweise zu tun ist, um Ihre Entscheidung auf einen guten Weg zu bringen.
   - Was müssen Sie bis wann erledigen?
   - Welche Sicherheitsmaßnahmen oder Hintertüren können Sie noch einbauen, um das Risiko zu minimieren?

9. **Freuen Sie sich über Ihre gute Entscheidung! Feiern Sie Ihre Erfolge!**

Innen passt alles – jetzt sind die äußeren Umstände an der Reihe. Weg mit den Hindernissen im Umfeld!

7.

Souveräner Slalom: Erkennen und beseitigen Sie Hindernisse

Da kannst du ja gleich Harakiri begehen! Findest du nicht, dass du dich damit ganz schön übernimmst? Schon mal was von napoleonischem Größenwahn und fataler Selbstüberschätzung gehört? Denk doch bitte auch an uns – wir müssen es doch mit ausbaden, wenn du auf die Nase fällst. Na, Prost Mahlzeit! Wie kannst du nur als Frau an so etwas denken! Wenn du das tust, werde ich keine Sekunde Schlaf mehr finden! Das wird doch nie und nimmer gut gehen …

Kennen Sie sie auch, die vielleicht sogar gut gemeinten, aber enorm entmutigenden Unkenrufe aus der Schar Ihrer Lieben, Ihrer Freundinnen und Kolleginnen? Natürlich – hoffentlich – wird es auch andere, ermutigende Stimmen für Ihre kühnen Vorhaben geben. Jedoch sollten Sie sich auch gegen die Kassandras, die notorischen Schwarzseher, wehren. Ausufernde Katastrophenszenarien, eindringliche Warnungen, entmutigende Zweifel, emotionale Erpressungen, die vorwurfsvolle Erwartungskeule, die heiligen Normen und ungeschriebenen Regeln – alles wird als Waffe hergenommen, wenn Sie mit Ihren mutigen Plänen Ihre Umwelt irritieren und gar die Angsthasen unter ihnen erschrecken. Sie sorgen sich um Sie, sie möchten nur Ihr Bestes, sie wollen doch nur die Harmonie aufrechterhalten, aber durch ihre Reaktionen wirken sie niederschmetternd und untergraben Ihren Mut und Ihre gerade erst gewonnene Überzeugung, das Richtige zu wagen.

Zeigen Sie ihnen das Stoppzeichen! Sie haben alles Recht dieser Welt, sich nicht mehr wie ein Angsthase zu benehmen, auch wenn das Ihrer Umwelt nicht so ganz passen sollte. Machen Sie Schluss mit falschen, überzogenen Erwartungen der anderen an Sie, durchleuchten Sie angebliche Verpflichtungen, werfen Sie alte Normen über Bord und bringen Sie Ihren Mut und Ihre Motivation wieder auf Vordermann. Suchen Sie sich hilfreiche Unterstützung, ersetzen Sie die überflüssigen und blockierenden Bedenkenträger durch helfende Unterstützer.

Nicht alle Wünsche werden wahr – fahren Sie nicht in die Sackgasse falscher Erwartungen

Als geliebtes und verhätscheltes Einzelkind hat Lisa in ihrem bisherigen Leben noch nie etwas gemacht, das besonderen Mut erfordert hätte. Ihre Eltern haben sie umsorgt und ihr immer alle Steine aus dem Weg geräumt. Jetzt hat sie gerade ihr Abitur gemacht und bis zum Antritt ihrer Banklehre sagenhafte acht Monate Zeit. Da ihre Eltern finanziell recht gut gestellt sind, haben sie zu Lisas Geburt für sie ein Sparbuch angelegt, auf das sie regelmäßig eingezahlt haben und dessen recht stattliche Summe ihr jetzt, zu ihrem 18. Geburtstag, zur freien Verfügung steht.

Mit diesem Geld will sie sich nun in den endlosen acht freien Monaten, die vor ihr liegen, einen lang gehegten Wunschtraum erfüllen: Sie will eine Weltreise machen! Nun ja, nicht die ganze Welt, aber Amerika, Kanada und Australien möchte sie schon erkunden. Auf eigene Faust, nur mit dem Rucksack auf dem Rücken. Natürlich hat sie auch etwas Angst vor so einer Tour, aber sie hat sich gründlich vorbereitet, ist ein vorsichtiger Mensch und wird sich nicht auf hanebüchene Abenteuer einlassen. Deshalb hofft sie, dass sie sehr wohl zurechtkommen wird, selbst wenn sie manchmal selbst überrascht von ihrer eigenen Courage ist.

Leider ist sie die Einzige, die glaubt, dass sie schon klarkommen wird. Ihre Freunde und ihre Eltern haben entsetzt die Hände über dem Kopf zusammengeschlagen, als sie ihnen Knall auf Fall endlich von ihrem Entschluss berichtet hat. Sie, die noch nicht einmal in Europa jemals einen Urlaub allein verbracht hat, will gleich um die ganze Welt! Fürs Erste täte es doch auch ein netter zweiwöchiger Italienischkurs in Florenz, da kann man schön bei einer Familie logieren und stromert so nicht unbehütet durch die Weltgeschichte. Und danach könne sie ja immer noch eine etwas weitere Reise machen – wie wäre es zum Beispiel mit den Malediven? Da kennen ihre Eltern ein ganz entzückendes Hotel. Vielleicht könne man ja auch gemeinsam ...

Lisa hängt sehr an ihrem Traum und ist hartnäckig geblieben. Sie traut es sich zu, jetzt ist für lange Zeit die letzte Gelegenheit für sie zu so einer Reise, zwei Wochen nach Italien fahren kann sie immer noch. Leider löste diese völlig ungewohnte entschlossene Hartnäckigkeit das momentane Drama erst so richtig aus. Ihr Vater ist von jeher mit einer labilen Gesundheit geschlagen und hat erst einmal einen seiner berühmten Schwächeanfälle bekommen. Wie könne sie als einzige geliebte Tochter ihren armen alten Eltern so etwas antun? Am Ende will sie auch noch ausziehen!

Und nun wälzt sich Lisa jede Nacht schlaflos von einer Seite auf die andere, da sie viel weicher ist, als sie selber dachte. Sie liebt ihre Eltern sehr, sie haben ihr eine wunderbare Kindheit beschert und waren immer für sie da. Auf keinen Fall will sie ihnen wehtun, sie verletzen oder übermäßig ängstigen. Aber es ist für sie an der Zeit, auf die eigenen Füße zu kommen und ihr Leben selbst in die Hand zu nehmen. Deshalb fühlt sie sich jetzt fast entzweigerissen von der Liebe und Dankbarkeit gegenüber ihren Eltern und ihrem Drang nach Unabhängigkeit und dem schlechten Gewissen, das sie dabei hat. Was um Himmels willen soll sie bloß tun?

Erwartungen von außen auf dem Prüfstand

Natürlich fühlen wir uns den Menschen verpflichtet, die für uns gesorgt haben, uns lieben und die wir lieben, das soll auch so sein. Wir möchten sie nicht enttäuschen, ihnen nicht wehtun und möglichst die Erwartungen erfüllen, die sie an uns stellen. Wir möchten ihnen jegliche Sorgen, Enttäuschungen und Schmerz ersparen. Dafür sind wir auch bereit, zurückzustecken, auf manches zu verzichten und den Preis zu bezahlen. Aber eben nicht jeden Preis!

Die Erwartungen, die unsere Umwelt an uns hat, können ganz schön anstrengend sein, da sie sich auf sehr viele Aspekte erstrecken. Angefangen von der Besuchsfrequenz, die eine brave Tochter einzuhalten hat, über den richtigen, in den Augen anderer passenden Beruf bis hin zum akzeptablen Partner.

Solche offenen und versteckten Normen, Erwartungen und Regeln setzen viel Energie frei, wenn gegen sie verstoßen wird, und gestalten die Auseinandersetzung zwischen den betroffenen Personen oft sehr emotional. Viele Ängste und Befürchtungen werden aktiviert, auch Ärger und Aggression, wenn man nicht so will, wie es der andere für richtig hält. Und ist der Bauch erst einmal angesprungen und hat die Herrschaft übernommen, wird es zunehmend schwieriger, mit logischen und vernünftigen Argumenten bis zum Kopf durchzudringen. Da ist es wahrlich nicht einfach, den eingeschlagenen Kurs beizubehalten und nicht wie ein schwankendes Rohr im Wind einzuknicken.

Verinnerlichte Erwartungen und Normen

Zudem haben wir uns oft noch gar keine expliziten Gedanken gemacht, wie wir diese Erwartungen und Normen selber sehen, ob wir sie für uns als gültig akzeptieren und damit einverstanden sind oder aber eine andere, abweichende Einstellung dazu haben. Man spricht über diese Themen ja selten, sondern sie werden unbewusst übermittelt und demonstriert. Nur wenn sich dann eine kleine Kollision zwischen den unterschiedlichen Vorstellungen anbahnt, taucht der unbeachtete Erwartungsdruck überraschend als Quälgeist auf und kann uns ganz schön zusetzen.

»Eine gute Tochter macht ihrem Vater keinen Kummer«, »Man darf seine Freunde nie enttäuschen«, »Den eigenen Traum durchzusetzen ist egoistisch«, »Ich muss meinem Arbeitgeber dankbar sein, egal, was er von mir verlangt« – mit diesen inneren strengen Einpeitschern plagen wir uns herum und wissen wegen unseres schlechten Gewissens, wenn wir dagegen verstoßen, oder wegen unseres harten Verzichts, wenn wir uns ihnen beugen, nicht mehr ein noch aus. So oder so, es passt nie!

Enttäuschte Erwartungen

Natürlich wird es nicht jedem gefallen, wenn Sie auf einmal damit anfangen, seine oder ihre Erwartungen an Sie zu enttäuschen und sich an Ihren eigenen Regeln zu orientieren. Sie werden toben, jammern und klagen, mit Ihnen schimpfen, die emotionale Erpressung starten und alles versuchen, Sie mit wedelnden Armen wieder auf den alten Pfad der Tugend zurückzuscheuchen. Einiges an Mut müssen Sie daher schon mitbringen, sich dem zu stellen und nicht wieder umzufallen.

Jeder Mensch hat das Recht, enttäuscht zu sein oder wütend, wenn seine Erwartungen nicht erfüllt werden, und von diesem Recht machen sehr viele Menschen nur zu gern Gebrauch. Das dürfen sie ja auch, denn es ist menschlich und verständlich. Es sollte Sie nur wiederum nicht davon abhalten, von Ihrem Recht auf Selbstbestimmung ebenfalls Gebrauch zu machen.

Aus dieser Zwickmühle kommen Sie daher nur heraus, wenn Sie sich über Ihre eigenen Erwartungen und Normen klar werden, die Sie befolgen wollen, und sich nicht mehr klagend und feige den externen beugen. Sich den eigenen Normen zu beugen mag zwar auch mit Verzicht verbunden sein, den üben wir aber dann freiwillig.

Schauen wir uns einmal an, wie Lisa mutig und selbstbestimmt aus der Zwickmühle der Liebe zu ihren Eltern mit ihren Erwartungen und ihrem Drang nach Unabhängigkeit aussteigt.

Normen und Erwartungen durchleuchten am Beispiel von Lisa

1. **Was genau erwartet die andere Person (Ihre Eltern, Ihr Partner, Kinder, Ihr Chef etc.) von Ihnen?**
   Sie wissen ja, in diesem Fall geht es um meine Eltern, speziell meinen Vater. Er erwartet von mir, dass ich ihn alles für mich regeln lasse, möglichst lange unter seinem Dach bleibe und seinen Ratschlägen folge. Er glaubt fest, er wisse besser als ich, was für mich das Beste ist, deshalb soll ich mich widerstandslos seinen Plänen für mich beugen und meine eigenen über Bord werfen, wenn er sie nicht gut findet. Es wundert mich, dass er noch keinen passenden Mann für mich ausgesucht hat!
2. **Was sollen diese Erwartungen für die andere Person garantieren und sicherstellen?**
   Ich denke, da er mich wirklich abgöttisch liebt, will er damit sicherstellen, dass für mich immer alles optimal läuft. Ist ja süß von ihm, aber jetzt will ich selber das Heft in die Hand nehmen. Meinen Freund suche ich mir lieber selbst aus ... Steckt vielleicht noch etwas anderes dahinter? *Hmm, mal überlegen ... Solange ich ihn alles machen lasse, bin ich natürlich in seiner Nähe und von ihm abhängig. Ich glaube, meine Eltern haben beide große Angst davor, dass ich weggehe und sie mich dann nicht mehr sehen oder in meinem Leben keine Rolle mehr spielen. Sie fürchten wohl auch die Einsamkeit. Loslassen ist eindeutig nicht ihre Stärke! Sie wollen mich beide so lange wie möglich bei sich unter ihren Fittichen haben – am liebsten wohl ewig.*
3. **Sind diese Erwartungen realistisch und angemessen?**
   Papa übertreibt mit seiner Sorge und seinem Ich-kümmere-mich-um-alles in meinem Leben allmählich doch sehr. Aber das war schon immer so, ich musste oder durfte nie etwas selber machen. Und dass ich noch ewig

bei ihnen wohne und später dann womöglich ein von ihm angeschleppter zukünftiger Schwiegersohn einfach mit einzieht – das ist echt übertrieben und unrealistisch, so leid es mir tut. Es war ja toll und bequem, ich musste mir um nichts Gedanken machen. Aber ein goldener Käfig ist auch ein Käfig. Töchter ziehen nun mal irgendwann aus und bestimmen ihr Leben selber, das kann ich auch Papa nicht ersparen.

4. **Können Sie diese Erwartungen nachvollziehen und akzeptieren, dass sie nun einmal gehegt werden? Das bedeutet nicht, genauso zu denken oder so denken zu müssen, sondern nur zu verstehen, warum die andere Person diese Erwartungen an Sie hat.**
Ja, ich kann schon verstehen, dass er aufgrund seiner Liebe zu mir alles für mich tun will. Und dass er mich deshalb an sich binden möchte, weil er meine Nähe braucht. Dass er Angst vor dem Verlust meiner Liebe hat, finde ich sehr verständlich, aber er müsste es doch eigentlich besser wissen – ich liebe sie beide doch von ganzem Herzen und würde sie nie links liegen lassen.
5. **Die Welt wurde gerade ganz neu geschaffen, es gibt noch keinerlei Normen und Regeln. Sie können schalten und walten, wie Sie wollen: Was wäre dann Ihre eigene Sicht der Dinge?**
Meine Sicht der Dinge? Ich fände es klasse, wenn die Eltern ihren Kindern mehr helfen würden, selbstständig zu werden, und ihnen nicht alles vorauseilend abnähmen. Irgendwann müssen sie doch lernen, auf eigenen Füßen zu stehen. Und wenn sie erwachsen werden, muss man eben akzeptieren, dass sie ihren eigenen Weg gehen. Ich halte es aber auch für wichtig, dass man sich trotzdem weiterhin nahe ist und gegenseitig unterstützt. Von den Kindern, also auch von mir, erwarte ich schon, dass sie ihre Eltern weiter in ihr Leben einbeziehen und ihnen ihre Liebe zeigen.
6. **Wo stimmen Sie mit den Regeln der anderen überein, wo denken Sie abweichend?**
Dass Kinder ihre Eltern mit angemessener Liebe und Dankbarkeit behandeln sollen, da bin ich der gleichen Meinung. Auseinander geht es bei dem wie viel und wie oft, beim Loslassen und der Akzeptanz, dass Kinder eigene Entscheidungen gegen den Willen der Eltern treffen.

7. **Was sollen diese Erwartungen für Sie garantieren und sicherstellen?**
   Ich würde mich weiter bedingungslos geborgen, akzeptiert und geliebt fühlen, das ist sehr wichtig für mich, und meine Eltern wüssten auch, dass sie sich auf mich verlassen können, selbst wenn ich meinen Freiraum brauche.
8. **Sind diese Erwartungen realistisch und angemessen?**
   Oh, wenn ich jetzt so darüber nachdenke, finde ich das schon. Ich glaube nicht, dass ich da von irgendwem zu viel erwarte. Vielleicht muss man sich erst daran gewöhnen, ist am Anfang sicher nicht leicht.
9. **Fühlen Sie sich zu irgendetwas gezwungen oder erscheint Ihnen etwas absolut verboten? Achten Sie auf Sätze wie »Ich kann oder darf doch nicht ...«, »Ich muss doch aber ...«, »Eine Frau sollte nie ...«.**
   Wenn ich in mich reinhorche, dann taucht da so etwas auf wie: »Ich darf doch nicht undankbar sein, wenn Papa es doch nur gut meint!« Deshalb bin ich bisher überwiegend seinem Rat gefolgt, war ja auch meistens richtig. Und dann noch so etwas wie: »Ich muss alles mit ihnen abstimmen, keine Alleingänge erlaubt!« Eigene Entscheidungen ohne Zustimmung oder zumindest Befragung der Eltern sind nicht in Ordnung, so habe ich das immer empfunden. Und drum bisher auch selten so gemacht, eher nur bei Kleinigkeiten. Deshalb habe ich ihnen auch erst von meiner Reise erzählt, als für mich alles schon feststand – sie hätten sonst nur versucht, es mir auszureden oder gar zu verbieten.
10. **Woher kommen diese Ge- beziehungsweise Verbote? Warum sollten sie für Sie gültig sein?**
   Tja, woher sie kommen ... ich schätze mal, das mit der Dankbarkeit hat meine Mutter mir immer eingebläut, wenn Papa mal wieder etwas Tolles für mich getan hat und ich es ihrer Meinung nach nicht genug zu würdigen wusste. Dabei schätze ich seine Bemühungen sehr, ehrlich. Das mit den Alleingängen war bisher kaum ein Thema, das taucht erst jetzt mit meinen Reiseplänen auf. Und ob die Sätze für

mich gültig sind – bisher waren sie das wohl. Aber ich finde mittlerweile, wenn ich so darüber sinniere, man muss doch nicht für etwas dankbar sein, was man gar nicht gewollt hat, oder? Er hat sogar über seine Beziehungen den Ausbildungsplatz bei der Bank für mich organisiert, obwohl ich mir noch gar nicht ganz sicher war, dass ich das wirklich machen will! Er hat alles in die Wege geleitet, ohne mich zu fragen! Wenn ich ihn um Hilfe bitten würde, ja klar, aber wenn er sie mir ungefragt und ungewollt aufdrängt …

11. **Wer zwingt Sie zu oder verbietet Ihnen etwas? Hat diese Person wirklich die Macht dazu oder haben Sie ihr bisher diese Macht zugestanden? Entziehen Sie ihr ab jetzt mutig das Mandat und erteilen Sie sich selbst die Erlaubnis, anders zu denken und zu handeln.**
    Na ja, als ich klein war, konnten meine Eltern mich natürlich zu allem zwingen, angefangen beim Spinatessen (was sie aber selten getan haben). Heutzutage geht das so direkt nicht mehr, ich bin ja jetzt volljährig. Sie können mich zwar bitten, aber nicht mehr zwingen. Und ich kann selbst entscheiden, wie weit ich ihren Erwartungen entgegenkommen möchte. Huch, das ist ja ganz schön keck, was ich da denke und empfinde! Das ist es nur, weil es neu für Sie ist. Sie werden sich schnell daran gewöhnen, glauben Sie mir.
12. **Wie lauten Ihre umformulierten Erlaubnisgebote jetzt?**
    Mal sehen … »Ich bin ihm dankbar, wenn er mich auf meine Bitte hin unterstützt« ist das eine, das andere – jetzt habe ich's: »Ich bitte meine Eltern um ihren Rat, entscheide aber selbst.« Ja, das klingt nicht nur gut, das fühlt sich auch richtig an! Aber – wie bringe ich das nur meinen armen Eltern bei? Nur ruhig Blut, das gucken wir uns im nächsten Schritt an! Ihre Eltern brauchen jetzt Ihre Unterstützung, um ihre eigene Angst zu überwinden. Deshalb gibt es noch einige Tipps, wie man ihnen dabei helfen kann.

Werfen auch Sie alte Angsthasennormen über Bord, die Ihnen von Ihrem Umfeld immer wieder als Stoppschild vor die Nase gehalten werden. Sie finden hier den Fragenkatalog noch einmal im Überblick.

Normen und Erwartungen durchleuchten

1. **Was genau erwartet die andere Person (Ihre Eltern, Ihr Partner, Kinder, Ihr Chef etc.) von Ihnen?**
2. **Was sollen diese Erwartungen für die andere Person garantieren und sicherstellen?**
3. **Sind diese Erwartungen realistisch und angemessen?**
4. **Können Sie diese Erwartungen nachvollziehen und akzeptieren, dass sie nun einmal gehegt werden? Das bedeutet nicht, genauso zu denken oder so denken zu müssen, sondern nur zu verstehen, warum die andere Person diese Erwartungen an Sie hat.**
5. **Die Welt wurde gerade ganz neu geschaffen, es gibt noch keinerlei Normen und Regeln. Sie können schalten und walten, wie Sie wollen: Was wäre dann Ihre eigene Sicht der Dinge?**
6. **Wo stimmen Sie mit den alten Regeln der anderen überein, wo denken Sie abweichend?**
7. **Was sollen diese Erwartungen für Sie garantieren und sicherstellen?**
8. **Sind diese Erwartungen realistisch und angemessen?**
9. **Fühlen Sie sich zu irgendetwas gezwungen oder erscheint Ihnen etwas absolut verboten?**

   Achten Sie auf Sätze wie »Ich kann oder darf doch nicht ...«, »Ich muss doch aber ...«, »Eine Frau sollte nie ...«.
10. **Woher kommen diese Ge- bzw. Verbote? Warum sollten sie für Sie gültig sein?**
11. **Wer zwingt Sie zu oder verbietet Ihnen etwas?**

Hat diese Person wirklich die Macht dazu oder haben Sie ihr bisher diese Macht zugestanden? Entziehen Sie ihr ab jetzt mutig das Mandat und erteilen Sie sich selbst die Erlaubnis, anders zu denken und zu handeln.

12. Wie lauten Ihre umformulierten Erlaubnisgebote jetzt?

Lisa hat die inneren Stoppschilder, die sie mit dem ekligen schlechten Gewissen geplagt haben, erfolgreich aus dem Weg geräumt und sich freie Fahrt erlaubt. Es blieben ihr allerdings noch ein paar Fragezeichen, wie sie den neuen Kurs am besten und schonendsten ihren leidenden Eltern schmackhaft machen soll. Für Ihre Mitmenschen ist es ja nicht ganz leicht, damit fertigzuwerden, dass aus dem Angsthäschen ein mutiger Löwe geworden ist, der frei und unbeschwert die Welt erkundet, das erzeugt bei ihnen diverse Ängste. Die Armen brauchen also vielleicht ein wenig Unterstützung, die ihnen über die Hürde der Veränderung hilft. Wenn Sie im Vorfeld eines mutigen Schrittes, den Sie tun wollen, einige nützliche Aspekte beachten, wird es für Ihr erstauntes Umfeld auch leichter, nicht nur mit Widerstand, Trotz, Ärger oder Angst zu reagieren, sondern Ihnen mit Gelassenheit viel Erfolg zu wünschen.

Kleine Angsthasen im Umfeld beruhigen

Demonstrieren Sie der anderen Person Ihre Wertschätzung. Für viele Menschen ist es deshalb so erschreckend, wenn ein geliebter Mensch neue Wege gehen möchte, weil sie denken, dass dieser neue Weg automatisch von ihnen weg führt und sie in einsamer Vergessenheit versinken werden. Wenn Sie nach langen Jahren als Hausfrau und Mutter wieder berufstätig werden wollen, werden Ihre Lieben in Angst und Schrecken verfallen, weil sie befürchten, dass sie Ihnen nun nicht mehr so wichtig sind. Machen Sie ihnen also klar, dass es keine Verbindung zu Ihrer Wertschätzung oder Zuneigung hat, wenn Sie etwas Neues beginnen oder ab jetzt auf bisher ungewohnte Art agieren. Lisa hat ihren Eltern noch einmal ganz deutlich gesagt, dass ihre Weltreise und ein späterer Auszug an ihrer Liebe und dem engen Kontakt zu ihnen nichts ändern wird – das eine hat mit dem anderen nichts zu tun.

Zeigen Sie die Vorteile auch für die anderen auf, wenn Sie sich mehr trauen. Wenn Sie sich mutiger verhalten, kommt das nicht nur Ihnen zugute, sondern auch Ihren Freunden und Ihrer Familie. Ein Angsthäschen ist oft nicht sehr agil und lebensfroh, ein selbstbewusster Mensch, der sich etwas traut, sehr viel mehr. Davon profitieren natürlich auch die anderen: Nicht nur, dass sie es mit einer strahlenderen, zufriedeneren Person zu tun haben, sie können auch von Ihnen lernen, sich Ihre Unterstützung bei eigenen mutigen Schritten sichern, als Ihre Begleiter mit Ihnen neue spannende Erfahrungen machen. Lisa hat für ihre Weltreise eine E-Mail-Adresse eingerichtet, über die sie ihren Eltern und Freunden regelmäßig Berichte und Fotos ihrer Erlebnisse schickt – und die sind ganz gespannt, die Welt durch Lisas Augen mit zu bereisen, und warten immer schon sehnsüchtig auf die nächste Episode.

Beziehen Sie Betroffene frühzeitig ein. Wird man vor vollendete Tatsachen gestellt, dann wirkt das erst einmal wie ein Schock – die vertraute Welt bricht ohne Vorwarnung zusammen und wirft einem einfach den Himmel auf den Kopf! Zudem ist es etwas unfair. Das berühmte theatralische »Ich verlasse dich heute!« nach 30 Jahren stillen Duldens in der langweiligen Ehe gibt dem Partner keine Chance, sich über mögliche Änderungen seines Verhaltens Gedanken zu machen und aktiv zu werden. Je früher Sie die anderen Personen in Ihre wagemutigen Pläne und Überlegungen einbeziehen, desto mehr Zeit haben sie, sich daran zu gewöhnen.

Zudem kann man sich viel besser mit etwas arrangieren, an dem man aktiv beteiligt war, das man mitgestalten konnte. Stolz kann man sagen »Ich habe ihr bei dem und dem geholfen!«, und so fällt ein kleiner Strahl des Erfolgs auch auf einen selbst. Bitten Sie also andere um ihre Meinung, fragen Sie sie um Rat, wünschen Sie sich Unterstützung von ihnen. Lisas Vater war mit Feuereifer bei der Sache, nachdem er akzeptiert hatte, dass Lisa ihre Reise machen würde, und als sie ihn dann um seine Unterstützung bat. Er recherchierte wie wild im Internet, hatte jeden Tag neue Informationen und Tipps, was sie sich unbedingt auch noch ansehen sollte, sammelte nützliche Adressen für sie und begann, voller Stolz von den kühnen Weltreiseplänen seiner Tochter zu erzählen.

Bitten Sie um Verständnis. Nun, nicht jeder wird eine Wandlung vom Bedenkenträger zum Befürworter in kurzer Zeit hinbekommen, seien wir realistisch. Zumindest können Sie die Stoppschildschwenker aber um ihr Verständnis und ihre Akzeptanz bitten, dass Sie tun müssen, was Sie für sich als das Richtige empfinden, auch wenn sie das anders sehen und als negativ empfinden. Auch damit zeigen Sie ihnen Ihre Wertschätzung – man kann sehr wohl unterschiedlicher Meinung sein, ohne dass die Zuneigung darunter leiden müsste. Noch besser ist es, wenn Sie zuerst dem anderen Ihr Verständnis signalisieren und ihn nur um das Gleiche bitten. Lisa hat ihren Eltern deutlich gesagt, dass sie ihre Sorge gut versteht, und ihnen versprochen, sehr besonnen zu sein. Aber sie mögen bitte auch verstehen, dass sie sich diesen Traum erfüllen möchte. Was ja dann auch geklappt hat.

Stellen Sie klar, dass Sie keine Erlaubnis brauchen. Wenn bisher alles nicht gefruchtet hat, sprechen Sie deutlichere Worte. Machen Sie der anderen Person bewusst, dass Sie ein Recht auf Selbstbestimmung haben und ihre Erlaubnis für irgendeinen mutigen Schritt nicht brauchen und Sie auch nicht darum bitten werden. Das mag schwer zu schlucken sein, wenn Sie genau das womöglich immer getan haben als Ex-Angsthäschen. Aber da die Welt und eben auch Sie sich ständig verändern, hilft es nichts, sich nach alten paradiesischen Zeiten zurückzusehnen. Tatsache bleibt, dass Sie keine Erlaubnis brauchen, das gilt dank moderner Zeiten auch für Frauen – diese kleine Kröte muss die andere Person leider schlucken.

Akzeptieren Sie, dass die andere Person sauer ist, und machen Sie trotzdem weiter. Bei den ganz harten, uneinsichtigen und sturen Nüssen kann es passieren, dass all Ihre liebevollen Hilfestellungen nichts genutzt haben – der Mensch ist und bleibt wütend, weil Sie partout nicht seinen Erwartungen entsprechen wollen. Nur ist das letztendlich sein Problem, bei dem Sie ihm helfen wollten, aber es ist nicht Ihres. Ihr lieber Mann ist total sauer auf Sie, weil Sie bei der letzten Party endlich den Mut gefunden haben, sich die sexistischen Witze von Harald zu verbitten. Natürlich hat das die Partystimmung nicht gehoben, im Gegenteil, und Sie standen als die humorlose Spielverderberin da. Ihr Gatte findet, Sie stellen sich zu empfindlich an. Sie beharren aber zu Recht darauf, sich endlich diese widerliche Art von sexueller Belästigung nachdrücklich zu verbitten, auch wenn er deshalb sauer ist.

Enttäuschte Angsthasen, wütende Stiere und neidische Schlangen sind nicht die einzigen Hindernisse, die es zu umkurven gilt. Auch die ewigen Zweifler, die ungläubig und mitleidig ob unserer wilden Pläne Lächelnden können uns ganz schön ausbremsen. Aber auch gegen die gibt es einige wirksame Gegenmittel!

Lassen Sie sich nicht entmutigen

Ruth ist nicht ganz freiwillig und keinesfalls begeistert Mitglied einer mittlerweile recht großen Gruppe in Deutschland, die ständig zunimmt: Ruth ist übergewichtig. Nicht nur ein bisschen, sondern ganz schön. Seit ihrer Kindheit war sie ein Pummelchen, was in der Schule natürlich viel Spott und Hohn erzeugte. Wenn sie mit ihren wabbelnden Speckröllchen in diesem widerlichen engen Turnanzug in die Sporthalle musste, hat sich die ganze Klasse mitleidslos vor

Lachen gekringelt und sie mit allen möglichen hässlichen Spitznamen belegt. Seitdem hasst sie Sport und hat sich mit vielen Leckereien über den Spott hinweggetröstet. Was natürlich alles noch viel schlimmer gemacht hat, denn bisher hat es noch niemand geschafft, mit großen Mengen Süßigkeiten und Hamburgern eine schlankere Figur zu bekommen; auch Ruth nicht.

So ist sie mittlerweile ganz schön üppig, die Bezeichnung »Barockfigur« wäre selbst in ihren Augen eine schmeichelhafte Untertreibung. Als sie beim letzten verhassten Klamottenkauf wieder einmal zur nächsthöheren Größe greifen musste, ist ihr der Kragen geplatzt. Sie hat die Nase voll von Spott, Mitleid und Verachtung, von diesen spießigen Kleidungsstücken, die es in ihrer Größe ausschließlich gibt. Nein, jetzt ist Schluss!

Da alle bisherigen Abmagerungsansätze jämmerlich gescheitert sind und sie auch um die Gefahren des Jo-Jo-Effekts bei Crashdiäten weiß, hat sie sich vor einigen Wochen bei den Weight Watchers angemeldet. Es wird langsam gehen, das ist ihr klar, aber die Methode hat die größte Aussicht auf Erfolg, glaubt sie. Besonders viel Mut hat es sie gekostet, sich auch in einem Fitnessstudio anzumelden, da sie seit den traumatischen Schulsportstunden nie wieder etwas auch nur ansatzweise Sportliches gemacht hat. Sie hat lange mit sich gerungen und mehrere Anläufe gebraucht, um sich mit hochrotem Kopf und kaltem Schweiß auf der Stirn unter all die ranken und schlanken Schönheiten zu wagen und deren entsetzte oder mitleidige Blicke zu ertragen.

Jetzt, nach etlichen Wochen, zeigen sich schon erste kleine Erfolge. Allmählich fallen ihr die Bewegungen leichter, und ein paar hundert Gramm sind auch schon runter. Und trotzdem sitzt sie neben ihrem Telefon, stopft trotzig eine Tafel Schokolade in sich hinein und ist kurz davor, sich bei den Weight Watchers und dem schrecklichen Folterstudio wieder abzumelden. Ihre beste Freundin und ihre Mutter, die selber ganz schön stattlich ist, bedrängen sie immer öfter, sie solle diese blödsinnige Quälerei doch lassen, sie schaffe es eh nie und hätte ja bisher auch immer das Handtuch geworfen. Auch etliche andere

Freunde haben in den Chor mitleidig lächelnder, ungläubiger Zweifler eingestimmt. Seitdem ist sie völlig entmutigt und glaubt selber auch nicht mehr, dass sie es langfristig durchhalten wird, so diszipliniert auf die Ernährung zu achten und regelmäßig Sport zu treiben. Wenn es ihr gar keiner zutraut – sie werden schon Recht haben. Resigniert und entmutigt greift sie zum Telefonhörer ...

Die Zweifler und Verräter aus den eigenen Reihen können jemanden, der bis vor kurzem noch sein Dasein als Angsthäschen gefristet hat, ganz schön aus der Bahn werfen und das bisschen zusammengerafften Mut völlig vernichten. Gerade wenn wir ein längerfristiges Vorhaben umsetzen wollen, für das wir immer wieder Mut und neue Motivation brauchen, ist emotionale Unterstützung unserer Lieben von großer Bedeutung. Fehlt sie, so fällt es uns sehr schwer, aus dem Motivationstief der Mutlosigkeit wieder herauszukrabbeln. Werden wir aber auch noch aktiv von diesen Menschen belächelt und entmutigt, die uns eigentlich hilfreich zur Seite stehen sollten, kann das so zerstörerisch wirken, dass wir völlig resignieren und unser mutiges Vorhaben aufgeben.

Wir wollen ihnen keine bewussten bösartigen Motive unterstellen: Ruths Mutter und Freunde glauben vielleicht wirklich, dass sie sich ganz umsonst so quält. Doch vielen dieser Zweifler ist bestimmt nicht klar, wie destruktiv ihre mitleidigen Kommentare wirken, wie sehr sie den anderen damit im Stich lassen – sie wollen doch nur helfen!

Was Sie wirklich schaffen können und was nicht, wissen Sie selbst am besten. Ihre verborgenen Kräfte sind für die anderen nicht einschätzbar, daher gehen sie von anderen Voraussetzungen aus als Sie. Sie haben sich zu Ihrem mutigen Vorhaben ja unter Zuhilfenahme des gesunden Menschenverstands entschieden, Sie leiden nicht an Größenwahn oder sind nicht zurechnungsfähig. Also sind Sie die beste Beurteilungsinstanz, was Sie sich nach reiflicher Überlegung zutrauen können und was nicht.

Wenn Sie also in einem kleinen Mut- und Motivationstief sitzen, ignorieren Sie bitte als Erstes all die ätzenden Zweifler, Unkenrufer und Defätisten. Hören Sie nicht hin, blenden Sie die Kommentare und mitleidigen Gesichter aus und frischen Sie einfach Ihren Mut wieder auf! Ruth wird uns zeigen, wie man dabei vorgehen kann. Sie erinnern sich ja sicher noch an die Wirkung unserer inneren Bilder beim Entschärfen schlechter Erfahrungen aus dem Abschnitt »Gebranntes Kind« im fünften Kapitel. Diese verblüffende Wirkung können wir auch jetzt wieder nutzen. Unser mutiges Bild von uns zu Beginn der Umsetzung ist wie ein Foto, das den sengenden Strahlen des harten Alltags der Zweifel ausgesetzt wird – es verblasst zunehmend und verliert so seine Wirkung. Greifen Sie deshalb zu Ihren mentalen Farbstiften und frischen Sie das schlappe Etwas wieder auf, bis es seine ursprüngliche Strahlkraft und Anziehung wiedererlangt hat.

Mut und Motivation auffrischen am Beispiel von Ruth

1. Abruf der aktuellen Motivation

Entspannen Sie sich, schließen Sie am besten die Augen und betrachten Sie das Bild oder den Film, der vor Ihren Augen auftaucht, wenn Sie in Ihrem mutlosen Zustand an Ihr Vorhaben denken.
Ich sehe mich wieder mal auf die Waage steigen und nur verzweifelt den Kopf schütteln, weil es alles ja eh nichts bringt. Dabei flüstert mir meine innere Stimme immer nur »Du fette Versagerin!« in die Ohren, und ich fühle mich völlig mutlos.

2. Abruf des hochmotivierten Anfangsfilms

Erinnern Sie sich an den Moment, in dem Sie Ihren mutigen Entschluss gefasst hatten und etwas aufgeregt, aber auch stolz und hochmotiviert waren.
Oh, da stehe ich aufrecht mit hochgerecktem Kopf auf der Waage und sage mir: »Ruth, du wirst es schaffen, ganz bestimmt!«

3. Analyse der Parameter

Betrachten Sie nacheinander Ihre inneren Filme genauer und listen Sie jeweils folgende Parameter auf.

Parameter zum Auffrischen von Mut und Motivation

Parameter	Entmutigter Film	Mutiger Anfangsfilm
Visuelle Aspekte		
Größe	Das Bild ist eher klein, als ob es geschrumpft wäre.	Fast schon überlebensgroß, wie im Kino.
Entfernung	Oh, ziemlich weit weg, da brauche ich fast eine Fernbrille.	Ich sitze sozusagen in der ersten Reihe.
Farbigkeit	Gedämpfte, blasse Farben, fast schon wie mit einem Grauschleier.	Kräftige, strahlende Farben!
Helligkeit	Etwas duster, als ob es in der Dämmerung aufgenommen wäre.	Eher ziemlich hell, wie bei Sonnenschein.
Schärfe	Ich kann es sehr scharf sehen.	Das ist auch sehr scharf.
Tonspur		
Lautstärke	Die Stimme flüstert intrigant vor sich hin.	Normal, Zimmerlautstärke, würde ich sagen.
Mono oder Stereo	Hmm, schwierig ... aber ja, ich höre sie nur in einem Ohr. Witzig!	Tatsächlich, Stereo!
Modulation	Ziemlich monoton, wie so eine Maschinenstimme.	Irgendwie nett, mit Betonung und so.
Tonfall	Vorwurfsvoll, hämisch, bissig, ätzend!	Freundlich und liebevoll!
Gefühl		
Temperatur	Da merke ich nix.	Mir wird vor Aufregung etwas heiß.
Bewegung	Nö, auch da kann ich nichts feststellen – also keine Bewegung.	Das kribbelt irgendwie!
Druck	Oh ja, das drückt so auf die Brust!	Ich fühle mich eher leicht (was für ein netter Witz ...).
Angenehm/ unangenehm	Unangenehm und beängstigend.	Angenehm, voller Hoffnung und Vorfreude!

4. *Unterschiede ausgleichen*

Stellen Sie bitte fest, in welchen Ausprägungen sich der entmutigte und demotivierte Film samt Tonspur und Gefühl von dem hochmotivierten und mutigen Anfangsfilm unterscheidet. Verändern Sie alle Parameter des aktuellen entmutigten Films so, dass sie denen des Anfangsfilms entsprechen.
Gut, dann lege ich mal los. Ich muss mal kurz auf die Liste schauen ... in Ordnung, das mit Größe, Farbe und so hat schon gut geklappt, ging fix. Fühlt sich tatsächlich schon wieder besser an! Hmm, bei der Tonspur – soll ich da auch das Geschimpfe wieder durch den aufmunternden Satz ersetzen? Ja, bitte. Sich freundlich und liebevoll »Du fette Versagerin!« zu sagen, ist zwar schon etwas besser, aber ein positiver Satz ist deutlich hilfreicher. *Dann mache ich das mal. Und mit den Gefühlen – da hatte ich mich ja gefragt, wie das gehen soll, einfach zu beschließen, dass mir jetzt etwas heiß ist oder dass es kribbelt. Aber ich merke, das muss ich gar nicht, denn die Gefühle ändern sich von selbst, wenn ich die anderen Sachen ändere.*
Beobachten Sie, wie sich dabei auch fast automatisch der Inhalt wieder von dem resignierenden Häufchen Elend zur hoffnungsfrohen, mutigen Person verändert. Spüren Sie nach, wie Ihr Mut und Ihre Motivation wieder erwachen und zur alten Frische zurückfinden.
Das stimmt! Jetzt bin ich eher in einer Stimmung wie: »Jetzt erst recht! Ich will es schaffen und ich werde es schaffen!«

5. *Die Zukunft gestalten*

Denken Sie an die nächste Situation in der Zukunft, in der all Ihr Mut und Ihre Motivation wieder gefragt sein werden. Achten Sie darauf, dass Sie auch hier alle Parameter wie beim Anfangsbild ausrichten, und freuen Sie sich darüber, dass Sie bei jedem kleinen oder größeren Durchhänger zu Ihrem ursprünglichen Mut und Ihrer Motivation zurückfinden können.
Ich muss an das nächste Gespräch mit meiner besten Freundin denken – wie sie wieder versucht mich zu überreden, damit aufzuhören.

Ich sehe mich einfach nur sagen, dass sie denken kann, was sie will, aber ich gebe nicht auf. Und wenn sie Lust hat, kann sie ja ein wenig Sport mitmachen – etwas Bewegung täte ihr auch gut. So leicht lasse ich mich nicht mehr verschrecken! Und wenn ich leider mal wieder etwas zunehmen sollte und erneut mutlos werde, weiß ich ja jetzt, was ich dagegen tun kann ...

Ruth hat nach diesem kleinen Ausflug in ihren Kopf den Telefonhörer wieder weggelegt, ihr Sportzeug gepackt und ist ins Fitnessstudio geradelt. Versehen auch Sie Ihren Mut und Ihre Motivation zum Durchhalten mit frischer Kraft! Es folgt der Prozess im Überblick.

Mut und Motivation auffrischen

1. Abruf der aktuellen Motivation

Entspannen Sie sich, schließen Sie am besten die Augen und betrachten Sie das Bild oder den Film, der vor Ihren Augen auftaucht, wenn Sie in Ihrem mutlosen Zustand an Ihr Vorhaben denken.

2. Abruf des hochmotivierten Anfangsfilms

Erinnern Sie sich an den Moment, in dem Sie Ihren mutigen Entschluss gefasst hatten und etwas aufgeregt, aber auch stolz und hochmotiviert waren.

3. Analyse der Parameter

Betrachten Sie nacheinander Ihre inneren Filme genauer und listen Sie jeweils folgende Parameter auf.

Parameter	Entmutigter Film	Mutiger Anfangsfilm
Visuelle Aspekte		
Größe		
Entfernung		
Farbigkeit		
Helligkeit		
Schärfe		
Tonspur		
Lautstärke		
Mono oder Stereo		
Modulation		
Tonfall		
Gefühl		
Temperatur		
Bewegung		
Druck		
Angenehm / unangenehm		

4. **Unterschiede ausgleichen**

   Stellen Sie bitte fest, in welchen Ausprägungen sich der entmutigte und demotivierte Film samt Tonspur und Gefühl von dem hochmotivierten und mutigen Anfangsfilm unterscheidet. Ver-

ändern Sie alle Parameter des aktuellen entmutigten Films so, dass sie denen des Anfangsfilms entsprechen.
Beobachten Sie, wie sich dabei auch fast automatisch der Inhalt wieder von dem resignierenden Häufchen Elend zur hoffnungsfrohen, mutigen Person verändert. Spüren Sie nach, wie Ihr Mut und Ihre Motivation wieder erwachen und zur alten Frische zurückfinden.

5. **Die Zukunft gestalten**

   Denken Sie an die nächste Situation in der Zukunft, in der all Ihr Mut und Ihre Motivation wieder gefragt sein werden. Achten Sie darauf, dass Sie auch hier alle Parameter wie beim Anfangsbild ausrichten, und freuen Sie sich darüber, dass Sie bei jedem kleinen oder größeren Durchhänger zu Ihrem ursprünglichen Mut und Ihrer Motivation zurückfinden können.

Jetzt aber Schluss mit den entmutigenden Zeitgenossen – machen Sie sich im nächsten Kapitel auf die Suche nach echter Unterstützung!

Selbst ist die Frau – suchen Sie Verbündete

Wir hatten ja schon bei Ruth erkannt, dass emotionale und womöglich auch tatkräftige Unterstützung enorm wichtig sind, wenn Sie sich einer Herausforderung stellen und mutig einen neuen Weg beschreiten. Wohl jeder erfolgreiche Mensch hat solche Wegbegleiter, die ihn ermuntern, wenn er einen Durchhänger hat, die ihn loben, wenn er etwas geschafft hat, und die unerschütterlich an ihn glauben. Und all dies tut der erfolgreiche Mensch seinerseits natürlich umgekehrt auch für seine Freunde. Das funktioniert immer wieder wunderbar, allen Klagen über den Egoismus der heutigen Zeit zum Trotz. Sich gegenseitig zu unterstützen ist sozusagen ein evolutionäres Grundbedürfnis. Wir wären alle schon den Säbelzahntigern zum Opfer gefallen, wenn sich unsere Urururahnen nicht zusammengetan hätten, um sich gegenseitig zu helfen. Menschen freuen sich, wenn sie anderen helfen können, und sind stolz auf ihren Beitrag zum Erfolg – umso mehr, wenn auch sie dann einmal Hilfe bekommen können.

Gründen Sie also ein Mut-Team, um gemeinsam stark zu bleiben, sich immer wieder ermunternd auf die Schulter zu klopfen und nicht aufzugeben. Es ist nämlich hundert Mal leichter, jemand anderen zu ermutigen, als sich selbst. Für andere fallen uns schneller und bessere Ideen ein, in andere setzen wir oft mehr Vertrauen als in uns selbst, die guten Ratschläge, die wir als distanziertere Beobachterin von außen geben können, sind für uns selbst viel schwieriger zu finden. Suchen Sie sich Mutpartner(innen)! Es gibt einige Aspekte, die Sie am besten beachten, damit es optimal funktioniert.

Suchen Sie jemanden mit der gleichen Motivation, mutig durchzuhalten

Ihre Partnerin (gerne auch Partner, der Einfachheit halber folgt nur die weibliche Form) sollte ebenfalls entschlossen sein, sich in Zukunft mutiger zu verhalten. Sie müssen nicht zu denselben Themen von Angst, Mutlosigkeit oder mangelndem Know-how geplagt sein – im Gegenteil, wenn Sie sich auf unterschiedlichen Gebieten mutiger zeigen wollen, ist es umso besser. Sarah mit ihrer Angst vor Misserfolg könnte sich bestens mit Ruth und ihrer schwankenden Motivation und Anfälligkeit für Zweifler zusammentun, da sich ihrer beider Stärken sehr gut ergänzen würden und ihre Mutlosigkeit unterschiedliche Gründe hat. Verbinden sollte Sie das gemeinsame Ziel, sich gegenseitig zum Erfolg zu verhelfen.

Bei dieser Partnerin (oder mehreren, Sie können sich gerne auch in einer etwas größeren Gruppe von vier oder fünf Personen zusammentun) kann es sich um ein Familienmitglied, eine Freundin oder Kollegin, aber auch um eine eher fremde Person handeln, die Sie flüchtig kennen oder von der Sie irgendwie gehört haben. Manchmal ist es sogar fast besser, eine nicht so vertraute Person zu suchen, da diese wirklich einen unbeteiligten Blick beibehalten kann. Natürlich sollten Sie die Person sympathisch und ihre Ziele gut finden oder zumindest akzeptieren können. Ihr Mut-Team ist anfänglich unter Umständen ein reines Zweckbündnis, um sich gegenseitig bei der Stange zu halten. Wenn eine Freundschaft daraus wird oder sich eine bestehende vertieft, umso schöner!

Gehen Sie eine Selbstverpflichtung ein

Verpflichten Sie sich vor Ihrer Partnerin, für Ihr mutiges Ziel aktiv zu werden und ihr über Ihre Aktivitäten regelmäßig Bericht zu erstatten. Und natürlich umgekehrt. Diese Selbstverpflichtung hat die verblüffende Wirkung, dass Sie das Gefühl bekommen, Sie hätten sich verpflichtet, etwas für Ihre Partnerin zu tun und nicht nur für Sie selbst. Das Wissen, dass sie an Sie glaubt und schon ganz begierig auf Ihren Bericht wartet, macht Ihren Vorsatz viel verbindlicher, weil Sie jetzt nicht nur sich, sondern auch sie enttäuschen würden, wenn Sie schlappmachten. Es würde irgendwann peinlich, wenn Sie Ihre ganzen kreativen Ausreden, warum Sie doch wieder gekniffen haben, und die nur Ihren Selbsthass und Ihre alten Ängste anfachen, nicht nur vor sich selbst, sondern auch vor Ihrer Partnerin ausbreiten müssten. Gerne und manchmal ziemlich leicht täuschen wir uns selbst, aber ungern enttäuschen wir andere.

Sprechen Sie sich immer wieder Mut zu

Geben Sie sich die emotionale Unterstützung, die Sie brauchen, um nicht zu straucheln, sondern mutig voranzuschreiten. Trösten Sie sich bei Durchhängern und Misserfolgen, ermutigen Sie sich gegenseitig, wenn der Glaube an sich selbst schwankt, freuen Sie sich gemeinsam über Ihre Erfolge. Helfen Sie sich bei der Vorbereitung auf die nächste Mutprobe und entlarven Sie Katastrophenszenarien als reine Phantasien, stehen Sie sich gegenseitig als Übungspartnerinnen zur Verfügung, damit das Lampenfieber schwindet, die Sicherheit wächst und Sie durch konkretes Feedback mögliche Schwachstellen im Vorhinein erkennen können.

Geben Sie sich auch praktische Unterstützung

Neben dem emotionalen Händchenhalten ist es auch sehr hilfreich, wenn Sie einen neuen mutigen Schritt beim ersten Mal nicht mutterseelenallein tun müssen, sondern sich Schritt für Schritt mit Erfolgserlebnissen herantasten können. Wenn Sie Angst vor Ihrem Vorstellungsgespräch haben, weil Sie die Panik packt und Sie befürchten, mit Ihrem Können großmäulig viel zu dick aufgetragen zu haben, dann bitten Sie Ihre Partnerin, sie wenn irgend möglich zu begleiten und hinterher wieder abzuholen. Sollte das nicht gehen, dann kann sie Ihnen zumindest telefonisch das Händchen bis kurz vor dem Termin halten, um Ihren Mut zu päppeln und die Angst in Schach zu halten. Auch für die gute Ruth wäre es viel einfacher gewesen und sie hätte früher losgelegt mit ihrer Gymnastik, wenn sie jemand so lange ins Fitnessstudio begleitet hätte, bis sie sich sicher genug gefühlt hätte, allein hinzugehen.

Vereinbaren Sie neben Ermutigungs- auch Kontrollanrufe. Sie haben sich vorgenommen, endlich den Mut zu finden, mit Ihrem lauten Nachbarn am Wochenende ein leises, aber ernstes Wörtchen zu reden, da Sie sonst an Schlaflosigkeit zugrunde gehen werden. Vereinbaren Sie mit Ihrer Teampartnerin, dass sie Sie am Sonntag anruft, um Ihnen – wenn nötig – noch einmal einen sanften Tritt zu geben.

Stellen Sie sich als Rollenspielpartnerin zum Üben und Probieren zur Verfügung, spielen Sie den Teufelsadvokaten, um Überlegungen und Glaubenssätze auf den Prüfstand zu legen, werfen Sie bei einem Brainstorming Ihre tollen Ideen auf den Tisch, halten Sie eine flammende »Ich-glaube-an-dich-Rede«, um den mutlos hängenden Kopf wieder zurechtzurücken.

Je nach mutigem Vorhaben kann die praktische Unterstützung auch noch in anderen Gewändern auftauchen. Helfen Sie sich gegenseitig bei der Informationsbeschaffung, stellen Sie nützliche Kontakte füreinander her, tauschen Sie Ihre Fähigkeiten aus (Sie können gut schreiben, Ihre Freundin ist gut im Organisieren), bringen Sie sich gegenseitig etwas bei, leihen Sie sich benötigte Dinge ... die Liste an möglicher praktischer Hilfe auf dem Weg zum mutigen Leben ist unendlich lang.

Treffen Sie sich regelmäßig

Vereinbaren Sie in Ihrem ersten Treffen, in dem Sie sich zu einem Mut-Team zusammentun wollen, in welchen Abständen Sie sich regelmäßig treffen wollen. Zu Beginn ist eine eher höhere Frequenz sinnvoll: mindestens alle zwei Wochen, im Idealfall einmal die Woche. Begrenzen Sie ruhig die Zeit auf eine oder anderthalb Stunden – die meisten Menschen kommen besser und schneller zum Punkt, wenn es einen eher knappen Endtermin gibt. Ein zu großes Zeitfenster birgt die Gefahr, dass Sie beide sich erst mit eifrigem Jammern über Ihre schlimme Lage vergnügen, und dann fehlt auf einmal die Zeit für die gegenseitige Unterstützung.

Nehmen Sie die Treffen so ernst wie einen wichtigen geschäftlichen Termin. Seien Sie pünktlich, sagen Sie nicht leichtfertig ab, verschieben Sie sie nicht aus läppischen Gründen. Es geht um Sie und Ihren Mut, da sollten Sie auch den Mut zeigen, diesen Terminen Vorrang vor anderen angeblich wichtigen Terminen zu geben. Sie sollten sie auch wie eine berufliche Zusammenkunft durchführen und nicht in einen gemütlichen Kaffeeklatsch ausarten lassen – den können Sie gerne hinterher oder ein anderes Mal veranstalten.

Strukturieren Sie Ihre Sitzungen. Bewährt hat sich, sich zu Beginn binnen einiger Minuten (fünf bis zehn reichen aus) gegenseitig auf den aktuellen Stand zu bringen: Was hatten Sie sich Mutiges am Ende des letzten Treffens vorgenommen, was davon hat wie funktioniert? Feiern Sie Erfolge und loben Sie sich, beweinen Sie (ganz kurz, denken Sie an die Märtyrerinnenfalle) Misserfolge und blicken Sie wieder nach vorn. Seien Sie auch bei etwaigen kleinen Misserfolgen ehrlich, schummeln bringt Sie überhaupt nicht weiter. Am besten halten Sie Ihre Ziele, Maßnahmen und geplanten Aktivitäten immer schriftlich fest und tauschen sie aus – so schützen Sie sich gegenseitig vor dem Vergessen ...

Nachdem Sie sich auf den neuesten Stand gebracht haben, sammeln Sie die Fragen oder Probleme, zu denen Sie jetzt Unterstützung brauchen, um weiter vorwärtszuschreiten. Suchen Sie gemeinsam nach Lösungen, machen Sie eine Übung oder ein Rollenspiel, rücken Sie eine verzerrte Perspektive oder eine wilde Hypothese wieder gerade, holen oder geben Sie sich Feedback, brüten Sie über Risiken und der Attraktivität von Alternativen, zerpflücken Sie Ihre irrationalen Annahmen, lassen Sie auch gerne einmal schnell Ihre Wut oder Ihren Frust heraus – kurz, ergreifen Sie alle notwendigen Maßnahmen, um sich wechselseitig aus dem Angsthasensumpf zu ziehen, sollten Sie dort gelandet sein.

Die letzten zehn Minuten gehören dem Blick in die Zukunft: Was nehmen Sie sich bis zum nächsten Treffen vor? Halten Sie alles schriftlich fest und tauschen Sie das Geschriebene aus. Besprechen Sie auch mit Ihrer Mutpartnerin, welche aktive Unterstützung Sie zu welchem Schritt brauchen, bieten auch Sie Ihre tätige Hilfe an. Manchmal ist einfach annehmen dürfen leichter, als darum bitten zu müssen. Ein kleines »Soll ich dir helfen?« wird oft mit einem glückstrahlenden Blick tiefster Dankbarkeit erwidert ...

Geben Sie sich Sonderunterstützung in harten Krisenzeiten

Bei jeder Veränderung gibt es Schritte, die wir gehen müssten, um vorwärtszukommen, bei denen sich aber alles in uns sträubt. Wir können machen, was wir wollen, wir schaffen es nicht, uns endlich dazu aufzuraffen. Das Gespräch wegen der Gehaltserhöhung haben Sie endlich geführt (und haben es gut über die Bühne gebracht), aber trotz aller Maßnahmen und versperrten Hintertürchen sind Sie wieder nicht zu Ihrem lauten nachbarlichen Fan moderner Zwölf-Ton-Musik gegangen und nehmen es lieber in Kauf, dass Ihre Teampartnerin Sie dafür streng ins Gebet nehmen wird.

Lassen Sie es sich doch einfach knallhart von Ihrer Teampartnerin befehlen: »Am Sonntag gehst du um exakt drei Uhr hin und bittest ihn mit allem nötigen Ernst, nachts leiser zu sein! Und hinterher rufst du mich sofort an, um mir Bericht zu erstatten!« Was Sie freiwillig nicht hinbekommen, schaffen Sie vielleicht über den Umweg des Gehorsamkeitsreflexes. Wir sind von Kindheit an darauf geeicht, dass wir Befehlen mehr Folgsamkeit zu schenken haben als den eigenen Wünschen, Vorsätzen und Zielen. Nutzen Sie diesen erlernten Automatismus, um sich im Krisenfall aus Ihrer Blockierung zu lösen und sich wieder zu bewegen.

Sie können auch vorab eine Regel vereinbaren: Bist du nicht willig, so brauch ich sanfte bis brachiale Gewalt. Dann nämlich sollte Ihre Partnerin wie das heilige Donnerwetter in Ihrer Wohnung über Sie herfallen, Sie persönlich bis vor die Nachbarstür schleifen und dort mit drohender Miene und verschränkten Armen warten, bis Sie sich nun endlich Gehör verschafft haben, um Sie danach triumphierend in die Arme zu nehmen.

In einer echten Krise sollten Sie auch die Anruffrequenz erhöhen und nicht nur die vereinbarten, sondern zusätzlich spontane Ermutigungsanrufe tätigen oder darum bitten. Die können ruhig sehr kurz sein, ein »Ich denk an dich, du schaffst das schon!« ist oft völlig ausreichend. Sich wieder bewusst zu machen, dass jemand an einen glaubt, sich mit einem freut und fiebert, hilft sehr, die schlaff hängenden Ohren wieder aufzurichten und die Flinte wieder aus dem Kornfeld zu holen.

All diese Maßnahmen dienen nämlich vorrangig dazu, Sie vom endgültigen Aufgeben abzuhalten. Eine Krise ist dazu der total falsche Zeitpunkt. Sicher können Sie irgendwann beschließen, dass Sie irgendeinen mutigen Plan doch nicht weiterverfolgen wollen. Das sollten Sie aber nie in einer akuten Krise tun, weil diese Entscheidung dann mehr mit Frust, Resignation und Demotivation zu tun hat als mit reiflicher Überlegung. Die liebe Ruth kann natürlich beschließen, dass sie sich doch endgültig mit ihrem Übergewicht arrangieren wird – aber frühestens dann, wenn sie wieder guter Dinge ist. Deshalb war sie auch so klug, zwar doch noch bei den Weight Watchers anzurufen, aber nur, um sich etwas Ermutigung zu holen und mit wiedererwachter Hoffnung und Motivation erneut durchzustarten.

Der weitere Grund, warum Sie in einer Krise keinesfalls aufgeben sollten, liegt darin, dass wir etwas, bei dem wir schon einmal gescheitert sind, wahrscheinlich nur mit großen Anstrengungen wieder in Angriff nehmen werden. Es ist zu negativ besetzt, und wir haben zudem, Sie erinnern sich, diese schlechte Erfahrung generalisiert – einmal gescheitert, immer gescheitert war die desaströse Formel. Wenn Sie jetzt, in einer Krise, aufgeben, sind Sie vielleicht wirklich gescheitert – wenn Sie mit kühlem Kopf und neuen Informationen Ihre Vorhaben ändern, handeln Sie durchaus vernünftig, von Scheitern keine Rede. Und Sie würden unter geänderten Umständen erneut durchstarten können, weil Sie sich das Gefühl des resignierten Aufgebens erspart haben.

Wenn Ihnen Mut-Team übrigens zu sperrig und altbacken klingt, könnten Sie es eigentlich auch mit einem schicken englischen Namen versehen – analog zu den Weight Watchers könnten Sie es Courage Watchers oder Goal Watchers nennen. Denn die Prinzipien der Selbstverpflichtung, des Engagements, der gegenseitigen Unterstützung wie der Kontrolle finden sich bei beiden wieder und sind seit Jahrzehnten erprobt.

8.

Mut im Alltagsverkehr

Es wird von fast allen Menschen bewundert, wenn man Mut in hochgefährlichen Momenten zeigt: die alte Dame aus dem brennenden Haus retten, das kleine Kind aus dem eisigen See ziehen, dem angreifenden Kampfhund mit dem Tennisschläger eins auf die geifernde Nase geben, eine eigene Firma in einer schwierigen Branche gründen, auf einen anderen Kontinent auswandern, den Mount Everest erklimmen ... Dafür braucht man eine Menge Mut, das ist jedem klar. Nicht so klar ist vielen, dass auch die kleinen Herausforderungen des Alltags immer wieder unseren Mutmuskel ganz schön strapazieren. Die ganz großen, gefährlichen Situationen sind selten, die kleinen können dafür in jeder Sekunde überraschend auftauchen. Diese Mückenstiche des täglichen Lebens jucken ebenfalls sehr unangenehm und plagen uns heftig. Die Reklamation im Restaurant, weil das Essen versalzen war, sich in einem auffälligen Kleidungsstück an die Öffentlichkeit wagen, fremde Menschen auf eine Unverschämtheit ansprechen, der Kleinen auf dem Spielplatz helfen, die von drei größeren Jungen herumgeschubst wird – all das erfordert auch eine ganz gehörige Portion Mut, für den wir leider selten bewundert werden.

Deshalb braucht es noch die kleinen Lösungen und Strategien für all die eher unbedeutenden Alltagssituationen. Schließlich wollen Sie sich ja auch bei den kleinen Ereignissen in Ihrem Leben nicht mehr feige unterbuttern lassen, sondern auch in diesen typischen Situationen mutig widerstehen! Rüsten Sie sich dafür mit nützlichen Hilfsmitteln.

Von der mutigen Grundlage zum mutigen Handeln

Nutzen Sie so oft wie möglich den Turboaktivator für Ihren mutigen Moment. Ihr Mut wird immer schneller erwachen, wenn Ihnen dieses Gefühl innig vertraut ist; die alte Angst hat damit immer weniger Chancen, wieder zum Zuge zu kommen. Durch beharrliches Training wird irgendwann der Mut die näherliegende Reaktion werden. Auch in überraschenden Situationen sind Sie dann schneller in der Lage, sich von der Verblüffung oder dem Erschrecken zu erholen und tapfer dagegenzuhalten.

Ganz entscheidend für den inneren und äußereren mutigen Eindruck sind ein paar Elemente des Auftretens wie die Körpersprache und die Stimme. Körper und Geist wirken gegenseitig auf sich ein – das kann in eine Spirale nach unten, aber auch in eine nach oben münden. Probieren Sie einmal aus, an einem Tag mit grottenschlechter Laune, aus der Sie einfach nicht herausfinden, sich vor den Spiegel zu stellen und sich wie ein Honigkuchenpferd anzugrinsen. Bleiben Sie hartnäckig, auch wenn diese Albernheit Sie zu Beginn nur noch mehr verärgert. Da Mimik und Stimmung nicht zueinanderpassen, wird sich das eine anpassen und verlieren. Und bei genügend Ausdauer Ihrerseits wird das Ihre schlechte Laune sein müssen: Nach kurzer Zeit beginnen Sie, wirklich zu lachen.

Eine mutige Haltung

Beim Mut funktioniert es genauso. Selbst wenn Ihr inneres Angsthäschen zittert und bebt, müssen Sie das nach außen nicht unbedingt zeigen. Es gibt einige Signale in Haltung, Blick und Stimme, die gemeinhin Mut und Selbstbewusstsein ausstrahlen und von allen Menschen so interpretiert werden. Diese können Sie nutzen, um Ihre innere Angst zu verstecken und Ihren Mut endgültig hervorzulocken.

- Stehen Sie schön aufrecht, die Schultern gerade, der Kopf ist leicht erhoben, schließlich haben Sie hier das Sagen – das wollen Sie zumindest rüberbringen. Am besten ist Ihr Körpergewicht symmetrisch auf beide Beine verteilt, Symmetrie wirkt nämlich vertrauenswürdig und selbstbewusst.
- Auch im Sitzen sollten Sie eine eher aufrechte Haltung einnehmen.
- Unterstreichen Sie Ihre Aussagen mit passenden, energischen Gesten (es muss ja nicht gleich die Faust auf dem Tisch sein); achten Sie bitte auch darauf, dass Sie Verlegenheitsgesten wie das Zwirbeln einer gesträhnten Haarlocke, das Fummeln am Ohrring oder das Knabbern an den Fingernägeln möglichst unterbinden – all das signalisiert Unsicherheit und keinesfalls Mut. Zur Not können Sie Ihre Hände einfach falten, wenn Sie sie anders nicht von ihren nervösen Handlungen abbringen können.
- Blicken Sie Ihrem Gegenüber fest ins Auge. Sie müssen ihn oder sie nicht fixieren wie die Schlange das Kaninchen, aber regelmäßig sollten Sie schon den Blickkontakt suchen.
- Sprechen Sie laut, klar, deutlich, in kurzen Sätzen. Sagen Sie so konkret wie möglich, was Sie wollen oder nicht dulden werden. Vertrauen Sie nie auf die Fähigkeit der Menschen zum Gedankenlesen, wenn Sie ihnen etwas durch die Blume sagen; die meisten können und wollen das gar nicht, und Sie öffnen damit Missverständnissen Tür und Tor.

Grundhaltung klar, Fundament gelegt? Dann stürzen Sie sich auf die verschiedenen typischen Alltagssituationen, die immer wieder unseren Mut fordern!

Sich Unverschämtheiten verbitten

Ihr unangenehmer Kollege ergötzt Sie jeden Morgen im Büro als Erstes dadurch, dass er Ihnen von seinen scharfen Träumen erzählt, in denen Sie leider auch vorkommen. Der unhöfliche Flugpassagier haut Ihnen seinen Koffer ans Knie, zerreißt Ihnen die enorm teure Strumpfhose und entschuldigt sich noch nicht einmal. Sie stehen schon ewig in der Kassenschlange bei Aldi, als sich ein junger Rüpel vordrängelt und murmelt, Sie sollten ihn doch mal vorlassen.

All diese Verhaltensweisen sind Übergriffe auf Ihre Person, die Sie zu Recht wütend machen und die Sie sich verbitten sollten. Wenn Sie es nicht tun, wird der Kollege Ihnen ewig seine pornographischen Ergüsse in die Ohren flüstern. Klar hat er ein Recht, zu träumen, was er will – aber Sie haben das Recht, die Anhörung seiner Phantasien zu verweigern. Die Regeln der Höflichkeit sind nicht nur veraltete Kamellen, sondern sie liefern das Öl im Getriebe, damit das Miteinander reibungslos funktioniert. Sie zeigen die Grenzen auf, die man tunlichst nicht überschreiten sollte, um andere Menschen nicht zu stören oder zu verletzen. Da manche Zeitgenossen diese Grenzen wohl nicht kennen und leider immer wieder verletzen, muss Ihr persönlicher Grenzschutz her. Wehren Sie sich gegen solche Unverschämtheiten!

- Aktivieren Sie Ihre mutige Grundhaltung.
- Sagen Sie ganz konkret, was Sie stört, reden Sie nicht um den heißen Brei herum. *»Lieber Kollege X, Sie erzählen mir jeden Morgen Ihre Träume. Daran habe ich keinerlei Interesse.«*

- Fordern Sie klar eine bestimmte Reaktion. Kein Wunsch, keine Bitte, keine vage Erwartung, sondern eine deutliche, kompromisslose Forderung oder gar ein Befehl (denken Sie an den Gehorsamkeitsreflex). Bedanken Sie sich am Schluss knapp, weil Sie dadurch signalisieren, dass Sie die Erfüllung Ihrer Forderung als selbstverständlich ansehen. *»Ich will, dass Sie sofort damit aufhören. Danke!«*
- Kündigen Sie eventuell weitere Schritte Ihrerseits an, falls der andere Ihrer Forderung nicht nachkommt. Ja, richtig, das ist eine kleine versteckte Drohung, aber bei manchen Menschen muss man auch diese Keule zücken. *»Kollege X, Sie haben heute morgen wieder angefangen, mir Ihren Traum zu erzählen. Hören Sie sofort damit auf, sonst werde ich zu unserem Vorgesetzten gehen. Danke!«*

Einfordern, was Ihnen zusteht

Ihre Pizza kommt kalt und matschig auf den Tisch, die Verkäuferin will Sie bei einem Umtausch nur mit einem Gutschein statt mit Bargeld abspeisen, obwohl Sie in der Stadt nur zu Besuch sind. Der Nachbar besetzt dauernd Ihren teuren Parkplatz im Hinterhof. Ihre Mutter hat einen Schlüssel zu Ihrer Wohnung und taucht immer wieder unangemeldet auf, obwohl ausgemacht ist, dass sie vorher anruft.

Wenn Sie glasklar im Recht sind und einen wasserdichten Anspruch haben, sollten Sie darauf bestehen, dass er auch erfüllt wird, egal, ob Ihr Gegenüber rumzickt oder nicht. Tun Sie es nicht, machen Sie sich selbst zum unfreiwilligen Wohltäter – Ihr Nachbar freut sich wie ein Schneekönig, dass Sie ihm den raren Parkplatz auch noch bezahlen. Mutige Menschen sind aber keine dummen Menschen und stehen für sich und ihre Rechte ein – und zu denen gehören Sie ja jetzt auch.

- Aktivieren Sie Ihre mutige Grundhaltung.
- Sagen Sie wieder ganz konkret, was Sie wollen. Nicht *»Ich finde*

die Pizza nicht so gut.« Sondern schmettern Sie dem unwilligen Kellner ein *»Die Pizza ist matschig und kalt. Bitte bringen Sie mir eine heiße und knusprige. Danke!«* entgegen.

- Ignorieren Sie Gegenargumente, Ausflüchte und Erklärungen. Es ist Ihr Recht, es steht Ihnen zu, es gibt keinen Grund, warum Sie ewig herumdiskutieren oder sich unfair behandeln lassen sollten. Lassen Sie sich daher gar nicht erst auf eine wilde Argumentation ein – bei einem rhetorischen Fuchs verlieren Sie womöglich ... *»Die anderen Gäste haben an ihrer Pizza nichts auszusetzen, nur Sie!« »Das ist gut möglich.* Meine *Pizza ist matschig und kalt. Bitte bringen Sie mir eine heiße und knusprige. Danke!«*
- Bleiben Sie hartnäckig. Signalisieren Sie Verständnis für die Schwierigkeiten des anderen und wiederholen Sie dann einfach gebetsmühlenartig Ihre Forderung. *»Wie soll ich das denn verbuchen, das geht gar nicht mit unserer Kasse. Und mir fehlt dann das Geld in der Abrechnung.« »Das tut mir leid. Meine Pizza ist matschig und kalt. Bitte bringen Sie mir eine heiße und knusprige. Danke!«*
- Falls das noch nicht geholfen hat – was es jedoch fast immer tut, denn in gewisser Weise verweigern Sie ja eine echte Kommunikation und fokussieren sich und den anderen auf einen einzigen Punkt, das zermürbt fast jeden –, verlangen Sie nach der nächsthöheren Instanz. Und mit der fangen Sie von vorne an ... so lange, bis Ihre Forderung erfüllt wird.

Auffallen und angestarrt werden

Sie sind zu spät, die Versammlung hat schon begonnen und Sie müssen an allen vorbei ganz bis in die erste Reihe gehen. Zu Hause fanden Sie noch, dass das Outfit mit dem tiefen Ausschnitt völlig in Ordnung ist, aber seit Sie die Herren der Schöpfung so anzüglich anstarren, sind Ihnen doch erhebliche Zweifel gekommen. Ihre Chefin nötigt Sie bei einem Abteilungsfest auf die Karaokebühne, obwohl Ihre Singstimme mehr dem Krächzen eines erkälteten Raben ähnelt als einer menschlichen – und alle blicken gespannt auf Sie.

Wie fürchterlich! Im Mittelpunkt zu stehen und angestarrt zu werden ist für viele Menschen schlimmer als eine Zahnbehandlung ohne Narkose. Verlegen winden wir uns, suchen panisch nach dem Mauseloch, durch das wir entschlüpfen können, unternehmen die wildesten Fluchtaktionen, um einer solchen Situation nicht ausgesetzt zu werden. Wir beneiden die Menschen, die das Rampenlicht lieben und in der Aufmerksamkeit der Massen ein ermunterndes Bad nehmen, wir aber spüren nur eine schreckliche Panik in uns aufsteigen.

Das Gute ist, dass es die sprichwörtlich tötenden Blicke nicht gibt. Auch Medusa hat nicht mit ihrem Blick getötet, sie war nur so schrecklich, dass jeder, der sie sah, sofort zu Stein erstarrt ist. Blicke sind also nichts anderes als Blicke, die uns eigentlich nichts anhaben können. Erst unsere Reaktion darauf macht sie so unangenehm, verleiht ihnen ihre zerstörerische Macht. Machen Sie sich also zuerst mit der emotionalen Kopfwäsche klar, dass überhaupt nichts Schlimmes passiert, wenn die Leute Sie anstarren.

Der grundlegende Denkfehler bei dieser verunsicherten Reaktion auf das Anstarren ist, dass Sie prompt glauben, mit Ihnen stimme etwas nicht. Und das ist natürlich nicht der Fall, Sie sind rundherum absolut in Ordnung. Das, was wir Normalität nennen, gibt es eigentlich nicht, es gibt nur Milliarden von Individuen und gesellschaftliche Regeln mit einer großen Bandbreite. Warum ein Mensch einen anderen verblüfft anstarrt, spiegelt nur seinen eigenen Horizont wider, nicht aber einen Fehler an der anderen Person.

Viele starren ja zudem nicht mit der bösen Absicht, Sie völlig zu verunsichern und in die Verzweiflung zu treiben. Manchmal starren wir aus Geistesabwesenheit jemanden an, ohne es zu merken, manchmal aus redlicher Neugier, ein anderes Mal starren wir bewundernd und hingerissen diese überirdische Person an, und manchmal erstaunt uns etwas an einem anderen Menschen oder erinnert uns an jemand anderen. Gar kein Grund also, sich deswegen den Kopf zu zerbrechen.

Und wenn Sie ihn sich schon zerbrechen wollen, dann fragen Sie sich doch bitte auch, wieso Sie die Meinung eines Menschen, den Sie in diesem Leben womöglich nur für fünf Sekunden sehen, eigentlich interessieren sollte. Was kümmert es den Mond, wenn ihn der Hund anbellt! Und die Menschen, mit denen Sie oft zu tun haben und deren Meinung Ihnen wichtig ist, können Sie ja schlicht und ergreifend nach dem Grund ihres Starrens fragen ...

Und die Karaokeblamage? Hier ist die Zauberformel schnell gefunden: Machen Sie aus der Not eine Tugend. Stehen Sie mutig dazu, dass Sie etwas nicht können. Machen Sie gar nicht erst die kleinste Bemühung, schön zu singen, bemühen Sie sich vielmehr, so grauenvoll zu krächzen, dass Sie damit ins Guinnessbuch der Rekorde aufgenommen werden als schlechteste Sängerin dieses Jahrhunderts. Wenn Sie dabei noch ein kleines verschmitztes Grinsen parat haben, werden sich alle blendend amüsieren – Sie auch. Und irgendwann wird es Ihnen vielleicht sogar gefallen, wenn andere Menschen Sie anstarren ...

- Aktivieren Sie Ihre mutige Grundhaltung.
- Ignorieren Sie die Blicke. Wenn Sie tatsächlich jemand durch sein Starren verunsichern möchte, lassen Sie so seine Bemühungen am leichtesten ins Leere laufen.
- Gehen Sie aufrecht, zielsicher, ohne Hast und mit unbekümmerter Miene an den Anstarrern vorbei. Lächeln Sie sie freundlich und souverän an. Nur Sie wissen ja, dass es in Ihnen drin womöglich ganz anders aussieht, davon haben zum Glück die anderen keine Ahnung. Es lebe der Schein!
- Wenn die Blicke Sie sehr irritieren oder sogar sehr unverschämt sind und Sie sie abstellen möchten, greifen Sie zu den härteren Kalibern. Blicken Sie fest und ernst zurück, meist wenden die Gaffer ziemlich schnell den Blick ab. Dieses Kindheitsspiel des Niederstarrens gewinnen Sie deshalb, weil der Anstarrer ja durchaus weiß, dass er etwas Unhöfliches tut.
- Reicht noch nicht? Gehen Sie auf die Person zu und fragen Sie sie, was an Ihnen so merkwürdig ist, dass sie Sie so unverhohlen

anstarrt. Entweder es gibt tatsächlich etwas, oder der Gaffer hat eigene sonderbare Gründe, die nichts mit Ihnen zu tun haben und die Sie auch nicht erfahren möchten. Dann wird diese direkte Konfrontation sehr schnell das Starren beenden, weil es den meisten Menschen peinlich ist, dabei erwischt und überführt zu werden.

Zivilcourage zeigen

In der U-Bahn bedrängen zwei männliche Teenager ein junges Mädchen, welches sich offensichtlich nicht zu helfen weiß. Im Kaufhaus beobachten Sie zufällig, wie eine schick gekleidete Frau einem sündhaft teuren BH heimlich das Sicherungsinstrument abreißt und ihn in ihre Handtasche stopft. Der entnervte Vater gibt seinem quengelnden Sohn im Baumarkt eine derartige Ohrfeige, dass der Kleine vor Schmerzen brüllend zu Boden fällt. An der Bushaltestelle verhöhnt ein Pärchen einen alten Mann, der benommen auf der Bank sitzt.

Weggucken und sich Peinlichkeiten ersparen oder mutig sein und einschreiten? Das ist sicher immer wieder eine sehr schwere Frage. Was legal und was illegal ist, ist gesetzlich geregelt. Ansonsten hängt es eng mit Ihren Werten zusammen, was Sie für tolerierbar halten und was nicht. Vielleicht erscheint Ihnen der kleine Ladendiebstahl nicht so schlimm, diese globalisierten Großkonzerne beuten doch sowieso die Menschen gnadenlos aus und haben den Verlust schon im Vorhinein auf die Preise aufgeschlagen – geschieht ihnen recht! Oder Sie versuchen sich einzureden, dass Sie die befremdlichen Erziehungsmethoden anderer nun wirklich nichts angehen …

Mag sein, gut möglich, dass Sie Recht haben. Zu viel Einmischung in die Privatangelegenheiten anderer Menschen ist sicher nicht wünschenswert. Andererseits sollten wir uns tapfer fragen, ob nicht unser Mut und unser Einschreiten gefordert sind, wenn ein Mensch in echter Not ist, auch wenn das sehr unbequem, peinlich und manchmal sogar gefährlich sein kann. Die Haltung zum Diebstahl ist absolut Ihre Sache, Sie sind nicht verpflichtet, dem Kaufhausdetektiv als unbezahlte Hilfskraft unter die Arme zu greifen. Feige wegzusehen und jemandem die helfende Hand zu verweigern, der hilflos einer Schikane ausgesetzt ist, ist hingegen nicht mehr ganz so akzeptabel. Echter Mut beginnt sicherlich dann, wenn wir ihn nicht nur für unsere Belange, sondern auch für andere einsetzen, weil diese momentan dazu nicht in der Lage sind. Das kann uns manchmal sehr schwerfallen, gewiss, aber die Belohnung für das eigene Selbstbild ist sehr groß, abgesehen von dem Guten, das Sie für jemand anderen bewirken. Schauen wir also nicht mehr weg, sondern stehen wir mutig dem zitternden Mädchen in der U-Bahn bei!

- Aktivieren Sie Ihre mutige Grundhaltung.
- Überprüfen Sie, ob eine echte Gefahr wie körperliche Gewalt besteht, der Sie nicht gewachsen wären. Sollten Sie zufällig den schwarzen Gürtel in Karate besitzen, erscheinen Ihnen zwei testosteronüberflutete, alkoholisierte Jungs vielleicht wie ein Klacks, den Sie mit einem leichten Schlenker Ihres linken Fußes wegkicken. Ist das aber nicht der Fall, dann sollten Sie für Hilfstruppen sorgen. Natürlich ist keinem geholfen, wenn Sie und das arme Mädchen hinterher beide schluchzend in der U-Bahn sitzen.
- Wenn keine Helfer in der Nähe sind, greifen Sie bitte sofort zum Mobiltelefon und rufen Sie die Polizei. Ja, das ist unangenehm, theatralisch und manchmal vielleicht wirklich übertrieben. Aber lieber einmal zu viel als einmal zu wenig ... Sie kennen ja sicher auch die erschreckenden Statistiken über gewalttätige Übergriffe in der Öffentlichkeit, bei denen die Gaffer noch nicht einmal per Telefon Hilfe gerufen haben!
- Sind vielversprechende Kandidaten für Ihre Hilfstruppe anwesend, sprechen Sie gezielt selbstbewusst (und kräftig) aussehende Personen an. Einfach in die Runde gefragt, wer Sie unterstützen würde, hilft meist nicht. Jeder hofft dann, dass sich schon ein anderer melden wird und er sich raushalten kann. Fordern Sie daher ganz gezielt jemanden auf, befehlen Sie sogar, wenn es schnell gehen muss – es hilft wieder der Gehorsamkeitsreflex. Sagen Sie so etwas

wie: »Bitte kommen Sie sofort mit, damit wir dem Mädchen helfen!«

- Gehen Sie zu dem verängstigten Mädchen und fragen Sie sie sehr laut – das soll und muss ruhig jeder hören! –, ob sie Hilfe braucht, schieben Sie auch Ihre Hilfstruppen nach vorn ins Blickfeld der Übeltäter.
- Blicken Sie den jungen Männern fest in die Augen und befehlen Sie ihnen, das Mädchen auf der Stelle in Ruhe zu lassen. Wahrscheinlich werden sie murrend an der nächsten Station aussteigen …

Bravo! Bewundernswert! Die Dankbarkeit Ihrer Mitmenschen und der Stolz auf Sie selbst werden Sie überreich belohnen, dass Sie sich für den mutigen Weg entschieden haben. Und wenn noch mehr Menschen so wie Sie nicht mehr feige wegsehen, dann steigt die Wahrscheinlichkeit, dass auch Sie einmal in einer brenzligen Situation mit Hilfe rechnen können.

9. Endspurt: Sie haben Ihr Ziel erreicht

Herzlichen Glückwunsch! Sie haben auf Ihrem Weg vom Angsthasen zum mutigen kleinen Löwen schon ein riesiges Stück zurückgelegt. Sie haben sich Ihren Ängsten tapfer gestellt, ein wenig in Ihrem Kopf aufgeräumt, sich Know-how zugelegt und die Hindernisse in Ihrem persönlichen Umfeld beseitigt. Sie haben sich Mutpartnerinnen gesucht und sich gegenseitig durch die Fährnisse des gemeinen Alltags gelotst. Sie sind gerüstet mit kleinen Werkzeugen für die überraschenden Moment des Alltags, die immer wieder Ihren Mut bis an seine Grenzen führen werden.

Denn ein mutiges Leben zu führen ist eine lebenslange Beschäftigung. Jeden Tag aufs Neue ist Ihre Courage vonnöten, Urlaub gibt es leider nicht. Die Probleme und Herausforderungen werden mal schrumpfen, aber sich dann auch wieder wie eine unüberwindliche Bergwand vor Ihnen auftürmen, bei der Sie in Versuchung sind, doch wieder entmutigt das Risiko zu scheuen und resigniert hinfortzuschleichen. Aber das wissen Sie ja jetzt: Mut kann trainiert werden, und er sollte regelmäßig trainiert werden. Wenn Sie mit dem Training aufhören, so schwinden leider all die schönen straffen Mutmuskeln wieder und zu viel wabbeliges, feiges Fett dehnt sich aus. Bleiben Sie also dran, trainieren Sie Ihren Mut und Ihre Risikofreude regelmäßig!

Aber selbst wenn Sie eine zu lange Trainingspause eingelegt haben und sich wieder in das harmlose, kuschelige Nest des Angsthasen verkrochen haben, macht das nichts. Nach einer Trainingspause ist es am Anfang wieder schwer, die verlernten, auf Eis gelegten Fähigkeiten zu aktivieren, aber was einmal da war, kommt auch wieder. Als Kind waren Sie das mutigste Wesen auf dieser Welt, warum sollten Sie es als Erwachsener nicht wiederbeleben können? Beginnen Sie wieder erneut, dann schwindet das Fett der Feigheit wieder und die Muskeln des Mutes erstarken.

Nutzen Sie Ihren Mut und bereichern Sie damit Ihr eigenes Leben und das der Menschen, denen Sie begegnen! Ich wünsche Ihnen von ganzem Herzen viel Erfolg und aufregenden, ein wenig riskanten Spaß dabei!

Ihre Irene Becker
www.irenebecker.de

Anhang

Wenn Sie in Ihren Werkzeugkasten für ein mutigeres Leben schauen, finden Sie darin eine stattliche Anzahl von hilfreichen und nützlichen Werkzeugen. Damit Sie darauf noch gezielter zugreifen können und nicht zehn Minuten nach dem Kreuzschlitzschraubenzieher wühlen müssen und sich dabei einen Fingernagel abbrechen, ist ein komprimierter Überblick sicher sehr hilfreich.

Ihr Werkzeugkasten

Im Folgenden finden Sie eine Inventarliste Ihrer Hilfsmittel zur Befreiung aus dem Angsthasendasein.

Kapitel 4: Angstbremsen lösen

Kapitel 5: Kopfbremsen lösen

Kapitel 6: Know-how-Bremsen lösen

Kapitel 7: Umfeldbremsen lösen

Kapitel 8: Mut im Alltag

Zum Weiterlesen

Sollten Sie einige Themen noch vertiefen wollen, finden Sie hier weiterführende Literaturangaben.

Becker, Irene
Everybody's Darling, everybody's Depp
Campus Verlag 2005

Becker, Irene
Endlich Rose statt Mimose
Campus Verlag 2007

Gigerenzer, Gerd
Bauchentscheidungen
Bertelsmann Verlag 2007

Gigerenzer, Gerd
Das Einmaleins der Skepsis
Berliner Taschenbuchverlag 2005

Gulder, Angelika
Finde den Job, der dich glücklich macht
Campus Verlag 2007

Sher, Barbara
Wishcraft
Lebensträume und Berufsziele entdecken und verwirklichen
Edition Schwarzer 2005

Smith, Manuel
Sage Nein ohne Skrupel
mvg Verlag 2003

Register

Marco von Münchhausen
unter Mitarbeit von Iris und
Johannes von Stosch
Liebe und Partnerschaft
mit dem inneren Schweinehund

2009, ca. 192 Seiten, gebunden
ISBN 978-3-593-38779-6

Schweinehunde in love

Zu Beginn einer Beziehung fällt es uns leicht, unserem Partner etwas Gutes zu tun oder ihm zuliebe Kompromisse einzugehen. Warum aber tun wir uns bloß so schwer damit, das auch nach der ersten Verliebtheit beizubehalten? Dieser humorvolle Ratgeber zeigt: Es sind unsere inneren Schweinehunde, die sich in unser Liebesleben einmischen! Marco von Münchhausen enthüllt die Tricks und Taktiken der inneren Widersacher und erklärt die Motive, die dahinter stecken. Denn wer den inneren Schweinehund verstehen lernt, wird ihn davon überzeugen, dass das Leben mit Partner noch viel schöner ist!

Mehr Informationen unter
www.campus.de

campus
Frankfurt · New York

Kirsten Khaschei
Schon wieder Montag ...
50 Ideen, mit denen Sie
den Jobfrust überwinden

2009, 192 Seiten
ISBN 978-3-593-38510-5

I don't like Mondays

Bereits am Sonntagnachmittag sinkt die Stimmung merklich und am Montag träumt man schon vom Wochenende. Sich am Arbeitsplatz müde, leer oder gelangweilt fühlen – kennen wir das nicht alle? Kirsten Khaschei bietet genau für solche Momente eine Trickkiste mit 50 Sofortmaßnahmen zur Selbstmotivation: vom Umgang mit Routinen, Stress und Überforderung bis hin zu Übungen für den schnellen Energiekick. So bekommt auch der größte Montagsmuffel den Montagsblues in den Griff!

Mehr Informationen unter
www.campus.de

campus
Frankfurt · New York